虚妄分別とは何か

唯識説における
言葉と世界

小谷信千代 著

法藏館

虚妄分別とは何か――唯識説における言葉と世界――目次

第三部　校訂テキスト

［凡　例］

一　底本には、Maitreya（弥勒）の作と伝えられる本頌とVasubandhu（世親）の注釈からなる本論に関しては、

Gadjin. M. Nagao ed., *Madhyāntavibhāga-bhāṣya*, Tokyo, 1964.

を用いる。訳の対応する箇所を、

本論（本書五頁一行、長尾一七頁一行、北京一頁三行、玄奘・真諦一頁）

と表記する。「本書」は本書第三部の校訂テキストの頁と行数、「長尾」は底本としたG. M. Nagao ed., *Madhyāntavibhāga-bhāṣya*, Tokyo, 1964. の頁と行数、「北京」は山口益編『漢蔵対照弁中辺論』（鈴木学術財団、一九六六年）所収の頁と行数、「玄奘」と「真諦」は同書所収の漢訳の頁を示す。Sthiramati（安慧）の注釈に関しては、初め一九三四年に鈴木学術財団から出版され、後に復刊叢書7として刊行された

Susumu Yamaguchi ed., Sthiramati ; *Madhyāntavibhāgaṭīkā, Exposition systématique de Yogācāra-vijñaptivāda*, Tokyo, 1966.

を用いる。訳の対応する箇所を、

安慧疏（本書五頁七行、山口一頁一行、北京一九下七）

と表記する。「本書」は本書第三部の校訂テキストの頁と行数、「山口」は前掲山口本の頁と行数、「北京」は北京版西蔵大蔵経（大谷目録五五三四番）の頁（表上、裏下）と行数を示す。

二　「　」は頌の語であることを示す。

三　（　）はその前の語の説明あるいは同義語。

四　〔　〕は原文にはない訳者の補足。

五　本論に付した傍線はその文章が安慧疏に引用されていることを示し、安慧疏ではその部分が本論からの引用であることを示す。

六　頌は三文字下げて注釈と区別し、その最後に頌の通し番号を記入した。一頌は四句からなるので、それを順次ａｂｃｄと表記した。

［略　号］

AK　*Abhidharma-kośa*, See *AKBh.*

AKBh　P. Pradhan ed., *Abhidharma-kośabhāṣya of Vasubandhu*, K. P. Jayaswal Research Institute, Patna, 1967.

AKVy　U. Wogihara ed., *Sphuṭa-arthā Abhidharmakośa-vyākhyā*, Tokyo, 1971.

ASBh　N. Tatia ed., *Abhidharmasamuccaya-bhāṣyam*, K. P. Jayaswal Research Institute, Patna, 1976.

Bh/T　V. Bhattacharya & G. Tucchi ed., *Madhyāntavibhāgasūtrabhāṣyaṭīkā of Sthiramati*, Part I, Luzac & London 1932.

Fri　D. L. Friedmann, *Sthiramati: Madhyāntavibhāgaṭīkā, Analysis of the Middle Path and the Extremes*, Utrecht, 1937.

MAVBh　G. M. Nagao ed., *Madhyāntavibhāga-bhāṣya*, Tokyo, 1964.

MAVṬ,　*Madhyāntavibhāga-ṭīkā.*

Ma　Matuoka Edition：松岡寛子「スティラマティ著『中辺分別論釈疏』〈帰敬頌〉のテクスト校訂及び和訳」（『比較論理学研究』第四号、二〇〇七年）。

Mi　Mihono Edition：三穂野英彦「*Madhyāntavibhāga* 第一章相品における理論と実践」附録（広島大学博士論文、二〇〇三年）。

Ms　Manuscript of *MAVṬ* used by Yamaguchi.

P　R. Pandeya ed., *Madhyānta-vibhāga-śāstra, Containing the Kārikās of Maitreya, Bhāṣya of Vasubandhu and Ṭīkā by Sthiramati*, Delhi, 1971.

T　*Triṃśikā-vijñaptimātrasiddhi (Vasubandhu).* See *TBh.*

TBh　S. Lévi ed., *Vijñaptimātrasiddhi, Deux Traités de Vasubandhu, Viṃśatikā accompagnée d'une Explication en Prose et Triṃśikā avec la commentaire de Sthiramati,* Paris; Librqirie Ancienne Honoré Chapion, 1925.

St　Richard Stanley, *A STUDY OF THE MADHYĀNTAVIBHĀGA-BHĀṢYA-ṬĪKĀ* (The Australian National University, 1988).

Stc　Th. Stcherbasky, *Madhyānta-vibhanga Discourse on Discrimination between Middle and Extremes ascribed to Bodhisattva Maitreya and commented by Vasubandnu and Sthiramati* ; Bibliotheca Buddhica 30 ; Neudruck der Ausgabe, 1936, Biblio Verlag, Osnabrück, 1970.

Y　S. Yamaguchi ed., Sthiramati ; *Madhyāntavibhāgaṭīkā, Exposition systématique de Yogācāravijñaptivāda,* Tokyo, 1966.

YBh　V. Bhattacharya ed., *The Yogācārabhūmi of Ācārya Asaṅga,* Culcutta, 1957.

大正　『大正新脩大蔵経』大蔵出版、一九二四―一九三四年。

櫻部『倶舎論の研究』　櫻部建『倶舎論の研究』法藏館、一九六九年。

櫻部・小谷・本庄『智品・定品』　櫻部建・小谷信千代・本庄良文『倶舎論の原典研究　智品・定品』大蔵出版、二〇〇四年。

NC　長尾雅人「『中辺分別論安慧釈』の梵本との照合」（『鈴木学術財団研究年報』15、一九七八年）。

長尾摂論上　長尾雅人『摂大乗論　和訳と注解　上』講談社、一九八二年。

長尾摂論下　長尾雅人『摂大乗論　和訳と注解　下』講談社、一九八七年。

山口訳　山口益『中辺分別論釈疏』鈴木学術財団、一九六六年。

山口・野澤訳　山口益・野澤静證『世親唯識の原典解明』法藏館、一九五三年。

虚妄分別とは何か

――唯識説における言葉と世界――

はじめに

世界のあらゆる存在はただ心の現し出したものに過ぎないなどとは、世間に通用しない言い分と言わざるを得ない。しかし瑜伽行《ゆがぎょう》学派（唯識《ゆいしき》学派）はそう主張する。なぜかれらはそう主張するのか。

瑜伽行派は、あらゆる存在を現し出す心を、眼識《げんしき》などの通常の認識作用の根柢に潜む識であると想定し、その識を「アーラヤ識」と名づける。そして、そのアーラヤ識が存在を現し出すはたらきを「虚妄《こもう》分別《ふんべつ》」と呼ぶ。本書では虚妄分別がどのようにして現象世界を現し出すかを考察したいと思う。詳細は第一部において説明するが、それに先だってここに、そこでの理解を容易にするために、虚妄分別が現象世界を現し出す構造の概略を説明しておきたいと思う。

アーラヤ識は、われわれの経験する世界のあらゆる物事を、言葉の習慣性（種子《しゅうじ》）に変えて蓄え込む貯蔵庫のような心的機構（蔵識《ぞうしき》）として想定されている。その蓄えられた言葉の習慣性である種子が発芽して、様々に経験される世界を現し出す。種子と現象世界の関係は、原始仏教以来の業因と業果の関係に相当する。種子から現象世界が現れ出ることは、種子が客観的存在と主観的存在として生起することを意味する。瑜伽行派では、その客観的存在を「所取《しょしゅ》」（grāhya）と呼び、主観的存在を「能取《のうしゅ》」（grāhaka）と呼ぶ。所取・能取は瑜伽行派の現象学における重要な概念である。本書にも繰り返し登場する語なのでここで簡単に説明しておきたい。

われわれは無限の過去から現在に至るまで、輪廻転生《りんねてんしょう》してきた境涯において、物事を当然のごとく客観的存在・主観的存在（所取・能取）として二元的に把握してきた。アーラヤ識には、物事を二元的に把握する習慣性、つまり所取・能取として把握する習慣性が種子として蓄えられている。その習慣性（種子）が原因となって、その結果、所取・能取として把握される現象世界が生起する。

所取・能取が、虚妄分別によって生起した存在であり、実在ではないことは言うまでもない。『中辺《ちゅうへん》分別論《ふんべつろん》』（以下『中辺論』と略称する）では、所取・能取の実在でないことが、対境《たいきょう》と有情《うじょう》と自我と表象との四種の対象が実在でないこととして論証される。対境は環境世界、有情は生存者の世界を意味し、それら二つは客観的世界を形成する。自我は第七マナ識、表象は六識を意味し、それら二つは主観的世界を形成する。そのうち前の二つが所取、後の二つが能取とされ、これら四種の対象が外界に実在する存在でないことが、第一章第三頌の世親《せしん》（Vasubandhu, ca. 400-480）と安慧《あんね》（Sthiramati, ca. 510-570）の注釈によって論証され、それによって「唯識」であることが証明される。詳細は第一部「五　所取・能取としての顕現」において述べるが、四種の対象が外界に実在しないことを論証するその結論の一部をここに示して、唯識説の説く外界非実在論の一端を紹介しておきたい。

その紹介に入る前に、『中辺論』の著者世親（天親）はよく知られているが、その注釈者安慧については馴染みが少ないと思われるので、かれが唯識学者として日本でどのように見られてきたかを簡単に述べておきたい。唯識説のテキストとしては、玄奘《げんじょう》訳『成唯識論《じょうゆいしきろん》』が法隆寺や興福寺など法相宗の学問寺において用いられて、広く知られている。それは世親の『唯識三十頌』に対する、安慧を初めとする十人の学僧の注釈を、護法（Dharmapāla, ca. 530-561）の注釈を中心にして、玄奘（ca. 602-664）が編纂したと伝えられる書である。安慧の説はこの書に取り上げられた姿かたちでわが国では受け取られてきた。したがってそこに安慧の思想が正しく反映されているか否かは決定し難い。

ある研究者は、『成唯識論』中に護法によって安慧の説として引用される「変とは謂わく識体転じて二分（見分、相分）に似るなり」という思想は、世親や安慧の知らないまったく護法の独創であると言う[1]。護法がそのように紹介するその箇所は、サンスクリットの安慧釈では「転変とは所取・能取として顕現することである」と記されている[2]。護法の言う「識が相分（認識される側）・見分（認識する側）に似て生起する」という唯識説は、われわれがこれから検討しようとしている、安慧の言う「識が所取・能取として生起する」という唯識説と、一見同様のことを述べるもののように思われる。しかし先の研究者はまったく別の思想であると言う。

このこと一つをとってみても、従来の『成唯識論』に基づく研究のみでは安慧や護法の唯識思想が明らかにならないことは充分に推測される。護法の理解する唯識説がいかなるものであるかは、中国・日本における長年の研究の歴史によってかなり明らかにされているように思われる。他方、安慧の唯識説に関しては、『三十論』のサンスクリット・テキストが一九二五年に刊行され、一九五三年に和訳が出版されて、本格的な思想研究が開始されたが、まだ思想内容を明確に把握し得る段階には達していない。安慧の唯識思想が明らかになれば、『成唯識論』に基づく従来の唯識説の理解に再検討の道が開けることにもなる。本書が、虚妄分別の所取・能取のはたらきを世親と安慧がどのように説明するかを明らかにし、かれらの唯識説が正しく理解される一つの方途となれば、と念ずる所以である。そこで以下に、世親・安慧の唯識説において所取・能取の概念がどのように用いられているかについて、予備的な考察をしておきたい。

瑜伽行派は、われわれが実体的存在と思い込んでいる客観的世界と主観的世界をアーラヤ識が現し出した擬似的存在にしか過ぎない、と言う。客観的世界をなすものは、視覚の対象である「いろ・かたち」など五種の感覚の対象である五境（環境世界）と、五種の感覚器官である五根（生存者の世界）とである。主観的世界をなすものは、自我（第七マナ識）と、表象（六識）とである。安慧は、これら四種の存在は「真実の顕現《けんげん》であること」と「行相《ぎょうそう》をもつこと」という二種の資格を備えていないので実在ではない、と言う。そして、客観的世界をなすもの、つまり「所取」と呼ばれるものには「行相をもつこと」がなく、主観的世界をなすもの、つまり「能取」と呼ばれるものには「真実の顕現であること」がないので、「所取」と呼ばれるものも「能取」と呼ばれるものも実在ではない、と言う。アーラヤ識とそれが現し出すはたらき（虚妄分別）のみが実在するだけで、それによって現し出されたものは擬似的存在に過ぎない。ゆえに「唯識」なのだ、と安慧は言う。

「行相をもつこと」と「真実の顕現であること」とが実在の資格であるとされる理由に関する安慧の説明は難解であり、その要点をここに簡潔に示すことはできない。詳細は第一部第五節を参照されたい。ここではそれらが諸仏の認識にのみ備わる資格であるとされていることを指摘しておきたい。そして、凡夫においては所取が行相をもたないがゆえに実在しないとされることが、諸仏の認識対象が行相をもつとされることとの対比の上で説かれていると想定されることに特に注目すべきことを指摘しておきたい。

諸仏は物事を、所取・能取に固執することなく認識する。それゆえ、対象はそのあるがままの姿かたち（行相）で認識される。諸仏によって認識される対象は、その認識に映じた姿かたち（行相）と完全に一致する。それゆえ、諸仏の把握する対象は、認識された姿かたちを備えているので「行相をもつ」と言われる。そして、その認識は対象をあるがままに映じているので、対象の「真実の顕現である」と言われる。瑜伽行派は諸仏における物事の認識を「無分別智《むふんべっち》」と呼ぶ。凡夫においては「識」と呼ばれる、所取・能取に固執する認識は、諸仏においては所取・能取に対する固執を離れているがゆえに「智」と呼んで区別される。無分別智は物事を所取・能取に固執することなく認識する智を意味する。諸仏においては、対象の姿かたちが、あるがままに把握されて、無分別智における姿かたちとして映じている。瑜伽行派は、そのような諸仏の認識（智）に映じた姿かたちをもつ対象こそ真に存在するものである、と言う。それに対して、凡夫の認識対象は認識（識）に映じた姿かたちと一致するものではなく、それゆえ、その姿かたちをもつものとは言えないので、真に存在するものではない、と言う。

このような「諸仏の認識対象は行相を備えている」とする瑜伽行派の教理を踏まえて、安慧は『中辺論』の注釈中に凡夫の認識対象に関して「所取は行相を備えていないから対象として実在するものではない」と述べたものと考えられる。そう考えるとき、「所取は行相をもたないから実在の対象ではない」という安慧の難解な注釈の意味がなんとか理解できるようになる。

諸仏とは異なり、凡夫は物事を、所取・能取、客観・主観に固執してしか認識することができない。凡夫によって固執されて認識された対象は、物事のあるがままの姿かたち（行相）を備えていないために、対象と認識とは乖離する。それゆえ「行相をもつ」とは言われない。かつ、その認識は物事のあるがままを映じていないので、物事の「真実の顕現である」とは言われない。それゆえ「凡夫においては認識対象は行相をもたない」、つまり、物事のあるがままの行相は凡夫の認識とは乖離している、と言われるのである。

さらにもう一つ、虚妄分別の構造を理解するために是非とも考慮しなければならないことがある。それは、虚妄分別が所取・能取として認識される世界を現し出すについて、言葉の習慣性（種子）がその根本的な原動力とされていることである。唯識説は言葉のはたらきを重視する思想であることに注意しなければならない。唯識説は、過去のあらゆる経験は言葉の習慣性（種子）として心の深層にあるアーラヤ識に蓄えられ、それがわれわれがいま現に見たり聞いたりしている世界を現象させているのだ、と言う。心の深層において言葉の習慣性が現象世界を立ち上げる事態が「虚妄分別」と呼ばれているのである。その心の深層で営まれる虚妄分別と呼ばれる事態、つまり虚妄なる主観的客観的存在を実在するものと思い込む心のはたらきとは何かを本書で解明したいと考えている。

何がきっかけとなったのか、わたしは井筒俊彦氏の著書の出版を心待ちにして読むようになっていた。それはおそらく、氏の専門であるイスラーム哲学のみならず、インドのヴェーダーンタや仏教、中国の老荘思想を初めとする東洋思想全般に及ぶ厖大な文献群を、アラビア語はもとよりサンスクリットや漢文にも通暁する豊かな語学力を用いて緻密に解読し、その意図を解き明かそうとする思想家としての研究態度と、論理の明快さに惹かれてのことであったかと思う。

唯識説では、世界の成り立ちを、潜在意識によって把握される心の深層で展開する世界（依他起性《えたきしょう》）と、それが顕在化した迷いの現象世界（遍計所執性《へんげしょしゅうしょう》）と、それがもはや顕在化しなくなった悟りの世界（円成実性《えんじょうじっしょう》）との三層構造として説明する三性説《さんしょうせつ》を主張する。われわれの心の奥深くに、アーラヤ識という深層意識が存在し、その中に個人のその生涯における経験だけでなく、無限の過去から現在に至るまで、幾度となく生まれ変わり死に変わって繰り返した輪廻転生の生涯において経験した、すべての経験が種子として蓄積されている。われわれがいま見たり聞いたりしている現象世界は、その種子が活性化して現し出された迷いの世界であるとされる。アーラヤ識には、人間界のみならず、無数の生類に転生して経験したことが、言葉の種子（エネルギー）として蓄えられており、その種子が芽をふいて、現在及び未来に経験する現象世界を現し出していく、と言う。その三性説に説かれる、依他起性から遍計所執性の世界が立ち現れる過程の説明を援用して、井筒氏が自身の言語哲学を解説されるのを目にしたときには、わたしには難解と思われる三性説をそのように明快に説明することができるという事実に驚いた。氏の著書『意識と本質――精神的東洋を求めて――』（岩波書店、一九八三年）には、深層意識においては実在性を欠く虚妄のまぼろしに過ぎない存在が、「本質」を喚起する言葉のはたらきによって、表層意識において実在と見なされていく過程として説明されている。井筒氏は言葉の種子を内的言語と呼んでそのはたらきを次のように説明する。

> 内的言語の「本質」喚起的機能に促されて揺らめき動くこのような意識を仏教では「心念」といい、もっと否定的な形で「妄念」と呼ぶ。（『意識と本質』一六頁）

ここに心念と言われ妄念と呼ばれるものが、これから考察しようとしている「虚妄分別」である。わたし自身、それまでおぼろげながら「虚妄分別」を、井筒氏の言う「存在を喚起する言葉のはたらき」のようなものとして説明できないかと考えていたが、それが氏の著書によって、見当違いでないことを知らされ勇気づけられる思いがした。それに続いて出版された著書『意味の深みへ——東洋哲学の水位——』（岩波書店、一九八五年）を読んだときには、虚妄分別を唯識の言語哲学として説明できるかもしれないと思えるようになった。氏は、認識における「意味」の成り立ちを、心のはたらきを根源的に規制する「内部構造的要因としての事態」として捉え、それが「現象的存在秩序の源泉」になっている、と言い、その源泉を「意味の深み」と呼ぶ。そしてその「意味の深み」を哲学的な整合性をもって理論的に取り扱うことができるという確信が氏のなかに生まれたのが、唯識哲学を学び始めたときである、と言う。氏のこの言葉は、物事の「存在」を考える上で「意味」の成り立ちを説明する唯識思想を学ぶことが重要であることを指摘するものである。わたしには氏の言う「意味の深み」が「虚妄分別」であるように思われた。氏は、言葉の種子がアーラヤ識に熏習《くんじゅう》されることを「意味化のプロセス」と呼び、それを次のように説明する。

一々の経験は、必ずこころの深層にその痕跡を残すとはいっても、生《なま》の経験がそのままの姿（たとえば、普通の意味での記憶という形）で残留するのではなく、すべてその場で、いったん「意味」に転成し、そういう形で、我々の実存の根柢に蓄えられていくのである。それを唯識の術語で「熏習」と呼ぶのだ。(3)

氏はその熏習される「意味」が「種子」と呼ばれるものであると言い、あらゆる経験は「意味」に転成され熏習されて種子となるが、その中で直接言葉に由来する種子が「名言《みょうごん》種子」(4)と呼ばれることを次のように説明する。

人間の経験は、大ざっぱに見ても身・口・意の三つの系統があるのであって、すべての経験が、直接、コトバの経験であるわけではない。人間の下意識にたいするコトバのはたらきかけを極めて重大視する唯識哲学は、直接コトバに由来する「種子」を、特に「名言種子」と呼んで、他の系列の「種子」から区別する。しかし、非言語系の「種子」も「アラヤ識」的事態としては、すべて潜在的「意味」形象であるという点から考えれば「名言種子」と根本的に等質であり、広い意味で言語的である、と考えられなければならない。

ここで氏が非言語系の種子も広い意味で言語的であると述べて「名言種子」のなかに包摂するのは、『摂大乗論《しょうだいじょうろん》』(一・五八)に、種子には、概念と対象とを結びつけて認識する習慣性(名言熏習《みょうごんくんじゅう》)と、自他を差別する我執の習慣性(我見熏習《がけんくんじゅう》)と、無始時来の業による輪廻転生の習慣性(有支熏習《うしくんじゅう》)との三種があるが、三種はつまりは名言熏習(言葉の種子)に包摂されることが述べられている(5)のを典拠としてのことと考えられる。

氏は、潜在的な「意味」である言葉の種子が、アーラヤ識から生起したばかりの、切れ目のない、分節化されず、のっぺらぼうの潜在的世界(依他起性)の中から、存在を喚起し、日常的に経験される世界（遍計所執性）を現出させるはたらきを、言葉の「存在分節」のはたらきとして次のように説明する。

それ自体では何処にも裂け目、切れ目のない無分節の存在の全体に様々な切れ目を入れ、そうすることによって、様々に異なる存在単位（もの・事物・事象）をそこに創り出していく一種の鋳型のような役目を演じる、ということである。これを私は、コトバの「存在分節」とか、存在の「意味分節」とか呼ぶことにしている。

氏は、われわれの存在認識は根源的に「言語アラヤ識」（あるいは「意味アラヤ識」）に依存していると言う。[6]「言語アラヤ識」としての種子が活性化し、深層意識の中に展開する無分節の存在の世界に切れ目を入れて存在を分節し、もの・事物・事象をそこに創り出していく一種の鋳型のような役目を演じる、と言う。その、もの・事物・事象を創り出していく鋳型のような役目が、筆者には『中辺論』に説かれる「虚妄分別」の演じる役目に相当すると考えられる。唯識説に説かれる「宏大な言語哲学的展開可能性」の全貌を明らかにするためには、少なくとも、『唯識三十頌』及びその安慧釈、『摂大乗論』、『成唯識論』などのような唯識文献の言語理論的な読み直しを行うことが、氏の今後の課題として残されている、と氏は言う。

氏が今後の課題として残した言語理論的な読み直しがいまのわたしにできるとは思えない。それは唯識学の今後の課題として残しておかねばならないが、氏によって始められた唯識文献の言語理論的な読み直しという方法が単なる思いつきでないことは、ソシュール言語哲学の研究者として著名な丸山圭三郎氏によってその方法が認められていることからも確認される。(7) 井筒氏の方法に示唆を受けて、いまわたしが本書で試みようとするのは、『中辺論』第一章「相品」の世親釈と安慧疏をサンスクリット原典とチベット語訳とに基づいて解読し、虚妄分別の自相の説明に含意される、氏の用語を借りれば、「言葉の存在喚起」について考察を試みることである。

「言葉と存在との関わり」の探求は、研究と呼べるようなことを始めて以来、常にわたしの関心の中心を占めてきた課題である。仏教教団（僧伽《サンガ》）が仏陀釈尊の「法」を学ぶことを主眼とすることは言うまでもない。しかし「法」は一義的な語でないため、その解釈を巡って部派が別れ、学派が派生した。多岐にわたる法の意味は、古くはブッダゴーサ（**Buddhaghosa, 5th cent.**）や世親によって分類され、近代ではガイガー夫妻（**M. und W. Geiger**）によって分類がなされた。その分類を基にそれらの意味相互の間に関連性のあることが金倉円照、平川彰両博士によって明らかにされた。わたしもそれら先学の業績を基に研究し、「教え」と「経験的事物」という意味で「法」の語を用いるのが、仏教特有の用法であることを明らかにした。(8)

詳しくは本書第一部第十二節「瑜伽行派はなぜ言葉を重視したか」において述べるが、ここでは「教え」と「経験的事物」、すなわち「言葉」と「存在」という二つの意味が「法」という一語で示されたことが、それぞれの文脈における「法」の意味を理解し難くし、さらにその二つの意味の間に存在する関係の捉え方に、各部派あるいは学派間に見解の相違のあることが、「法」の意味を一層理解し難くしていることのみを指摘しておきたい。上座部仏教の正統部派である有部《うぶ》は、「教え」を五蘊《ごうん》や十二処《じゅうにしょ》などの「教法」と解し、「経験的事物」を釈尊が悟りの境地において経験されたそれら五蘊や十二処などの存在と解釈し、教法の言葉はそれらの存在をあるがままに語るものであり、存在に直結するものと解釈した。それに対して中観派は言葉は存在を指し示す仮の手段に過ぎず、存在に直結しないと主張して有部を批判した。有部は教法の言葉を学ぶことによってそれが指し示す存在そのものまで獲得し得るかのように思い込む過失に陥り、中観派は有部への批判をこうじさせて、教法の言葉を学ぶことはその意味を把握することとは結びつかず、むしろ教法への執着を生み出す行為であると反論し、やがて教法を学ぶことを空しいことと考える虚無主義に陥る弊害を生じさせた。

それら両学派の過ちを克服するために瑜伽行派は、教法の言葉とそれが指し示す存在との関係を、深層の心のはたらきによる事象として把握し、教法の悪しき受容が迷いの存在を生起し、正しい受容が清浄なる悟りの存在を生起すると考える新たな解釈を提示した。その解釈のうち、教法の悪しき受容によって深層の心が迷いの存在を生起するはたらきが、井筒氏の言う「コトバの存在分節」と呼ばれる事象に相当し、瑜伽行派はそれを虚妄分別と呼んだのである。本書では、井筒氏が存命であれば為されようとしたであろう、その虚妄分別のはたらきの解明を『中辺論』の原典研究を通してわたしなりの方法で試みようと思う。

［注］

（1）水野弘元監修『新・仏典解題事典』（春秋社、一九六六年）一四一頁参照。

（2）山口益・野澤静證『世親唯識の原典解明』（法藏館、一九六五年、第二刷）一六三頁註参照。

（3）井筒氏は薫習とするが熏習に統一する。

（4）名言種子（abhilāpa-bīja）と名言熏習（abhilāpa-vāsanā）と名言習気（abhilāpa-vāsanā）とは同義。

（5）拙著『摂大乗論講究』（東本願寺出版部、二〇〇一年）八〇―八一頁参照。『成唯識論』の注釈書『演秘』（大正No. 1833, 八五七中二三―二五）には「善悪種子、生自現種、名爲等流。有餘縁助、感後異熟、卽名異熟。雖體無異、有別勝能、故開爲二。」と述べて、異熟習気（有支熏習）が実体としては等流習気（名言熏習）に外ならないが、異熟果を感ずることにおいて勝れた力があるので、特に区別して「異熟習気」として立てられると言う。我見習気（我見熏習）が名言習気の特殊な面と考えられることについては長尾雅人『摂大乗論　和訳と注解　上』（講談社、一九八二年）二五二頁参照。

（6）井筒『意味の深みへ』「二　文化と言語アラヤ識」「あとがき」参照。

（7）丸山圭三郎『言葉・狂気・エロス』（講談社現代新書、一九九〇年）九九―一〇〇頁参照。

（8）小谷信千代『法と行の思想としての仏教』（文栄堂、二〇〇〇年）参照。

第一部　虚妄分別の解明をめざして

一　『中辺論』のテキストと翻訳

ここにわれわれが検討を始めようとしている『中辺論』は、冒頭に置かれる世親の帰《き》敬頌《きょうじゅ》とそれに対する安慧の注釈とが伝える伝承によれば――それ自体、瑜伽行派の論書の成立を物語る資料として興味深いものであるが――『中辺論』の本頌（kārikāśāstra）は経（sūtra）とも呼ばれ、作者（praṇetṛ）は聖者弥《み》勒《ろく》（āryaMaitreya, ca. 350-430）とされる。それを語り伝えた人（vaktṛ）は軌《き》範師《はんし》無《む》著《じゃく》（ācāryaAsaṅga, ca. 395-470）であり、それに注釈（vṛtti, bhāṣya）をつけたのは軌範師大徳世親（ācāryabhadantaVasubandhu, ca. 400-480）であるとされる。

本書はその思想研究に先だって、まずは『中辺論』第一章（相品）安慧疏の原典解明を試みるものである。それは山口訳がいまではかなり古風で読みにくく感じられるものとなっていることが第一の理由であり、さらには近年安慧による注釈書の研究が進んできたことも理由に挙げられる。筆者自身の関心から言えば、十年ほど前にウィーンのオーストリア国立科学アカデミーのシュタインケルナー（E. Steinkellner）所長（当時）から『倶舎論』の安慧疏『真実義』の新出貝葉写本の校訂を委託されて、共同研究者たちと共に研究を続けてきたことがある。その研究を通じて、わたしは安慧の注釈の読みづらいことが『中辺論』に限られないことを知った。それには『中辺論』の注釈においては、写本の各葉が三分の一も欠損しているということがあり、『倶舎論』の注釈においては、文字が不鮮明で判読し難い場合がしばしばで、そのチベット訳も誤訳が多いということが、テキストを読みづらくしている第一の原因である。しかし安慧の注釈の読みにくさは、単に写本の保存状態やチベット訳の悪さのみによるものではなく、最近では安慧自身の注釈の仕方や用語法にもよるものと考えるようになった。

安慧は数多くの多様な注釈を残していることから、極めて該博な知識を備えた学者であったと判断される。そのために、後に述べるように、かれが周知の事柄と考えたり、他の箇所で既に説明がなされているような事柄については、再度説明を加えることなく前に進むという注釈の仕方を採っているとしか思われない場面に直面して、かれの注釈の意図を汲み取ることができずに立ち止まってしまうことがよくある。

幸い『中辺論』安慧疏は、ティデ・ソンツェン時代を代表する訳経師とされるイェシェーデなどによるチベット訳は出来が良く、第一章には山口博士の和訳を初め[1]、**Th. Stcherbatsky**、**D. L. Friedmann**、**R. Stanley** によって学術的になされた英訳を参照することができる[2]。さらに部分的には三穂野、松岡両氏の和訳がある[3]。それらを参考に山口博士のサンスクリット校訂本を底本として和訳を試みた。山口本の第一章を校訂するについては、山口博士自ら訂正して『漢蔵対照弁中辺論』中に収められた **Errata** と、長尾博士による梵文写本との照合表とを参照することができる[4]。山口本のチベット訳からの還元箇所については、諸訳の提起する還元案を校合したが、チベット訳の意味をさほど違えずに還元されていると判断される限り、サンスクリットの文章としては多少不自然かと思える場合も、筆者にそれらの当否を自信をもって判断する能力はないので、原則的には山口本をそのままに残した。本書はこのようにして作成したサンスクリット・テキストと日本語訳とを公刊することによって、識者のご批判とご教示とを仰ぎ、少しでも「相品」の伝えようとする意図が明らかになることに資するならばと願うものである。

二　安慧の注釈の特徴

さて、第一章は「虚妄分別」を説く前節と「空性」を説く後節との二節からなっている。その中でも虚妄分別を説く前節が重要で、それが理解できれば空性を説く後節も自ずから理解できるように構成されている。前節の中では虚妄分別の自相を説く第三頌が重要で、『中辺論』の中で最も重要な頌である。瑜伽行派の諸論書はそれぞれ独自の切り口で「唯識」ということを論証しようとする。『摂大乗論』は三性説で、『三十論』は識転変で、『中辺論』は虚妄分別でそれを論証しようとする。『中辺論』第一章第三頌に説かれる「虚妄分別の自相」が重要なのは、それが瑜伽行派の「唯識」を論証するための『中辺論』独自の切り口を述べるものだからでもある。

それゆえ、「虚妄分別の自相」を理解することが、「世界はただ識の表象に過ぎない」と主張する唯識説を理解する上で重要であることがわかる。しかしそれを説明する世親の注釈は簡潔に過ぎ、それを解説する安慧の釈疏は先に述べたように、読者にその意味を理解させるために十全の配慮が示されているとはとても言えない。むしろ当時の識者たちにとって周知のことと安慧によって判断された事柄は、改めて説明されることなく解説が進められるという仕方で注釈はなされる。それゆえわれわれは、かれが周知のこととして放置した知識を別のところに求めなければならない。

調伏天《ちょうぶくてん》（Vinītadeva, ca. 645-715）は周知のように世親の『三十頌』の安慧釈に復釈をしているが、陳《じん》那《な》（Dignāga, ca. 480-540）の『観所縁論《かんしょえんろん》』にも注釈をしている。『三十頌』と『観所縁論』とに対する調伏天の注釈には、外界実在論者と瑜伽行派との間で外界の実在・非実在を巡ってどのような論争がなされたかが詳細に記されている。調伏天の注釈は、安慧の注釈とは違って、懇切丁寧で微に入り細を穿つという仕方でなされており、われわれ浅学の者には甚だ有難い書である。その記述から、両者の間に外界の対象とその姿かたち（行相、形相、ākāra）の関係に関して大きな見解の相違の存在することが知られる。

『中辺論』の注釈において安慧は、外界の対象（所取）が実在しない理由を、それが「行相をもたないこと」であると言う。外界の対象が認識によって捉えられている姿かたち（行相、形相、ākāra）をもたないことが、外界の対象の存在しないことの理由である、と言う。しかし行相とはいかなるものであり、外界に存在すると思われている対象が、それを捉えていると思われている認識におけるその姿かたち（行相）をもたないとはどういうことであるか、そして行相をもたないことがなぜ対象が存在しないことの理由となるのかを説明しない。安慧がその理由を説明せずに注釈を進める背景には、調伏天の『三十頌』と『観所縁論』の注釈に詳しく説明されるような、外界実在論者に対して展開された「対象たるべきものはそれ自体の行相を識の中に置くものであるが、外界の存在はそうではない」とする瑜伽行派の反論が前提として想定されているものと考えられる。このような前提を知らずには『中辺論』の安慧の注釈を正しく理解することはできない。

あるいは『中辺論』第一章第三頌では、識の所取（grāhya、認識対象）は「対境と有情と自我と表象」との四種とされているが、第三頌後半句に対する注釈では、世親はそれら四種の対象を、「色等と五根と意〔根〕と六識」とし、「自我と表象」とを「意根と六識」とに入れ換えている。自我と表象とは所取たるべきもの、他方、意根（染汚意《ぜんまい》、マナ識）と六識とは能取（grāhaka、認識主体）たるべきものであるが、世親は能取たるべきものを所取の中に入れ換えた意図を説明せず、安慧も何も注釈しない。この場合は、世親の『倶舎論』『二十頌』及び安慧の『三十頌釈』に現れる「識」を所取・能取の両義性を備えた概念として用いる用語法が前提とされている。

『中辺論』の主題とされる「虚妄分別の自相」に対する安慧の注釈は、このような前提とされている知識を備えてようやくその意図が理解される。本書「第一部」は、主として『中辺論』の安慧疏を理解するために前提とされる知識を瑜伽行派の諸論書に求めることを試みた試論であり、もって本書を『中辺論』入門に資する小著とせんことを願うものである。

三　『中辺論』の構成

『中辺論』は全五章からなり、その骨組み（綱要）は①相と、②障碍と、③真実と、④対治《たいじ》の修習と、その⑤修習の段階と、⑥果の獲得と、⑦最上の乗という七つの事柄を説くことにある。これら七つの事柄の箇々の内容とその配列の順序の意味について、安慧は学派内に異説のあることを紹介しているが、最初に挙げられる次のような解釈が一般的な見解であると思われる。

仏教の論書は概して、苦しみと悩みからなる現実世界の様相がいかなるものであるかから説き始め、その世界の生起する原因を説明し、苦悩の世界を解消する真実が何であるかを示し、真実を証得する方法とそれによって得られる結果を教示するという順序で説明がなされる。『中辺論』も同様の順序で説明が始められる。最初に説かれる「相」とは世界が煩悩によって汚染された様相（雑染相《ぞうぜんそう》）と浄化された様相（清浄相《しょうじょうそう》）とであり、それが第一章（相品）で説明される。「障碍」とは世界を浄化する善法を妨げるものであり、それが第二章（障品）で説明される。「真実」とは過誤（顚倒《てんどう》）のないことであり、第三章（真実品）で説明される。煩悩などの克服すべき悪法である所対治を断つための法が、悪法を克服させる対治と呼ばれる善法であり、それは道を意味する。それを繰り返し修習することが「対治」の修習であり、「修習の段階」とはその修習がある特定の状況に達した段階のことである。「果の獲得」とは修習の結果を獲得することである。以上、三つの事柄は第四章（対治修習品）で説明される。「最上の乗」とは、それによって〔涅槃に〕趣くから〔大乗という〕乗物（教え）が最上であるので最上の乗であり、それが第五章（無上乗品）に説かれる。そして七つの事柄がこの順序で説かれるのは出世間智に随順するためであるとされる。

四　『中辺論』第一章の主題「虚妄分別」

本書で翻訳紹介しようとするのは、『中辺論』の骨格をなす七つの項目の内の最初の項目「相」を説明する第一章である。この章（相品）には、安慧が注釈するように、世界が煩悩によって汚染された様相（雑染相）と浄化された様相（清浄相）とが説かれる。前者は虚妄分別が、後者は空性がその主題となる。量的にも前者が後者の倍以上もあり、質的にも後者は前者の内容と形態とを踏まえて説かれてい

おり、虚妄分別が本章の主題であることが知られる。虚妄分別の相は第一頌に、

　　虚妄分別は存在する。そこに二は存在しない。しかしそこに空性は存在する。そこにおいてもそれが存在する。（1）

と説かれ、空性は第一三頌に、

　　二の存在しないことと、存在しないことの存在することとが、空〔性〕の相である。存在するのではなく、存在しないのでもない。別であるとか同一であるとかの相ではない。（13）

と説かれる。空性が、「虚妄分別の存在しないこと」の「存在すること」である以上、その説明が、「虚妄分別の存在しないこと」の説明を前提とし、ひいては「虚妄分別の存在すること」の説明を前提とするのは当然のことである。それゆえ、本章の最も重要な課題は、「虚妄分別の存在すること」、つまり「虚妄分別の自相」を明らかにすることにある。

　また、空性を証得するために瑜伽行派では法の修習が必要とされ、新たな修道論（瑜伽行）が構築された。「瑜伽行派」という学派名はこの学派が実践（修道）を重視したことに由来するものと考えられるが、それほどに修道論はこの学派の思想の特徴を顕著に示すものである。その修道の階梯は「入無相方便相（無相に悟入する方便の相）」として本章第六・七頌に説かれる。安慧の注釈によれば、それは、

資糧道から煖《なん》・頂《ちょう》・忍《にん》・世第一法《せだいいっぽう》という加行《けぎょう》道を経て見道へと進む瑜伽行である。そこには瑜伽行派によって、有部の修道階梯を踏襲しつつ、それを換骨奪胎して虚妄分別において客観的存在と主観的存在として捉えられた存在が無であること（所取・能取の無相）の修習へと転換された修道論が説かれている。つまり、瑜伽行の実践によって、虚妄分別から二元的に存在を把握することへの固執（所取・能取の分別）を除去することが、この学派が従来の修道論を超克して新たに考え出した修道論である。このように瑜伽行派において重要視される修道論を理解する上においても、虚妄分別と所取・能取の分別との関係は考察を必須とされる課題である。

以上のようなわけで本書では、瑜伽行派がわれわれの迷いの根柢に存在すると説く「虚妄分別と所取・能取との関係」がいかなるものであるかを明らかにすることを試みたいと思う。しかしそれを明らかにする本章第三頌の世親釈もそれをさらに注釈（復釈）する安慧疏も先に述べたように、ひとすじ縄ではいかない難解さを備えている。以下は及ばずながらその難解な問題に自分なりに取り組み、一応の回答として得た現時点での一種の経過報告であり、わたしの今後の『中辺論』研究のために整理した試論である。

周知のように、上座部仏教（部派仏教）では、例えばその代表的な部派である説一切有部（有部）の教義学（阿毘達磨《あびだるま》）が示すように、世界は六種の感覚器官（六根）と六種の対象（六境）と六種の認識（六識）という十八種の構成要素（十八界）からなるものであり、それぞれの構成要素は実体として存在すると考えられている。しかし、瑜伽行派はそうとは考えない。瑜伽行派は認識には六種以外に第七マナ識と第八アーラヤ識とがあると言う。そして、世界はただ心の深層に潜在する識（アーラヤ識）の表象（顕現）であり、虚妄分別としてしか存在しない、識と無関係にはいかなるものも存在しないと説く「唯識説」を主張する。唯識であることを諸論書は、それぞれ独自の切り口で説き明かす。『摂大乗論』は三性説でそれを説明し、『三十論』は識転変の理論で論証し、『中辺論』は虚妄分別の構造を説明することによって、(5)それぞれ唯識であることを解明する。

『中辺論』第一章（相品）第二節「虚妄分別の自相」は、アーラヤ識の現し出した世界つまり虚妄分別としてのみ存在するとされる世界の構造を説明することを主題とする。その第三頌は世界がアーラヤ識の顕現として存在する所以を次のように説明する。

対境と有情と自我と表象としての顕現をもつ識が生起する。（3abc）

世親は頌に説かれる「対境」などの語をそれぞれ次のように注釈する。

対境としての顕現をもつ〔識〕とは、色などの事物として顕現する〔識〕である。有情としての顕現をもつ〔識〕とは、自他の相続中の五根として〔顕現する識である〕。自我としての顕現をもつ〔識〕とは、染汚意である。我痴などと相応するからである。表象としての顕現をもつ〔識〕とは、六識である。

頌中の識を、アーラヤ識とする（真諦）か、それとも異熟因なるアーラヤ識から生起した異熟果としてのアーラヤ識をも含む八識のそれぞれの識とする（玄奘）か、について解釈が分かれる。[6] 後に述べるように、いずれにしても問題が生ずるように思えるが、後者のほうが妥当性が高いので、いまはともかく後者の解釈にしたがって論を進める。

ここで八識とアーラヤ識との関係を概略的に見ておくのが、後の説明を理解するのに便宜であると考えられる。第三頌後半句に対する安慧の注釈に述べられるように、輪廻の境涯はアーラヤ識の転変によってもたらされる。

過去世の業の習気が熏習された原因の段階にあるアーラヤ識は、当該世を牽引していた業の力が尽きたときに、新たな境涯に誕生する。その時にアーラヤ識とマナ識と六識との八識が生起し、それらの識の対象として現象世界は顕現する。

頌中の「識」はそれら八識のそれぞれを指すとするのが玄奘訳に見られる理解である。それによれば頌は、それらの識が生起するとき、対境と有情と自我と表象としての顕現を伴って生起し、つまりそれらの対象として顕現し、われわれの経験する世界が立ち現れることを述べるものと解される。ここに現象世界を識の表象に過ぎないと言い、識一元論を主張する唯識説の世界観が明示されている。と言うのも、対境とは、世親によれば、色などの六境であり器世間（環境世界）を意味し、有情とは五根であり有情世間（生存者の世界）を意味し、その二つは客観的世界を形成し、自我として顕現する識とは染汚《ぜんま》意《い》（無意識のうちに我を執する心）[7] を意味し、表象として顕現する識とは六識を意味し、それらは主観的世界を形成するからである。

これら四種の対象は六境・六根・六識という十八界に相当する。十八界はすべての存在の構成要素を意味し、それは仏陀釈尊によって「一切法」と呼ばれる。釈尊はわれわれの経験する世界つまり現象世界はこれらの構成要素によって構築されていると説く。小乗の部派である有部は十八界をそれぞれ実体として存在すると考える。しかし瑜伽行派では、それらの構成要素を識の現し出したものであり識の顕現であり表象に外ならないと考える。その瑜伽行派の主張する「唯識であること」がここには述べられている。

対境と対象とに訳し分けるのには理由がある。原語は共に **artha** であるが、対象はそれらの識の四種の対象すべてに対する総称である。対境はその一部である色などの事物つまり、眼識の対境である色から、意識の対境である法に至る六境に対する詮称である。それゆえ、**artha** の語が、対境・有情・自我・表象という四種の対象を指す総称と、六識の対境を指す詮称という二種の相互に異なる呼称として用いられていることを知っておかなければならない。

けれども唯識説では、それらの対象と識とは実体としては存在しないと言われる。そのことを第三頌後半句は、

しかしそれの対象は存在しない。それがないから、それも存在しない。（３ｃｄ）

と述べる。世親はそれを次のように注釈する。

しかしそれの対象は存在しないとは、対境と有情としての顕現は行相をもたないからであり、また、

自我と表象としての顕現は真実でない顕現だからである。それがないから、それも存在しないとは、ある〔識〕の所取が、色など（六境）と、五根と、意〔根〕と、六識と呼ばれるもの、という四種類のものであるところの、そ〔の識〕の所取である対象がないから、その能取である識も存在しないのである。

ここには識の対象である対境等の四種類のものの存在しないことがその理由と共に示されている。世親によれば、対境と有情としての顕現が存在しない理由は、対境と有情とがそれらを把握している識の上に現れている姿かたち（行相、**ākāra**）をもたないことであり、自我と表象としての顕現が存在しない理由は、それが真実の顕現でないことである。しかし行相をもたないことと真実の顕現でないこととが、なぜそれら四種の事物が存在しないことの理由であるのか。その理由こそが、現象世界がただ識のみに過ぎないと主張する「唯識説」の論拠を示すものであると考えられるが、それが理由であることについては世親釈も安慧疏も明確に述べない(8)。そこで以下に、それらが四種の事物が存在しないことの理由とされる意味を、世親と安慧の注釈中の語と瑜伽行派の認識論とから考察してみたい。

しかし、その考察に先だって、「それがないから、それも存在しない」という頌の語を、

ある〔識〕の所取が、色など（六境）と、五根と、意〔根〕と、六識と呼ばれるもの、という四種類のものであるところの、そ〔の識〕の所取である対象がないから、その能取である識も存在しないのである。

と説明する世親の注釈には注意しておかなければならない。というのは、識の対象つまり所取に関する世親の注釈に理解し難い点があるからである。頌に「対境と有情」とされる対象については、世親は先に「六境と五根」と注釈し、ここでも「色など（六境）と五根」としており問題はない。しかし「自我と表象」については、先には「染汚意と六識」と注釈し、ここでも「意（根）と、六識と呼ばれるもの」と注釈する。染汚意は瑜伽行派では第七マナ識とされるものであり、六識と共に対象を把握する能取とされるものである。能取のはずであるものを、ここでは世親はなぜ「所取」に入れているのか。その意図は説かれていない。

それに対して、安慧は、後に見るように、「対境と有情」を所取に摂《おさ》め、その一方で「自我と表象」とを「能取」に摂めると述べて、何の注釈も加えずにそれら四種の対象が識の認識対象（所縁縁《しょえんねん》）とはなり得ないことを論証している。世親の注釈も安慧の論証も、その論拠となる瑜伽行派の、識がそのまま直ちに顕現であると説く、つまり「識即顕現（表象）」を説く「識の理論」を踏まえて為されたものと考えられ、その理論がわからなければ理解できない。そのことについては後に考察することにしたい。

五　所取・能取としての顕現

世親の注釈では、識が能取と呼ばれ、その対象である対境等の四種類のものが所取と呼ばれている。[9]
世親は、対境等の四種類のものを所取と能取とに区別してはいないが、頌に識の対象は存在しないと述べることを注釈して、対境と有情としての顕現は行相をもたないからであり、また、自我と表象としての顕現は真実でない顕現だからである。

と述べて、「対境と有情」と「自我と表象」とを区別している。安慧は世親の注釈にさらに踏み込んで、「対境と有情」とは所取、「自我と表象」とは能取に区別されると述べる[10]。そしてそれら四種類の対象の存在しない理由について、安慧はそれを次のように注釈する。

対境と有情としての二種の顕現においては、〔それらは〕所取という在り方で顕現するので、「真実でない顕現」ということはあり得ないから、「行相をもたない」ということのみが、対象の存在しないことの理由である。他方、他の二種〔の自我と表象としての顕現〕には、〔それらは〕能取という在り方で顕現するので、「行相をもたない」ということはない。「真実でない顕現」ということのみが、対象の存在しない理由であることが説かれている[11]。

前述のようにここには所取・能取の関係が重層して説かれている。まず、それぞれの識とその顕現した四種の対象との間に、識は能取であり、四種の対象は所取であるという関係がある。さらにそれら四種の対象に関して、安慧は、対境と有情としての顕現と、自我と表象としての顕現との間に、所取・能取の関係があると言う。それは世親釈に、自我としての顕現をもつ〔識〕とは、染汚の意である。我痴などと相応するからである。表象としての顕現をもつ〔識〕とは六識である。

と注釈されることに基づく解釈と考えられる。つまり世親は「自我と表象としての顕現をもつ識とは染汚意と六識とである」と注釈するが、その世親の注釈を、安慧は、「顕現は識に外ならない」とする瑜伽行派の「識の理論」に基づいて「自我と表象としての顕現とは染汚意と六識とである」と理解したものと考えられる。そうすると、頌では識の所縁であり「所取」であるとされる自我と表象とが、世親の注釈では染汚意と六識とされ「能取」を意味するものとされて、所取たるべきものが能取なるものとして注釈されるという奇妙な説明がなされていることになる。その奇妙な注釈について、世親はそれ以上に説明は加えず、安慧も注釈しない。われわれには奇妙に思える事柄を、世親と安慧とがそろって何も説明を加えない背景には、瑜伽行派で定説とされた「識の理論」の存在が予想される。そのことは後に考察することとしたい。

話を元に戻そう。先述したように世親も安慧も、行相をもたないことと真実の顕現でないこととが、なぜそれら四種の対象が実在しないことの理由となるのか、というわれわれの疑問に対する答えはここには述べていない。

安慧の注釈から、所取・能取として顕現した四種の対象は、「真実の顕現であること」と「行相をもつこと」という二つの資格を有する場合にのみ、その実在性が認められるとされていることが推測される。対境と有情としての顕現には行相をもつということがなく、自我と表象としての顕現には真実の顕現であるということがない。ゆえにそれら四種の対象は実在しないものとされている。

先述のように安慧は、対境と有情としての顕現と、自我と表象としての顕現との間にも所取・能取の関係が存在すると言う。そのうち能取たる自我と表象として顕現する識は、世親釈によれば、染汚意と六識という七種の識（七転識）を指す。アーラヤ識の顕現した対境と有情とを所取として、マナ識の顕現した染汚意と六識の顕現した表象とが能取となり、虚妄分別なる依他起性《えたきしょう》の世界を、自我なる存在（主観世界、有情世間）と色等の環境世界（客観世界、器世間）として分別することによって、遍計所執性の世界が生起する。

瑜伽行派においてこれら七転識の顕現した対象世界が実在しないと考えられていることは、河水が餓鬼と人間の間で、前者には膿として、後者には飲み水として見られるように、異なって見られることや、不浄観を修習する瑜伽行者には大地が骨鎖で満ちたものと見られることや、実際には存在しなくても「虎が住んでいる」という言葉を聞くだけで恐怖心が起こるなどというような、「現象世界はただ識の表象に過ぎない」ことを示す事例が挙げられていることによってよく知られている。それゆえ、それら能取たる七転識によって把握される所取たるものとしての対境と有情とは実在せず、それらを対象とする能取たる自我と表象としての顕現が真実の顕現ではないとされるに至る論理的経緯は想定することができる。ゆえに、能取が実在しないものと考えられている理由が、自我と表象との顕現が「真実の顕現でないこと」とされることはおよそ想像がつく。

他方、対境と有情としての顕現について、それらが「行相がないこと」つまり「識の上に現れた姿かたちを備えていないこと」がそれらの実在しない理由とされることは、この箇所の安慧の注釈を読む限り、直ちには納得し難い。「行相がないこと」がなぜ対境と有情という所取なるものが存在しない理由とされるのか。安慧はその理由をここには説明していない。安慧の注釈の難解さは『中辺論』のみならず、例えば『倶舎論』の注釈にも認められる。その難解さは、他の論書でそれが既に説明されていたり、あるいはかれ自身が他の注釈で説明していたりする場合に、それを繰り返して述べようとしない安慧の注釈の姿勢によるものであることが度々認められる。安慧は『倶舎論』を注釈する場合に常に『順正理論』を参照している。参照した文を引用した上で注釈するのが大半であるが、引文せずにその内容を念頭に置いて注釈をしたと考えられる場合が屡々ある。「行相がないこと」を対象の実在しない理由とすることに何らの解説も加えずに、話を進めているいまの注釈においても、同様の事情が想定される(12)。

1　対境・有情が存在しないのは行相がないから

a　認識対象は行相をもたなければならない

いまの場合、われわれは安慧の念頭にあったと想定される瑜伽行派の定説をかれの『唯識三十頌』(以下、『三十頌』と略称)の注釈中に見い出すことができる。そこでは、外界実在論者が、

外なる対象がないのに、識が対象の行相(ākāra)をもって生起するとどうして考えられるのか。

と尋ね、その問いに対して瑜伽行派は次のように答える。

外なる対象は、それ自体としての顕現（ābhāsa）をもつ識を生ずるものであることによって、識の所縁縁であると認められる。しかし、ただ原因（kāraṇa）であることだけでは〔所縁縁であるとは認められ〕ない。等無間縁《とうむけんねん》など〔も原因となるものであり、それら〕と区別がつかなくなるからである[13]。

調伏天は、「外なる対象がないのに、識が対象の行相（ākāra）をもって生起する」という語を「色などの外なる対象がないのに、識こそが色などの対象の行相をもって生起する」[14]と注釈する。したがってここには、唯識であることを主張する瑜伽行派に対して、外界実在論者が眼識とその対象である色の場合を例にして、もし外界に色などという対境が存在しないとすれば、眼識はどうして色などの対境の行相をもって生起したりするのかと難詰するという、唯識説に対する反論が取り上げられていると考えられる。

それに対して瑜伽行派は、識の外にある物は、それ自体の姿をもった眼識を生ずる場合には、その眼識の認識対象、すなわち所縁縁となり得るが、そうでなければそれは眼識を生ずる原因の一つに過ぎず、所縁縁とはなり得ない、と論駁する。ここには唯識説の典型が示されている。安慧は「唯識」ということを『中辺論』の注釈中には次のように簡潔に述べている。

「唯識」とは所縁（ālambana）が対象（artha）を欠いている（rahita）ことである[15]。

例えば、眼識つまり視覚は、それが知覚した何らかの物の姿かたち（行相、ākāra）を備えている。その姿かたちは所縁（あるいは所縁縁）と呼ばれる。普通、その所縁は心の外にある物の姿かたちが知覚され捉えられていると考える。しかし瑜伽行派はそうではないと言う。なぜなら、所縁は心の外の対象を欠いているものだからである、と言う。それは、例えば暗がりの中で棒杭を間違って「ひと」と見た場合のように、棒杭そのものとしての顕現をもつ「棒杭」という眼識を生ずる場合には、棒杭は眼識の所縁となり得る。しかし、「ひと」としての顕現をもった眼識を生ずる場合には、その眼識の生ずる原因となるだけである。外界の対象とその眼識との関係は、棒杭とそれを「ひと」と見誤る眼識との関係に似ているとするのが、瑜伽行派の外界非実在論の主張である。そしてその論拠とされているのが、外界の対象がそれ自体としての顕現（ābhāsa）をもつ識を生じさせないことである。つまり、識にそれ自体の姿（行相、ākāra）を生起させないことである。

ここには瑜伽行派の「唯識説」が「所縁」と「行相」という観点から述べられたものと考えられる。すなわち、心の中に把握されている対象は所縁（あるいは所縁縁）と言われる。所縁は、後に述べるように、アーラヤ識中に蓄えられたそれ自身の種子から生じたものであり、心の中で把握された対象の姿かたちを備えて生じたものである。しかし、その姿かたちは、心の外にある対象の姿かたちとは離れたものであり、その対象の姿かたちを欠いたものである。それゆえ心（識）によって把握されたものは、心の外にその対象をもつものではない。つまり認識は外界にその対象を有するものではなく、アーラヤ識から生じたものに過ぎない「唯識」なるものである。調伏天は、外界の対象が識の所縁となり得ないとするこの議論の最後に、対象が識の所縁（認識対象）となるためには二種の資格を備えなければならないとされることを次のように述べる。

あるものにおいて、まさしく原因であることと、それ自体の行相を生ずることとがあるとき、それは〔実在の所縁（認識対象）の備えるべき〕二種の特性を備えた対象と認められる。(16)

『三十頌』の安慧釈はこのように、外界に存在するとされる対象が識の対象（所縁）たり得ない理由を、外界の対象が識にそれ自体の行相を生起させる力のないことであると述べる。そしてそれに続いて、外界の対象が識の中に生じた行相を生起させることのできないその理由を、極微《ごくみ》論《ろん》を用いて詳細に論じている。

外界の実在を主張する者にとっての論拠は、外界存在の極限の微粒子である極微が実在することにある。眼識などの五種類の知覚は、それら極微を対象とするものである、と言う。それに対して瑜伽行派は、知覚の対象はそれらの極微ではないと言う。

瑜伽行派によれば、眼識など五種の識は箇々の極微を対象とするものではなく、何らかの集合体を対象としその行相とする。もし集合体が外界の対象物であれば、それは極微の集合したもの以外には存在しない。しかし箇々の極微には識に映じている行相は存在しない。そうであれば、それら極微の集合したものにもその行相は存在しない。それゆえ識に映じている集合体の行相は、外界の対象なくして生じたものである、というのが瑜伽行派の主張である。

瑜伽行派の外界非実在論の主張は、このように外界実在論者によって究極的実在であるとされている極微が、その箇々の極微を知覚の対象と考える実在論者の一派においても、もしくはその集合体が知覚の対象となると考える実在論者の一派にとっても、認識対象〔所縁〕とはなり得ないことを論証するという仕方で展開されている。

調伏天は『三十頌』の注釈のみならず、陳那の『観所縁論』に対する注釈においても、極微とその集合したものが共に識の対象となり得ないとする同様の解説をしている。『観所縁論』第二頌後半句には、

このように外なるものは、〔箇々の極微もその集合したものも〕どちらも知覚の対象とはなり得ない。（2cd）

と説かれている。頌に「〔箇々の極微もその集合したものも〕どちらも知覚の対象とはなり得ない」と説かれる理由を注釈して調伏天は次のように述べる。

〔箇々の〕極微〔を知覚の対象として主張する外界実在論者の〕一派においては、〔知覚の〕原因となること（kāraṇatva）は存在するが、それの行相であること（ākāratva）が存在しない。また、集合したもの〔を知覚の対象として主張する外界実在論者の〕一派においては、それ（知覚）の行相であることは存在するが、原因となることが存在しない。それゆえ、どちらか一つの要素が欠けてい

るから、極微と呼ばれるものであれ、集合したものと呼ばれるものであれ、〔外なる〕物は所縁ではない。つまり、それ自体の行相を〔知覚の中に〕置くことと、〔知覚の〕原因となることという、所縁となるものの二要素を備えた在り方が〔備わっていなければならない〕[17]。

この注釈から、われわれは調伏天の想定する外界実在論者の認識対象がいかなるものであるかを推測することができる。かれらの認識対象は、単体であれ集合体であれ、極微からなるものである。それがそれ自体の姿つまり行相（形相、ākāra）を知覚の中に置くときそれは知覚される。調伏天は、『三十頌』の注釈では、安慧が、実在の認識対象の備えるべき二種の資格を、それ自体としての顕現をもつ識を生ずるものであること（ābhāsa-vijñāna-janakatva）と原因であること（kāraṇatva）として挙げていたものを「二種の特性」（chos nyid gnyis）と呼んでいた。この『観所縁論』の注釈では、それを「二要素を備えた在り方」（yan lag gi rnam pa gnyis）と呼び、〔知覚の〕原因となること（rgyu nyid）とそれ自体の行相を〔知覚の中に〕置くこと（rang gi rnam pa 'jog pa）と述べている。

表現は多少異なるが、要するに両者は共に、認識対象が真に認識対象となり得るには、それが認識の原因となるものであり、それ自体の行相を識の中に置くものであるという、二種の資格を備えていなければならないことを述べるものである。認識対象が外界に実在すると考える者たちは、外界に存在する究極の実体である極微こそ、そのような資格を備えた実在であると考える。

『観所縁論』は、かれらの中のある者は、認識対象となるものを、単一の極微であると言い、ある者は極微の集合体であると言い、また、ある者は極微が集合して生起した行相であると言うことを記し、それに対する瑜伽行派の反論を次のように述べる。

単一の極微は、実体であるから識を生ぜしめる原因とはなるが、眼識などは単一の極微の行相（形相）を知覚し得ないから、その対象とはなり得ない。極微の集合体は、集合体という点では知覚の対象となり得ても、集合体は仮構の存在であって実体ではないので、実在の対象とはならない。さらに極微が集合したときに生起した行相が認識対象であるとすれば、行相の区別がない単一の極微の集合体は相互に区別されないから、それは真実の認識対象とはなり得ない。それゆえ外界の究極的実在と想定される極微は、単一であれ、集合体であれ、認識対象ではあり得ない。

『三十頌』と『観所縁論』とに対する調伏天の注釈中に見られる、以上のように展開される外界実在論者と瑜伽行派との論争から、両者間に対象とその行相の関係に関して大きな見解の相違の存在することが認められる。『中辺論』に対する安慧の注釈中に、「行相がないこと」が対象の実在しない理由とされることが説明されずに述べられている背景には、以上のように外界実在論者に対して展開された「対象たるべきものはそれ自体の行相を識の中に置くものであるが、外界の存在はそうではない」とする瑜伽行派の反論が前提として想定されているものと考えられる。

認識対象たるべきものは、『三十頌』と『観所縁論』と及びその注釈においては、「認識の原因となるもの」であり、かつ「それ自体の行相を識の中に置くもの」であるという、二種の資格を備えていなければならないとされている。他方、それは『中辺論』の安慧の注釈においては、「真実の顕現であること」と「行相をもつこと」という、二つの資格を備えていなければならないとされている。しかし前者における「認識の原因となるもの」は、等無間縁などによっても代用されるものとされ、後者における

「真実の顕現であること」は所取が真実である場合に能取はおのずからそうなることであり、どちらも所縁に必須の資格ではない。それゆえ実在の所縁に必須の資格として求められているのは、「行相をもつこと」つまり「それ自体の行相を識の中に置くものであること」である。そこで以下に外界実在論者と瑜伽行派とが、対象とその行相（形相）の関係をどのように理解しているかについて考察することとしよう。ちなみに ākāra をほとんどの場合は「行相」と訳し、時に「（形相）」の語を補足したのは、瑜伽行派は対象の様態を識の活動態と考えるので行相と訳し、外界実在論者はそれを外界の対象に備わる姿と考えるので「（形相）」の語を補足したのである。以下に、行相（形相）とはいかなるものであり、安慧がそれをどう理解していたかを考察することにしよう。

b 行相とは何か

行相（ākāra）とは、一般的には物事の在り方や姿かたちや様相のことであるが、『中辺論』では識が物事（所縁）を把握する様相を意味する概念として用いられている。その行相を安慧は次のように二つの観点から注釈する。

①行相とは所縁を無常等の在り方で把握する様相（ālambanasyānityādirūpeṇa grahaṇa-prakārāḥ）であるが、しかし、それはこれら〔対境と有情としての〕二種類の〔顕現〕には存在しない。所取という在り方で顕現するがゆえに、それゆえ、行相をもたないから、〔つまり〕能取ではないからという意味である。[18] ②あるいは、行相とは所縁の知覚（saṃvedana）である。そして、それはこれら

〔対境と有情としての〕二種類の〔顕現〕には存在しないから、〔つまり所縁を〕捉えること（ālambana）がないから、行相をもたないのである。[19]

安慧の「行相とは所縁を無常等の在り方で把握する様相である」とする①の注釈は、『倶舎論』智品でなされる行相の語の注釈と軌を一にする。世親は行相を次のように説明する。

行相と呼ばれるこの法は何か。

　行相とは慧（prajñā）である。（AK, VII, 13b）

【反論】そうであれば、慧は行相をもつものでないことになる。〔慧なる心所が〕別〔のもう一つの慧なる心所〕と相応することはないからである。

【答釈】しかし次のように〔考えれば、行相を慧と規定することは〕理に適うことになる。すなわち、すべての心・心所の所縁を捉える様相（ālambana-grahaṇa-prakāra）が行相〔であり、心所ではないと考えれば、慧が行相をもつことが理に適うこととなる〕。

それでは慧のみが〔所縁の〕行相を捉えるのか〔と云えば、そうでは〕ないと言う。それではどうか〔と云えば〕、

　それ（慧）と共に所縁を有するものが行相を捉える。（AK, VII, 13bc）

慧と所縁を有する〔慧以外の〕他の〔心・心所〕法のすべてが〔所縁の〕行相を捉える。

一方、存在するすべてのものは行相が捉えられる。（AK, VII, 13d）

〔色・心・心所・心不相応行・無為として〕存在するもの、それはいかなるものであれ、すべて行相が捉えられる。このように考えれば、以下のことが成立する。慧は行相であり、行相を捉え、行相が捉えられる。他の所縁を有するもの〔つまり心と心所〕は行相を捉え、行相が捉えられる。所縁を有しないもの〔つまり色と心不相応行と無為と〕はただ行相が捉えられるだけである[20]。

世親の説明から、行相を捉えるものがすべての心・心所であること、そして、それらが所縁を捉える様相が行相であり、慧であることが知られる。それゆえ心所の一つである慧が行相を捉えるものであり、かつ自らが捉えた行相（様相）そのものとなって存在するものと考えられていることが知られる。世親のこの行相の注釈は四諦十六行相の観察における行相の解説中に見られる。それは、例えば苦聖諦を所縁とするときには、苦なる存在を無常・苦・空・非我という四種の行相をもつものとし、乃至、道なる存在を道・如・行・出という四種の行相をもつものとして観察するというように、四聖諦を所縁として十六種の行相として観察する場合の行相について述べたものである[21]。先に述べた安慧の「行相とは所縁を無常等の在り方で把握する様相である」とする①の注釈は、明らかに『倶舎論』のこの四諦十六行相観の解説における「すべての心・心所の所縁を捉える様相が行相である[22]」とする注釈を踏まえてなされたものと考えられる。

安慧の「行相とは所縁の知覚である」とする②の注釈も、『倶舎論』根品に心・心所の「五義平等[23]」が説かれる際の「行相の平等」に関する安慧の注釈に青等の行相の知覚の例が挙げられていることから[24]して『倶舎論』の所説を踏まえてなされたものと考えられる。①の注釈は道の修習の場合の知覚における行相の説明に基づくものであるのに対して②の注釈は通常の知覚における行相の説明に基づくものである。生起する場面は異なるが、いずれも知覚が生起する場合の行相の注釈であることに変わりはない。

安慧が「所縁を無常等の在り方で把握する様相」とする行相は、『倶舎論』の注釈によれば、慧なる心所であり、心と相応するものである。慧は心・心所以外の、所縁を有しないものには相応しないから、それらには存在しない。慧と相応せず所縁を有しないものは、認識作用を有せず、能取とはならないものである。それゆえ能取とならず所取としてのみ存在するものには行相はない。『中辺論』相品第三頌に説かれる四種の顕現のうち、対境と有情としての二種類の顕現は、所縁を有しないものであり、所取としてのみ存在するものであり、能取とはなり得ない。それゆえそれらは行相をもたない。行相は『倶舎論』では慧とされ、そこには先に見たように次のように説かれていた。

慧は行相であり、行相を捉え、行相が捉えられる。他の所縁を有するもの（心・心所）は行相を捉え、行相が捉えられる。所縁を有しないものはただ行相が捉えられるだけである。

慧は所縁の行相（様相）を捉え、その行相（様相）となって存在する。その行相が心・心所によって捉えられ「青」等として認識される。その場合、有部等の外界実在論者は、行相を捉えられるだけで行相を捉えることをしない、つまり所縁を有しないものは、心の外に実在すると考える。他方、瑜伽行派は、対象を誤認することや夢中の認識の例などから判断されるように、認識は心の外にその対象をもつのではなく、対象の行相（様相）となって生起する慧は、識の顕現する対象を所縁として生起したものである、と言うのが瑜伽行派の主張であるとするのが安慧の理解である。

このように、対境と有情という対象は行相をもたないから識の対象として実在するものではないとする世親と安慧の注釈は、識の対象を外界に実在するものとする有部の認識論に対する瑜伽行派の反論と同趣旨の領解に基づくものと考えられる。有部では知覚及び認識は心とは別個に存在する事物を対象として成り立つと考える。有部の阿毘達磨によれば、青という視覚（眼識）は、視感官（眼根）が外界の青い対象（色境）を把握するときに生ずる。その場合、有部は、視覚には視覚の機能、感官には感官の機能、対象には対象の機能があると考える。[25] その考えは、判断基準となるものとしての範疇あるいは軌範となるべき法の実在を提唱する有部の法理論に基づくものである。

法 **dharma** の語は、その語根 **dhṛ** が「保持する」を意味することから、『雑《ぞう》阿《あ》毘《び》曇《どん》心《しん》論《ろん》』では「法とは保持することである。自性を保持するがゆえに法と名づける」（法者持也。持自性故名法）と説かれ、[26]『倶舎論』には「自相を保持するがゆえに法である」（能持自相、故名為法）と定義される。[27] その定義にさらに踏み込んで有部の法理論を明確にするために『成唯識論』は「法謂軌持」と定義する。[28]『述記』はそれを注釈して「軌謂軌範。可生物解。持謂任持。不捨自相」（軌とは判断基準であり、物の理解を生ずるものである。持とは保持することであり、自相を捨てないことである）と説明する。[29] それは『倶舎論』の注釈者普光の解釈[30]に基づいて「能持自性、軌生物解」と簡略化して伝えられ、「それ自身の特性を有して、吾人の認識の対象となるとの謂」を意味するものとされる。[31] つまり、法はそれ自身の自性あるいは自相を変わることなく保持するものであり、範疇となり軌範となってわれわれにその存在を知らしめて認識対象となるとするのが、有部の「法」の定義である。それゆえ外界に存在するものこそ認識対象として実在するものであるとするのが、外界の実在を説く有部の見解である。

いまわれわれが考察の対象としている『中辺論』の世親と安慧の注釈は、対境と有情としての二種の顕現を、行相をもたないから識の対象として実在するものでないと述べる。それは、感官には感官となる機能があるように、対象には対象となる機能があるとする如上の阿毘達磨に対する反論を述べたものと考えられる。

例えば、何らかの対象が「青」と知覚されることは、前記の『倶舎論』によれば、心（視覚）とその心に相応する心所である慧とによって、青い対象が「青」という様相（行相）で捉えられていることを意味する。その場合、有部は、「青」として行相が捉えられるのは、その行相が「青」として捉えられる機能が対象に備わっているからだと考える。それに対して瑜伽行派は、行相は慧なる心所法であり、それゆえ行相を捉えるはたらきは心・心所に存在しており、それは外界に存在するとされる対象に備わる機能とは関係がないと主張するものと考えられる。それは例えば、実際には存在しなくても「虎がここに住んでいる」という言葉を聞いて恐怖心が生ずる場合に、恐怖心はその対象である虎の実在性に備わる「恐怖を生起する」機能とは関係がないのと同様である、というのが瑜伽行派の外界非実在論に基づく認識論である。

安慧によれば、四種の対象としての顕現のうち、対境と有情としての顕現は、所取であり、自我と表象としての顕現は能取である。対境と有情という所取としての顕現を所縁として、自我と表象という能取としての顕現である、マナ識と六識なる心とそれに相応する心所とが行相を捉える。しかしその行相は慧であり、それゆえ能取としての顕現においてのみ存在し、所取である対境と有情としての顕現には存在しない。したがって、対境と有情としての顕現は、対象としての様相（行相）を備えていないので、識の所縁ではない。すなわち、対境と有情としての顕現には行相が備わっていないから、対象として実在しないと述べる。世親と安慧の注釈は、以上のような外界実在論者と瑜伽行派との間で交わされた、認識対象の行相が外界の対象に存在するか否かに関する論争の文脈を想定して考察するとき、初めてその意図が明瞭に把握される。

2　自我・表象が存在しないのは真実でない顕現だから

自我と表象という対象が存在しないことについては、安慧は先述のように、〔自我と表象としての顕現は〕能取という在り方で顕現するので、「行相をもたない」ということはない。「真実でない顕現」ということのみが、対象の存在しない理由である。

と説明する。安慧は所取・能取の関係にさらに一歩踏み込んで次のように説明する。

自我と表象としての二つの顕現は、所取が存在しないのに能取の行相をもって顕現するから、真実でない顕現である。

安慧は先述のように、「対境と有情」は所取、「自我と表象」は能取である、と言う。四種類の対象のうち前の二つを所取とし後の二つを能取とすることは、世親が注釈で「〔自我と表象としての顕現は〕能取という在り方」をすると述べて認識主体としての顕現に能取性を認める語からも推測されるが、安慧がそのことを明言したことによって、四種の対象と八識との間に所取・能取の関係があるだけでなく、それら四種の対象の間にも、前の二つと後の二つとに所取・能取の関係があることが明確になる。

安慧はこのように四種類の対象の内、対境と有情とを所取とし、自我と表象とを能取とする。四種類の対象はすべて、アーラヤ識、マナ識、六識からなる八識という能取に対しては所取である。これら四種類の対象が実在しない理由をもう少し立ち入って考察すれば、前記の安慧の注釈は以下のように理解される。

「対境と有情と」は、能取なる「自我と表象と」の所取として顕現する。「対境と有情」は本来アーラヤ識の所取である。それゆえ所取なるものが所取として顕現しているので、顕現としては真実である。しかしそれら所取として顕現しているものには、それに対する能取である「自我と表象」とが備えている行相はない。それが「対境と有情」とが対象として実在しないことの理由とされる。

他方、「自我と表象と」は、所取なる「対境と有情」とに対して能取として顕現する。それゆえ能取に備わるべき行相は有している。しかしそれは「真実でない顕現」とされる。そのことについて安慧は、「対境と有情」という所取が存在しないにもかかわらず、それを認識する能取という行相をもって顕現することを、「自我と表象」が「真実でない顕現」であることの理由であると言う。それによって「真実でない顕現」の「真実でない」という語が「実在の所取をもたない能取は真実の能取でない」ことを意味することが知られる。

「真実でない顕現」（vitatha-pratibhāsa）について『中辺論』からはそれ以上のことは知られない。それゆえ、それがなぜ自我と表象とが実在しないことの理由とされるのかは、行相のないことが対境と有情とが実在しないことの理由とされたのと同様、『中辺論』以外に求めなければならない。その語は『二十頌』の世親の注釈中に認められる。(32) その注釈には、他者の心を知ること（他心知）と自己の心を知ること（自心知）とは、凡夫やあるいは瑜伽行者であっても仏陀以外の者には、不可能であることが説かれ、その不可能である理由が次のように説明される。

それ（自他の心）は、言語表現されない自体として、諸仏の認識対象であり、〔諸仏が自他の心を知る〕そのようには〔仏ならざる者が〕それを知ることはないからである。その〔仏ならざる者における、他心知と自心知との〕両方は、対象のあるがまま〔を知るもの〕ではない。〔かれらの知の対象となっている心は、〕所取・能取の分別を断じていないことによって、真実でない顕現だからである。(33)

調伏天はそれを注釈して次のように言う。

なぜなら、かれら〔仏ならざる者〕の〔対象となっている〕その心は、所取・能取の行相のゆえに真実ではない。すなわち、かれらの〔捉えた〕その心は、真実には所取・能取を欠いているにもかかわらず、本来〔所取・能取の〕二として存在しない心を〔所取・能取の行相で執取したものである。ゆえに所取・能取の〕二という行相は真実ではない。

それゆえ、所取分による覆障によって、自他の心そのもの（心の当体、sems kyi ngo bo）を、凡夫や瑜伽行者は〔所取分として執取するので〕、自己の心と他者の心を言語表現されない自体としては理解しない。かれらは自己の所取分を自他の心であるかのように理解して「自他の心を理解した」と分別する。しかしあるがままの対象として自他の心の自性を理解してはいない。

例えば、壺の色に似た布で壺が覆われた時に〔それを見て〕、布を見ているのに、凡夫は壺を見たと思う。それと同様に、いまの場合も、〔仏ならざる者は〕そのように〔所取分に覆われた自他の心を〕見るのである。

もし「凡夫と瑜伽行者との心そのものは〔所取・能取の〕二として存在しないのであれば、なぜ二の行相をもって生ずるのか」と考えるなら、〔それに対して、世親は、それは〕「所取・能取〔の分別を断じていないことによるからである〕」と言う。なぜなら、かれらは所取・能取として執着することを「断じていないから」、それを断じていない限り、心そのものは二としては存在しないのに、二の行相をもって顕現するからである。

ここには、諸仏と仏ならざる者における、他心知と自心知という知の相違が説明されているが、諸仏と仏ならざる者との知の相違が、他心知と自心知に限られるものでないことは言うまでもない。両者の知の相違が、諸仏においてはそれが「対象のあるがままである」（yathārtham）のに対して、仏ならざる者においてはそれが「対象のあるがままでない」（na yathārtham）ことが示されている。

いまわれわれにとって重要なのは、仏ならざる凡夫と瑜伽行者との知が「対象のあるがままでない」ことの理由が、「所取・能取の分別を断じていないことによる、真実でない顕現だから」と説明されていることである。仏ならざる者が対象を認識する場合、それは「対象のあるがままでない」認識とされる。つまり、かれらの認識は「対象のあるがままを映じていない」認識だと言われているのである。それが「真実でない顕現」の意味であると考えられる。

以上の世親釈と調伏天の注釈とから「真実でない顕現」の意味は次のように理解される。仏ならざる者の認識は、対象を所取・能取の行相として執取するものであり、それは対象をあるがままに映ずるものではない。したがってその認識において捉えられた対象は、対象があるがままに映じた顕現ではない、つまり「真実でない顕現」である。

さらに「真実でない顕現」の意味は、その反対概念として想定される「真実なる顕現」の意味を考慮することによってより明瞭になる。「真実なる顕現」は言うまでもなく仏陀の「対象のあるがままである」認識における顕現を指す。世親釈の「言語表現されない自体としての諸仏の認識対象」がその顕現に相当する。それゆえ、対象のあるがままの認識とは、対象が言語表現されない自体として認識されることを意味する。このような諸仏の認識とは異なる仏ならざる者の認識を調伏天は、

所取分による覆障によって、凡夫や瑜伽行者は、自他の心そのものを〔所取分として執取するので〕、自己の心と他者の心を言語表現されない自体としては理解しない。

と説明する。「所取分による覆障」（gzung ba'i chas bsgribs pa）はいささか理解し難い語であるが、対象を所取として執取する習慣性に識が覆障されていることを意味するものと推測される。ここでは、諸仏と仏ならざる者との他心知と自心知との対象である「心」が、「真実なる顕現」であるか否かが問題とされている。その場合、諸仏においては所取・能取の分別はないが、仏ならざる者においては「心」は所取であり、他心知と自心知とは能取に相当する。仏ならざる者において認識は必ず所取・能取として生起（顕現）する。仏ならざる者の認識においては、「所取分による覆障」のゆえに所取として顕現するものが対象の位置を占め、能取として顕現するものが識の位置を占める。しかしその所取と能取とは識に外ならないとするのが瑜伽行派の「識の論理」であることは後に述べる。調伏天は、先に見たように、仏ならざる者の他心知と自心知との対象となっている心について、

かれら〔仏ならざる者〕の〔対象となっている〕その心は、所取・能取の行相のゆえに真実ではない。

と注釈していた。そこでは対象としての心、つまり所取としての心が問題とされており、それを知る能取としての心は問題とされていない。しかし調伏天はその所取としての心を「所取・能取の行相のゆえに真実ではない」と述べて、仏ならざる者によって捉えられた「心」を「所取・能取の行相のゆえに真実でない」ものであると言う。それはなぜなのか。所取であるはずの「心」に能取をも含めて言及するのはなぜか。そこに瑜伽行派の「識の理論」が示されているように思われる。

調伏天が「所取・能取の行相のゆえに真実でない」と言うのは、世親釈の「所取・能取の分別（grāhyagrāhakavikalpa）を断じていないことによって真実でない顕現」であるという語を言い換えたものである。それゆえ、その対象であり所取である「心」は、所取・能取の分別を断じていないことによって生じた所取・能取の行相における、所取であるから、真実でない顕現であるということが言われていると考えられる。つまり「所取・能取の行相のゆえに真実でない」とは、仏ならざる者の認識が、対象をあるがままではなく、所取・能取の行相でもって把握せざるを得ない、真実ならざるものであることを述べているのである。仏ならざる者において、物事が所取・能取の行相でもって把握されることを免れない状態を、調伏天は所取が「所取分による覆障によって」把握されると言ったものと考えられる。そこには当然、能取は「能取分による覆障によって」把握されると言われることが想定されている。つまり仏ならざる者の認識は、所取分と能取分との覆障によって覆われているがゆえに、所取・能取の行相をとらずには済まないことが語られていると考えられる。

このように考えることが間違いでないとすれば、この注釈から「言語化される」ということが所取・能取に分別されることを意味することが知られる。世親釈に見られる、諸仏の認識対象の形容語である「言語表現されない」という語は、仏ならざる者の認識対象が「言語化された」ものであることを示唆する。瑜伽行派において、認識における対象の顕現は「言語」のはたらきと密接に関係するものと考えられていることについては他で詳しく述べた(34)。それゆえここでは言語のはたらきについては触れない。いまはそのはたらきによる現象として説かれる「識が自我と表象として顕現する」ことについてのみ見ておきたい。そこには所取・能取の行相をとってしか物事を認識することができない、仏ならざる者の認識に関する瑜伽行派の「識の理論」が示されているからである。

典拠となる文章は後に挙げるが、『三十頌』第一頌の安慧釈に、因転変と果転変とが説かれ、異熟《いじゅく》習《じっ》気《け》と等流《とうる》習気《じっけ》とによって流転輪廻とその境涯におけるすべての物事の生起することが説かれる。その中の等流習気は、名言種子（言語種子）とも呼ばれ、眼識等の七識があとに残した習気であり、のちにそれらと同種の識を生ずる習気であることが説明される。それらの習気がアーラヤ識中で生長することが「因転変」であり、生長した習気から、次の境涯においてアーラヤ識とマナ識及び六識が生起し、現象世界の顕現することが「果転変」である。そして果転変には、異熟と呼ばれる転変（異熟転変）と、思量と呼ばれる転変（思量転変）と、対境の表象と呼ばれる転変（了別境転変）との、三種があることが説かれる。

『中辺論』に説かれる自我と表象としての顕現のうち、自我としての顕現はその思量転変に相当し、表象としての顕現は了別境転変に相当する。思量転変は染汚意（マナ識）の生起することであり、了別境転変は六識の生起することであるとされる。ゆえに、自我としての顕現はマナ識の生起することであり、表象としての顕現は六識の生起することになる。このように、自我としての顕現という所取なるものは、マナ識という能取なるものの生起と同義とされ、表象としての顕現という所取なるものは六識という能取なるものの生起と同義とされている。

アーラヤ識に熏習された名言種子（言語種子）が縁を得て活動するとき、マナ識という能取なるものとして生起することによって、自我としての顕現が生じ、六識という能取なるものとして生起することによって、表象としての顕現が生ずる。アーラヤ識中の名言種子である潜在力が顕在化して、マナ識と六識とが生起するとき、自我と表象として顕現し、現象世界が生起する。マナ識と六識とは能取として生起し、自我と表象としての顕現は所取として生起する。能取なるものとして生じたマナ識と六識とは、生ずるや直ちに能取なる識のままに止まらずに、必ず所取なる自我と表象として顕現する。思量転変と了別境転変と呼ばれる「識転変」は、そのように識（能取）の生起が同時に現象世界（所取）の生起でもあるという仕方で、識が現象世界を展開せしめることを意味する。このことから、識は能取であると共に所取でもあるものとされ、両義性をもつものと考えられていることが知られる。これが仏ならざる者における、物事をすべて所取・能取の行相として捉えることを免れない認識の事態であるとするのが、瑜伽行派の識の両義性に基づいて「識即現象世界」を述べる「識の理論」である。

以上、『中辺論』には説明されない「真実でない顕現」の意味を『二十頌』の世親と調伏天との注釈を参考に考察した。それにより「真実でない顕現」が「所取・能取に分別された対象の顕現」を意味することが明らかになった。

『中辺論』の安慧の注釈から、瑜伽行派においては「真実の顕現であること」と「行相をもつこと」という二種の資格を備えている対象のみが、識にとって真実なる対象とされていることが確認される。「対境と有情」という対象は、真実なる顕現という資格は備えているが、行相をもつものという資格を備えていないので、真実の対象とは認められない。「自我と表象」というマナ識と六識との対象は能取として顕現するので行相は有しているが、所取が存在しないのに能取の行相をもって顕現するから、真実でない顕現である。それは、真実の顕現という資格を備えていないので、真実の対象とは認められない、とされる。

ここに「所取が存在しない」と言われるのは、先ほど考察した『二十頌』の注釈に、仏ならざる者の認識において、所取・能取の行相をもって認識された対象（所取）は、対象をあるがままに映ずるものではなく、したがってその認識において捉えられた対象は、対象があるがままに映じた顕現ではないとされるものであり、したがって「真実でない顕現」である。それゆえ「自我と表象」は「真実でない顕現」であるがゆえに実在しないとされるのは、以下のような事柄を述べるものと考えられる。

「自我と表象」とは仏ならざる者のマナ識と六識との対象である。それは「マナ識・六識」を能取とし「自我・表象」を所取とする、所取・能取の関係をもって、つまり所取・能取の行相でもって、認識された対象であり、対象があるがままに映じた顕現ではない「真実でない顕現」である。それゆえそれは、言語表現されない自体としての諸仏の認識対象が、対象があるがままに映じた顕現であり実在するごとくには、実在しない。仏ならざる者の認識において捉えられる対象は、調伏天の言うように、所取分による覆障のゆえに、対象は必ず所取分として捉えられ、言語表現されない自体としては捉えられない。そのような対象は、諸仏の覚りの行境において真実なるものとして顕現し実在する対象とは異なって、真実でない顕現であるがゆえに実在しない。

3　諸仏にとっての所取・能取

以上、第三頌に説かれる、凡夫の虚妄分別における、所取・能取の行相でもって認識された対象について考察した。それは言語化された自体としての認識対象である。それは、言語表現されない自体としての諸仏の認識対象が実在するようには実在しない。それでは、諸仏における言語表現されない自体としての認識対象とはいかなるものであろうか。それを理解するには、第四頌c句に対する安慧の注釈に次のように語られていることが参考になるように思われる。

その四種〔の顕現〕において、可能性に応じて、〔つまり、対境と有情とには〕行相がないから、〔自我と表象とは〕真実でない顕現だから、能取たることはなく、そして、すべて他の表象によって分別された自体としては空であるから、所取たることはない。

tatra catuḥprakāre 'py anākāratvād vitathapratibhāsatvāc ca yathāsambhavaṃ grāhakatvābhāvaḥ. vijñaptyantaraparikalpitena cātmanā sarvasya śūnyatvād grāhyatvābhāvaḥ.(35)

この場合においても、四種の顕現と、識と対象と、所取・能取とに関する安慧の説明は難解であるが、言わんとすることは以下のようなことであろう。

先述のように、対境・有情とアーラヤ識、自我とマナス（マナ識）、表象と六識との間に所取・能取の関係があり、それと共に対境・有情と自我・表象との間にも所取・能取の関係があるとされる。ここで「所取たることはない」「能取たることはない」と言われる場合の所取・能取は、対境・有情と自我・表象との間における所取・能取を指すものと考えられる。そして、能取が能取として存在するには「行相があること」と「真実の顕現であること」という二種の資格を備えていることが必要とされる。しかし対境・有情には「行相があること」がなく、自我・表象には「真実の顕現であること」がないので、四種の顕現のどれにも「能取たること」は存在しない。また、四種はすべて他の表象によって分別された自体としては空であるから、「所取たること」がない。以上のように安慧は、四種の顕現のどれにも「能取たること」と「所取たること」とは存在しない、と述べる。それではこのような「能取たること」と「所取たること」によって安慧は何を述べようとしているのであろうか。

安慧がこのように述べる意図を推測するには、「四種の顕現はすべて他の表象によって分別された自体としては空であるから所取たることはない」と述べる語が参考になるように思われる。この語は、先に引用した『二十頌』の注釈中に世親が、他者の心と自己の心とを正しく知ることが仏以外の者には不可能である理由を、次のように述べていた語を思い起こさせる。

それ（自他の心）は、言語表現されない自体として諸仏の認識対象であり、〔諸仏が自他の心を知る〕そのようには〔仏ならざる者が〕それを知ることはないから。(36)

そこでは自他の心が認識対象として問題とされているが、自他の心のみならず、あらゆる物事が諸仏には「言語表現されない自体として認識対象」となっていることは言うまでもない。仏以外の者には物事は諸仏におけるようには認識対象とならない。諸仏において言語表現されない自体として認識された対象は、凡夫における「他の表象によって分別された自体として」認識された四種の顕現という対象とは相反する関係にある。前者は諸仏の覚りの境地における認識対象であり、後者は迷いの境涯における認識対象である。後者が「所取たることのない対象」とされていることからすれば、前者の「言語表現されない自体として認識された対象」はそれに相反する「所取たることのある対象」を意味すると考えられる。安慧の用いる「所取たること」（grāhyatva）という語は、このように所取の所取たる所以、所取の本来性、すなわち「真の所取」を示す概念であると考えられる。

それでは「能取たること」（grāhakatva）はどのような文脈において用いられているのであろうか。それを以下に考察してみよう。先に引用した『二十頌』の注釈に続いて世親は、

その〔仏ならざる者における、他心知と自心知との〕両方は、対象のあるがまま〔を知るもの〕ではない。〔かれらの知の対象となっている心は、〕所取・能取の分別を断じていないことによって、真実でない顕現だからである。(37)

と述べる。ここには凡夫には対象があるがままに知られないことが説かれ、その原因が所取・能取の分別を断じていないことによって、対象が真実でない顕現として生ずることにあることが説かれている。対象をあるがままに知らない凡夫のこの認識が、『中辺論』安慧疏に「能取たることがない」（grāhakatvābhāva）と呼ばれる認識に相当するものであると考えられる。そしてそれが諸仏の対象をあるがままに知る認識、対象が真実なる顕現である認識に相反するものとして語られていることは言うまでもない。そうすれば「能取たること」とは、諸仏における、対象をあるがままに知る真の認識、対象があるがままに顕現している真の認識を意味し、能取の能取たる所以、能取の本来性、すなわち「真の能取」を意味するものと考えられる。そう解することはそれによって捉えられる対象である「所取たること」が「真の所取」を意味することと符合する。

しかしこのように、諸仏の覚りの境地における認識とその対象とを、「真の能取」と「真の所取」として所取・能取の関係にあるものとして見ることは、瑜伽行派の思想に沿うであろうか。例えば、諸仏の智である無分別智の「無分別」は『三十頌』の調伏天の注釈中に、

所取・能取の分別のないことが無分別である。(38)

と説明され、『三十頌』の注釈では無二智は、

〔所取・能取の〕二としての顕現が転ずるとき無二智の状態になる。(39)

と説かれている。このように瑜伽行派では諸仏の智は所取・能取を離れたものと考えられている。そうだとすれば『中辺論』の注釈に示された、諸仏における対象をあるがままに知る真の認識を「能取たること」である「真の能取」とし、その認識において把握されている対象のあるがままの姿を「所取たること」である「真の所取」とする安慧の前記の解釈は、調伏天の注釈に述べられる瑜伽行派の理解と異なることにならないであろうか。

grāhya（所取）と grāhaka（能取）とに本質を示す接尾辞 -tva を付けた grāhyatva（所取性、所取たること）、grāhakatva（能取性、能取たること）は瑜伽行論書にあまり見られない用語である。『中辺論』の安慧疏ではいま問題としている箇所以外には第五章（無上乗品）で用いられている。そしてそこには興味

深いことに、菩薩の知るべき事柄（所知、jñeya）とそれを知る智（jñāna）とが説明されている。そこには菩薩の智とその対象が説かれる。それを安慧は次のように注釈する。

その中、三性によって所知が立てられる。〔三性は〕所取たること（所取性）であるから。無分別性によって智が立てられる。〔無分別性は〕能取たること（能取性）であるから。

tatra tribhiḥ svabhāvair jñeyavyavasthānaṃ grāhyatvāt. avikalpanatayā jñānavyavasthānaṃ grāhakatvāt.(40)

ここには無分別智は能取たること（能取性）とされ、その対象である三性は所取たること（所取性）とされている。それゆえ諸仏の智とその対象との間にも所取・能取の関係があると考えられていることが推測される。しかしそれは、凡夫において言語化され、所取・能取の行相でもって分別された所取・能取ではなく、言語化されずに自体があるがままに顕現した対象とそれを認識する智との関係としての所取・能取を示すものと考えられる。そのような諸仏の無分別智における対象と認識とを瑜伽行派は**grāhyatva**（所取性、所取たること、真の所取、真の対象）と**grāhakatva**（能取性、能取たること、真の能取、真の認識）という用語で表現しようとしたものと考えられる。このような用語法は珍しく、それゆえ理解が困難であり、当初は書写生による誤記ではないかとも考えた。しかし、迷いの世界の成り立ちの根源を、現象世界とそれを顕現させるアーラヤ識との迷いの所取・能取の関係に求める瑜伽行思想において、悟りの世界の成り立ちの根拠も、真の認識対象とそれを顕現させる真の認識との真の所取・能取の関係に求めることは、理論上むしろ当然のこととも考えられる。凡夫の認識対象である四種の顕現の間における、対境・有情と自我・表象という所取・能取の関係は、それに相反する諸仏の無分別智におけるこのような真の対象と真の認識とにおける所取・能取の関係を想定して、説明がなされていると考えるべきである。

以上、第三頌に説かれる「対境と有情」という所取と「自我と表象」という能取との四種の顕現について、それらが実在しないとされる理由を、「行相があること」と「真実の顕現であること」という二種の資格を備えていないことと、所取・能取の分別として説明する安慧の注釈とに基づいて考察した。そのうち「自我と表象」という対象の実在しない理由は、その所取である対境と有情とが実在しないことにあるとされる。「自我と表象」という対象は、われわれの日常経験する現象世界の〝自己〟と〝物事〟という主観的世界と客観的世界を形成する認識対象となるものである。そしてそれはアーラヤ識の対象である「対境と有情」とを所取として執取したものとされる。そうすれば、四種の対象が実在しないとされる理由は、究極的にはアーラヤ識の対象である対境と有情という二種の対象が実在しないことに帰着する。それゆえ、それら二種の対象の実在しないことが、現象世界が虚妄分別であるとされる根本的な理由と考えられる。それゆえ、以下にそのことについて考察しよう。

六　現象世界の生起と識転変

先に見たように、世親の注釈によれば、対境と有情としての顕現を有するものはアーラヤ識であり、自我としての顕現をもつ識は染汚意つまりマナ識であり、表象としての顕現をもつ識は六識である。ここにはアーラヤ識とその顕現、及びアーラヤ識から生起した七識とその顕現という諸事物相互の間にいかなる関係が存在するか、という唯識思想の理解の根本に係わる問題が潜んでいる。それは唯識説の極めて基本的な世界観を述べるものであるが、それを明確に説明するのは容易ではない。世親は先に挙げたように、

①対境としての顕現をもつ〔識〕とは、色などの事物として顕現する〔識〕である。②有情としての顕現をもつ〔識〕とは、自他の相続中の五根として〔顕現する識である〕。③自我としての顕現をもつ〔識〕とは、染汚の意である。我痴などと相応するからである。④表象としての顕現をもつ〔識〕とは六識である。

と述べる。①と②とによってはアーラヤ識から所取の世界がどのように現象するかが説かれ、③と④とによってアーラヤ識からその所取を対象とする能取の世界がどのように現象するかが説かれていると考えられる。以下にその現象過程を、主として③と④に関して説かれる記述に基づいて考察したい。

アーラヤ識から顕現した「対境と有情」とを対象とし所取として、「自我と表象」として顕現するマナ識と六識とが能取として活動する。自我としての顕現を有する識がマナ識であるとは、マナ識が有情として顕現するものであることを意味し、表象（vijñapti）としての顕現を有する識が六識であるとは、眼識等の六識がそれぞれの対境の表象として顕現するものであることを意味するものと考えられる。

そのように顕現することによって、それぞれの識は能取となり、対象は所取となる。しかしその場合、

所取は対象として虚妄に分別されたものであり、実在するものではない。所取である対象が実在しないとき、それを認識する能取なる識も認識主体としては実在しない。ここには、識がそれらの四種類の対象として顕現することのみがあるにもかかわらず、識とその顕現とを認識主体（能取）と認識対象（所取）として構想する分別の過ちが説明されている。しかし安慧は、認識主体として分別された諸識が実在しないことを述べると共に、

対境と有情と自我と表象として顕現するがゆえに〔まったく何も存在しないわけでは〕ない。

と述べて、顕現することは存在すると述べる。つまり安慧は、所取の分別と能取の分別とを離れた諸識あるいは虚妄分別そのものの存在することに注意を促しているのである。

虚妄分別がこのような所取・能取の顕現を生起せしめることは、無始時来のアーラヤ識の活動（識転変）が輪廻の境涯を引き起こすことに由来する。そのアーラヤ識の転変による流転輪廻の無限の連鎖を、安慧は『中辺論』では次のように説明する。

それら対境と有情と自我と表象としての顕現をもつ八識とそれに相応する〔心所〕とは、集諦に摂せられるアーラヤ識から、五趣中に、補助的な縁を待って、可能性に応じて、生起する。〔かつまた〕アーラヤ識中の善・不善・無記の法の習気に何らかの特定の転変が〔生起するとき、〕その力によって、相互に異なった〔四種の対象としての〕顕現を伴って識が生起する。[41]

このように安慧は輪廻転生を、「集諦に摂せられるアーラヤ識（原因の段階にあるアーラヤ識）」から、人間や地獄などの五趣のいずれかの境涯にアーラヤ識（結果の段階にあるアーラヤ識）が生起して六境と五根が顕現し、それと共に染汚意（意根、マナ識）と六識が生起して自我と表象とが顕現する事態として説明する。

アーラヤ識の活動つまり識転変を想定することによって、流転輪廻の境涯が生起することと、その境涯におけるあらゆる現象が生起することとはすべて説明がつく、とするのが「ただ識のみ有り」とする唯識説の主張である。その識転変は、因としての転変（因転変）と果としての転変（果転変）という二種の転変として、『三十頌』第一頌第四句に対する安慧の注釈に次のように説かれる。

> そ〔の識転変〕は因として〔の転変〕と果として〔の転変〕とに分けられる。その中、因転変とは、アーラヤ識の中で異熟と等流との習気が生長すること（paripuṣṭi）[42]である。また、果転変とは、過去の業の牽引が完了するとき、異熟習気が活動を起こすことによって、他の衆同分（人間や畜生などの有情の境涯）の中にアーラヤ識が生起することと、また、等流習気が活動を起こすことによって、〔六種の〕転識と染汚意とがアーラヤ識から生起することとである。その場合、善と不善との転識はアーラヤ識に異熟習気と等流習気とを置き、無記〔の転識〕と染汚意とは等流習気のみを置く。[43]

異熟習気は業種子とも呼ばれ来世のアーラヤ識を生ずる習気（種子、能力）であり、等流習気は名言種子とも呼ばれ眼識等の七識のそれらと同種の識を生ずる習気である。それらの習気がアーラヤ識中で生長することが「因転変」（原因の形成）であり、生長した習気から、次の境涯においてアーラヤ識とマナ識及び六識が生起し、現象世界の顕現することが「果転変」（結果の生起）である。

さらにその果転変は、『三十頌』第二頌前半句に対する安慧の注釈では、異熟（vipāka）と呼ばれる転変と、思量（manana）と呼ばれる転変と、対境の表象（viṣayavijñapti）と呼ばれる転変との、三種の転変として次のように説明される。

善・不善の業の習気が成熟することによって、〔業に〕牽引された通りに果の生起することが異熟〔と呼ばれる転変〕である。染汚意〔の生起すること〕が思量〔と呼ばれる転変〕である。〔染汚意は〕常に〔自我を〕思量するから〔思量転変と呼ばれる〕。色などの対境として個々に顕現するから、眼〔識〕などの六識すべてが対境の表象〔と呼ばれる了別境転変〕である。

ここに説かれる異熟転変は、先述の『中辺論』に説かれる対境と有情としての顕現に相当し、思量転変は自我としての顕現に、対境の表象としての了別境転変は表象としての顕現にそれぞれ相当する。

七　アーラヤ識の所縁と行相

『中辺論』に説かれる対境と有情としての顕現は、『三十頌』第三頌前半句では、アーラヤ識の所縁である「識別されない取得と処との表象」（不可知の執受と処《しょ》の了）として説かれるものである。その意味はいささか難解である。安慧の注釈とそれをさらに復釈する調伏天の注釈とを参考に考察を試みよう。それを安慧は「識別されない取得と、〔識別されない〕処の表象」を意味する合成語であると注釈するが、調伏天は「識別されない取得の表象と、〔識別されない〕処の表象」を意味する合成語であると注釈し、「表象」を「識別されない取得」にも関係する語としている。[44] 調伏天の注釈が妥当と考えられるのでそれに従う。さらに調伏天の「処の表象」を「処の行相、及び、処としての顕現を意味する」とする注釈も、アーラヤ識の所縁と行相とを理解し易くする。

安慧は「取得の表象」を「内の取得の表象」とか「識別されない取得の表象」と言い換え、「処の表象」を「外の識別されない行相の表象」と言い換えている。調伏天は前者を「内の取得の顕現」とか「認識されない取得の表象」と言い換え、後者を「外の認識されない行相の器〔世間〕としての顕現」とか「認識されない処の表象」と言い換えている。これらの注釈を勘案して、アーラヤ識の所縁とされる「取得の表象」と「処の表象」と呼ばれるものの意味を一応概括すれば、『三十頌』第三頌前半句には次のようなことが言われていることになる。

すなわち、「取得の表象」とは、アーラヤ識が転変することによって顕現した人間の主観存在を意味し、「処の表象」とは、同様にして顕現した客観世界を意味する。このようにアーラヤ識は、自らがそのものとなって顕現した主観存在と客観世界とを所縁とし対象としながら、それ自体はそれらを明瞭に識別することのない行相をもった識と考えられている。

頌の語順からすれば「取得の表象」を先に考察すべきであるが、「処の表象」は「処の行相、及び、処としての顕現を意味する」[45] と説明する調伏天の注釈が、アーラヤ識の所縁と及び行相との理解を容易にし、それによって「取得の表象」も理解し易くなると考えられるので、先に「処の表象」を考察する。

安慧の「処の表象とは器世間の表象である」[46]とする注釈から、処の表象とはアーラヤ識が器世間として顕現することを意味すると知られる。例えば、眼識が青色の物を認識して「青」という行相（認識された影像）をもつように、アーラヤ識も「識」である以上、何らかの認識対象（所縁）をもち、それを把握した結果としての何らかの行相をもっていなければならない。アーラヤ識は客観世界を対象として認識し表象する。それがここには「処の表象」を所縁とすると説かれる内容である。それは、調伏天の注釈によれば、アーラヤ識が客観世界（器世間）の姿（行相）をとって顕現することである。しかしアーラヤ識によって把握された対象（所縁）も、アーラヤ識によって把握された対象の行相も「識別されない（不可知）」と言われる。調伏天はそれを「アーラヤ識によって〝それはここにあるこれだ〟というように自覚される相としては識別されない」と注釈し[47]、「識別されない」を「アーラヤ識によって識別されない」と解している[48]。チベットの学僧ツォンカパも同様に理解する[49]。アーラヤ識の所縁が識別されないとされる記述が『瑜伽師地論』摂決択分に見られることはよく知られているが、そこでは調伏天やツォンカパとは異なって、そのチベット訳[50]も、玄奘・真諦の両漢訳[51]も「智者といえども知り得ない」の意に解している[52]。二つの異なる伝承があったのかも知れないが、後述するように調伏天とツォンカパの理解が正しいと思われる。アーラヤ識の所縁は「識別されない処の表象」であると説く頌の言葉は、アーラヤ識によって表象され顕現する世界が、アーラヤ識によって〝それはここにあるこれだ〟と明瞭には識別されない、分節化されない混沌とした世界であることを述べようとしたものと考えられる。

瑜伽行派はこのように、客観世界（器世間）の存在をアーラヤ識の活動（識転変）によって顕現したものであると主張する。そして、アーラヤ識が客観世界として顕現するということは、すなわちアーラヤ識が客観世界を認識対象（所縁）とするということを意味するのだと言う。「アーラヤ識」と呼ばれる限り、それも「識」である。にもかかわらず、アーラヤ識には、その認識対象となっているもの（所縁）も、客観世界として顕現したその姿（行相）も、「それはこれだ」とは明瞭に識別されないものとして存在する、と言う。それを所取・能取に二元化し分節化して認識し得る存在とするのは、他の七転識のはたらきであると言う。

以上、アーラヤ識の所縁のうち、まず「識別されない処の表象」を考察した。以下に「識別されない取得の表象」について検討しよう。アーラヤ識とは異なり、マナ識と六識はそれぞれその所縁と行相とを明瞭に識別する識である。マナ識はアーラヤ識を所縁とし対象として「自我」という行相を捉えて主観存在を構想し、六識は色等を所縁とし対象として「青」等の行相を捉えて客観世界を構想する。唯識説においては、何らかのものが存在するということは、アーラヤ識が分節化されないままに顕現し、転識がそれを所縁とし対象としてその行相を把握するということが、そのものが存在するということの実態であると考える。それゆえ、アーラヤ識が顕現すること（識転変）と無関係に、ものがそれ自体として存在することは認めない。

アーラヤ識が「分節化されないままに顕現すること」が、いま考察している『三十頌』第三頌前半句では「アーラヤ識が識別されない所縁を有すること」として説かれているのである。そのうち、アーラヤ識の「処の表象」が、アーラヤ識が客観世界（器世間）を所縁とすること、つまり客観世界として顕現することを意味するのは先述の通りである。そこで以下に、もう一つの「取得の表象」つまりアーラヤ識が主観存在（有情世間）として顕現することについて考察することとする。以下の「取得の表象」についての考察によって、アーラヤ識が主観存在として立ち現れるとされる意味を明らかにしたい。

「取得」（upādi, upādāna）の意味を簡潔に述べることは難しい。安慧の注釈からすれば、それは遍計所執性に執着する習気の取得と、有所依の根なる色と名との取得を意味すると考えられる。そのうち、習気は、我などの分別の習気と、色などの分別の習気とを指すとされる。つまりかつて有情（主観世界）と対境（客観世界）とを分別したことによってアーラヤ識中に熏習された習気（種子）を指す。安慧は、それらの習気が取得（upādāna）と呼ばれる理由を、習気があるがゆえにアーラヤ識によって我などの分別と色などの分別が果として取得される（upātta）からである、と注釈する。[53]それゆえこの場合、習気が取得と呼ばれるのは、アーラヤ識をして分別を取得させる習気（種子）の機能によることが知られる。したがってこの場合、取得とは習気の取得作用を意味する。

習気が取得と呼ばれるに至った経緯は次の如くであると考えられる。まず、我や色などの分別は、その影響力を習気（種子）としてアーラヤ識中に熏習する。次に、熏習された習気（種子）は、原因となってアーラヤ識にそれらの分別をその結果として取得させる。すなわち種子は原因となって、その結果である我や色などを取得させる、つまり顕現させる。それゆえと習気（種子）は、その結果を「取得させる（顕現させる）」という作用のゆえに「取得」と呼ばれるに至ったのである。

さらに、調伏天が取得と生起とは同義であると注釈することからすれば、[54]アーラヤ識が我や色などの分別を取得するということは、アーラヤ識が我や色などの分別として生起すること、つまり我や色などとして顕現することを意味するものと解される。このように習気（種子）はその取得作用のゆえに、

『三十頌』では「取得」と呼ばれる。

習気が、我や色などの分別をその結果として取得させる作用のゆえに、「取得」と呼ばれる所以は前記の通りである。それは取得が原因として機能することを示す。習気（種子）が原因となって、アーラヤ識に、我や色などの分別すなわち主観世界と客観世界とを取得（顕現）させる機能を果たすことを示すものである。つまり、習気は、アーラヤ識に我や色などの分別をその結果として取得（顕現）させる機能に因んで、「取得」と呼ばれるのである。そうすれば、アーラヤ識の所縁を「識別されない取得の表象」であるというのは、アーラヤ識が、我や色などの主観世界と客観世界との、識別されない分別として生起すること、顕現することを示すものと理解される。

次に「所依の取得」という場合の取得の意味を考えてみたい。この場合の「所依」について安慧は、五根（勝義根）とその座としての身体（扶塵根）という有情の物質的構成要素（色＝色蘊）と感覚的構成要素（名＝受等の四蘊）とを指すと注釈する。それゆえアーラヤ識の所縁が「識別されない所依の取得の表象」であると言われるのは、アーラヤ識が、有情の身体と感覚とを形成する、明瞭に識別されない五蘊を取得する機能を有するものとして生起すること、顕現することを示すものと理解される。

以上、「取得の表象」についての考察によって、アーラヤ識が主観存在として立ち現れるとされる意味が明らかになった。アーラヤ識が取得として顕現することにより主観存在が現象すると考えられていると知られる。取得には、遍計所執性に執着する習気の取得と、有所依の根なる色と名との取得とがあると説かれる。

前者は、我や法を分別した結果、アーラヤ識に蓄えられた習気である。それが「取得」と呼ばれるのは、その習気が原因となってアーラヤ識に我や法の分別を取得させるからである。後者は、物質的・感覚的に身体を構成する五蘊をアーラヤ識に取得させる作用をする。五蘊の取得を、安慧は、身体の構成要素を、それらが常に安全と危険とを一にして共存する安危《あんき》共同《ぐうどう》の状態で獲得すること（upagamanam ekayogakṣematvena）である、と注釈する。(55)つまりこの取得の作用によって五蘊が統一され身体が統合される、と言うのである。

前者によって、アーラヤ識中の種子から、意根と六識とに関する、つまり認識にかかわる主観としての存在が現象することが説かれ、後者によって、同じくアーラヤ識から、五根と五識とに関する、つまり感覚にかかわる主観としての存在が現象することが説かれる。

前者においては、アーラヤ識に我や法の分別を取得させる習気の作用のゆえに、習気が取得と呼ばれる。しかし後者においては、何がアーラヤ識に五蘊を取得させる作用を行うかは明言されていない。前者の習気は、染汚意と六転識とがアーラヤ識より生起することに関係するものであることからすれば、等流習気に相当すると考えられる。(56)後者の取得は、他の衆同分にアーラヤ識が生起して五蘊を取得することに関係するものであることからすれば、異熟習気に相当するものが含意されていると考えられる。(57)さらに安慧がその取得を「安全と危険とを共にして共存する安危共同の状態で取得すること」と注釈しているのは、異熟習気が五蘊を取得させることにより、それら人間存在を形成する五種の構成要素が統一され統合されることを意味する。つまりここには、習気の取得の作用によって、人間という境涯に生まれたときには、人間としての世界が認識されるように、感覚器官とその知覚機能とが統一され統合されて働くことによって、人間としての主観存在が形成されるものであることが説かれている。

以上、『三十頌』にアーラヤ識の所縁として説かれるこれら「識別されない処の表象と識別されない取得の表象」とが、先に述べた『中辺論』では対境と有情としての顕現であり、七転識の対象（所取）となるものとして説かれるものに相当する。前記の『三十頌』に対する安慧と調伏天の注釈を参考にして、『中辺論』に対する世親と安慧の注釈において、「対境と有情」とに行相がないがゆえに認識対象となり得ないとされる理由について以下に考察を試みよう。

八　行相と所取・能取

アーラヤ識の対象である「対境と有情」とに行相がないとされることについて考えるとき、八識とその対象との間に能取と所取の関係があるだけでなく、安慧が四種の対象の間にも所取・能取の関係があると注釈していることに注意しなければならない。『中辺論』においてアーラヤ識の対象である「対境と有情」とに行相がないと言われるのは、「対境・有情」を所取とし、「自我・表象」を能取とする、所取・能取の関係を想定してのことと考えられる。

先に述べたように、アーラヤ識の対象である「対境と有情」は、『三十頌』では「識別されない処の表象」と「識別されない取得の表象」と説かれるものに相当する。その行相は「識別されない」とされるが、しかしそれは存在しないとはされず、存在するものとされる。それゆえ、ここに説かれるアーラヤ識なる能取によって取せられる所取としての「対境と有情」とに行相が「存在しない」とされるはずはない。したがってここで行相が存在しないとされるのは、アーラヤ識とその所縁である「対境・有情」という所取・能取の関係において言われているのでないことは明らかである。それゆえそれは「対境・有情」と「自我・表象」との所取・能取の関係において、前者に行相が存在しないことが語られているものと理解しなければならない。そこで以下にその関係において行相が存在しないとされる理由を考察することとする。

先述のように『中辺論』の世親釈によれば、対境としての顕現とは色等としての顕現を指し、有情としての顕現とは五根としての顕現を指す。安慧疏では対境・有情として顕現する識はアーラヤ識を指すことが付け加えられる。自我として顕現する識は染汚意を指し、表象として顕現する識は六識を指す。世親はこのように、頌に説かれる対境などの顕現と識との対応関係を注釈して、対境などとして顕現する所取が存在しないから、それに対する能取である識も存在しないと説く頌の「それがないから、それも存在しない」ということを注釈して次のように言う。

ある〔識〕の所取が、色など〔六境〕と五根と意〔根〕と六識と呼ばれるものとの四種類のものであるが、そ〔の識〕の所取である対象が存在しないから、その能取である識も存在しない、のである。[58]

この注釈において世親は、色などの六境と五根と意根と六識という四種類の対象を一纏《ひとまと》めにして所取とし、その能取である識と対置させている。色などと五根とが所取とされるのは当然であるが、意根すなわち染汚意（マナ識）と六識とが所取とされるのは理解しにくい。世親はその直前に、自我として顕現する識は染汚意であり、表象として顕現する識は六識である、と注釈していたが、それとも齟齬をきたすように思える。染汚意は自我として顕現する識であり、六識は表象として顕現する識であり、いずれもそれぞれの顕現を執取する能取の位置にあるものとして注釈されていた。それにもかかわらず、ここではそれらは所取に位置づけられている。この注釈はどう理解すればよいのであろうか。それを理解するために、先にわたしは、世親の「自我と表象としての顕現をもつ識とは染汚意と六識とである」とする注釈を、安慧は、「顕現は識に外ならない」とする瑜伽行派の「識の理論」に基づいて、「自我と表象としての顕現とは染汚意と六識とである」（顕現〈対象〉＝識）と注釈したのである、と想定した。そう想定するには、瑜伽行派の「識の理論」を示す典拠を提示した上で検討を加えなければならない。

その典拠の一つとして、安慧が八識の生起を二段階にわたるかのように説明していること[59]を挙げることができる。安慧は、先に引用したように『三十頌』第一頌最終句の注釈において、果転変を「過去の業の牽引が完了するとき、異熟習気が活動を起こすことによって、他の衆同分の中にアーラヤ識が生起すること」と「等流習気が活動を起こすことによって、〔六種の〕転識と染汚意とがアーラヤ識から生起すること」とであると説明する。

長尾雅人博士は、この二段階にわたるように見える果転変は、安慧の説明の仕方が二段階になっているだけである、と言われる[60]。長尾博士は第一の果転変は時間的連続的であり、第二の果転変は無時間的刹那的であるとされる。つまり、時間的連続的にアーラヤ識の生起する果転変の刹那に、それと同時に染汚意と六識の生起する果転変が現行するのであって、二段階にわたるわけではないとされる。

いま検討している『中辺論』に「アーラヤ識が対境と有情として顕現する」と説かれることは、『三十頌』の第一の果転変が「他の衆同分の中にアーラヤ識が生起すること」と説かれることに相当し、同じく「染汚意が自我として顕現し、六識が表象として顕現する」と説かれるのは、第二の果転変が「〔六種の〕転識と染汚意とがアーラヤ識から生起すること」と説かれることに相当するものと考えられる。但しこの場合、第二の果転変に関する『中辺論』と『三十頌』との説明を注意して読めば、両者の間に微妙な相違のあることに気づく。その相違に注意を払わなかったことがわれわれに、世親が『中辺論』の注釈において染汚意と六識とを能取ではなく所取の中に入れていたことに対して疑問を抱かせたのかも知れない。

その相違点は、『中辺論』の「染汚意が自我として顕現し、六識が表象として顕現する」と述べる説明には、『三十頌』の第二の果転変の説明に見られる「アーラヤ識」の語が見当たらないことである。そのことに注意を払わなかったことが、世親が染汚意と六識とを所取の中に入れたことに対して疑問を抱かせた原因となっているのかも知れない。そこで以下に、第二の果転変がアーラヤ識から転識が生起することを説くものであることを念頭に置いて、その生起と転識の表象とがどのように関係するものと考えられているかを検討し、それによって染汚意と六識とが所取の中に入れられる意図を考察してみたい。

過去世の業の牽引力が尽きて次世の現象世界が生起するときに、アーラヤ識中に熏習された異熟習気と等流習気という二種の習気によって二種の果転変が生起する。『中辺論』に「アーラヤ識が対境と有情として顕現する」と説かれることが、その第一の果転変に相当することは前記の通りである。いまわれわれが問題としている『中辺論』の注釈で、世親が意根と六識とを能取ではなく所取の中に入れているのは、第二の果転変に関連する事象を考慮してのことと想定される。世親がそう考慮したものと考えて、意根と六識とを所取の中に入れた意図を考察してみよう。

第二の果転変が『三十頌』で「〔六種の〕転識と染汚意とがアーラヤ識から生起すること」と説かれることは先に見た通りである。したがって染汚意（意根）と六識とはアーラヤ識の顕現したものであり、それゆえアーラヤ識の所取である。そのことを考慮して世親は意根と六識とを所取に含めたと想定することは可能である。このように『中辺論』と『三十頌』とに対する安慧の二種の注釈を照らし合わせて考察するとき、過去世の業の牽引力が尽きて、新たな生涯が始まるときの現象世界の生起の様相を、瑜伽行派がどのように考えていたかが漸く見えてくる。

例えば輪廻転生して人として生まれ変わる場合には、アーラヤ識がその異熟習気によって人間界（人の衆同分）に誕生する。人間界に誕生するや直ちに、アーラヤ識には、動物などとしてではなく、人間として経験し認識すべき対境と有情とが対象として顕現する。それと同時にアーラヤ識中に蓄積されている等流習気によって、染汚意が人間としての自我の顕現を伴って生起し、六識が人間界の表象としての顕現を伴って生起し、われわれの日常経験する現象世界が生起する。その現象世界の生起する有様を、『中辺論』の世親釈と安慧疏は、アーラヤ識の対象として顕現する「対境と有情」を所取とし、それを対象として執取する染汚意と六識とが「自我と表象」の顕現を伴って生起する様相に外ならないと解釈したものと考えられる。

そう解釈した上で世親は、その所取である「対境と有情」とには、能取である転識に生じている所縁の姿（行相）が存在しないがゆえに、それら「対境と有情」とは転識の対象（所縁）として存在しないと述べたものと考えられる。というのは、先に述べたように、瑜伽行派によれば、所取である「対境と有情」とはアーラヤ識の所縁であり、アーラヤ識中のそれ自身の異熟習気の種子から生起したものである。それに対して能取とされる「自我と表象」としての顕現は、アーラヤ識中の等流習気の種子から生起した染汚意と六識との顕現したものである。それゆえ「対境と有情」とは「自我と六識」とは異なる種子から生起したものであり、異なる行相をもつものである。ゆえに所取である「対境・有情」には、その能取である「自我・表象」に備わる行相は存在しない。『中辺論』に対する世親と安慧の注釈において、「対境と有情」とに行相がないがゆえに認識対象となり得ないとされるについては、このような理由があるものと考えられる。

以上が、『中辺論』第三頌後半句を「色など（六境）と五根と意〔根〕と六識という四種の対象を所取とし、それが存在しないから、その能取である識も存在しない」とする世親の注釈中に説かれる「意根と六識とが所取とされる」意図を、『三十頌』に説かれる第二の果転変を述べるものと想定することによって解釈しようとした試みである。しかしそう解釈する場合には、「その能取である識」がアーラヤ識を指すことになり、頌中の「識」はアーラヤ識ではなく八識を指すとする安慧の注釈[61]に矛盾し、前記の玄奘訳『中辺分別論』や慈恩の『述記』の理解とも齟齬をきたすことになる。真諦は本頌と世親釈とに出る「識」をどちらもアーラヤ識（本識、阿黎耶識）としているが、それはいまわれわれが試みた解釈と同様、世親釈で「意根と六識とが所取とされる」と説かれ、頌中の「識」はそれに対する能取を指すものと解釈しての翻訳と考えられる。

このように、「意根と六識とを所取とする」というこの世親釈は、その意図が容易に理解できない問題を孕んでいると考えられる。意根（染汚意、マナ識）と六識とを所取の範疇に入れることは普通には理解し難いことである。それゆえそれを理解するために先述のように、『三十頌』に第二の果転変が「六識と染汚意とがアーラヤ識から生起すること」と説かれることを参考に、染汚意（意根）と六識とはアーラヤ識の顕現したものなのでアーラヤ識の所取であり、それゆえ世親は意根と六識とを所取に含めたものと解したのである。しかしそう理解するだけでは世親釈の問題を解決し得ないことは前記の通りである。その世親釈を理解し難くさせている原因には、瑜伽行派独自の「識の理論」の難解さが存在していると考えられる。

世親が、能取であるべきと考えられる染汚意（意根）と六識とを所取としたのは、それらを単にアーラヤ識の所取と想定したことによるのではないと考えられる。それはむしろ、前記のアーラヤ識の第二の果転変の内実をなす、瑜伽行派の「識即顕現（表象、対象）」を主張する「識の理論」によるものと考えられる。世親が能取たるべき七転識を所取とした理由は、前記のアーラヤ識の果転変における転識とその顕現との関係にさらに立ち入って、そこに想定されている所取・能取の関係を成り立たしめている「識の理論」の中にそれは求められるべきものと考えられる。それゆえ、以下にわれわれは瑜伽行派の「識の理論」について考察しよう。

九　果転変と表象

染汚意と六識とを所取とする世親釈の意図を理解するために、識（vijñāna）と顕現との関係を考察することが手掛かりとなると考えられる。前述のように世親は、自我としての顕現をもつ識とは染汚意であり、表象としての顕現をもつ識とは六識である、と注釈する。染汚意はここでは意根とされるが、安慧も言うように八識の一つであり、瑜伽行派では第七の識、いわゆるマナ識と呼ばれて、識でもあるとされる。瑜伽行派では、自我はアーラヤ識がマナ識によって対象として捉えられ表象されたもの、色や声などの対境は六識によって対象として捉えられ表象されたもの、とされる。それはいま考察している『中辺論』相品第三頌ではマナ識の顕現、六識の顕現として説かれ、顕現（pratibhāsa）は表象（vijñapti）と同義に用いられている。

「表象」は、唯識の「識」の原語が vijñapti であることからも知られるように、唯識説では最も重要な概念の一つである。にもかかわらず、それは意味内容の明確に把握し難い概念である。『中辺論』の「対境の表象」は『三十頌』では「対境の知覚」（upalabdhi）とされる。「知覚」は六識が対境を知覚する作用を表す。「表象」はその原語は vijñapti である。知覚（upalabdhi）と表象（vijñapti）とは、『倶舎論』第一章第一六頌第一句に説かれる識（vijñāna）の規定の注釈において、

識蘊とは対境を個々に表象することであり、知覚することである。(62)

viṣayaṃ viṣayaṃ prati vijñaptir upalabdhir vijñānaskandha ity ucyate.

と説かれて、同義語として用いられている。

このように表象は知覚と同義語であり、識の作用を示す語として用いられるが、業を目に見えるか否かによって分類する阿毘達磨用語として用いられるときには「表業」とか「表色」と訳されて身業や口業のように表面に現れた所作を示して、六識によって知覚され表象された対境の姿をも指示する。した

がって「表象」は、「対境を知覚する作用」と、その作用によって「知覚された対境の姿」という二つの意味を示す語として用いられる。アーラヤ識の顕現と識転変に関連して用いられる「表象」は、その二つの意味を同時に含意する両義性を有する語として用いられていると考えられる。

『中辺論』の注釈において世親が「表象としての顕現をもつ〔識〕とは六識である」と言う場合の「表象」の語は「知覚された対境の姿」を意味する語として用いられている。他方、そう言われる六識そのものも、アーラヤ識から生起したものであり顕現したものである。それゆえ論は、アーラヤ識から六識が生起するとき、六識は「対境を知覚する作用」として生起し、それは同時に「知覚された対境の姿」をとって生起する、と述べていることになる。つまり六識がそれぞれの対境を知覚するということは、六識が、それらの対境の姿をとって顕現し、それらの表象となるということを意味する。それゆえ、この世親の注釈は、アーラヤ識の果転変によって六識が生起するが、それは同時にわれわれの経験し認識する対象が生起することでもある、ということを示唆するものと考えられる。

さらに、世親は「表象」の語を「対境を知覚する作用」の意味にも用いている。それは例えば『二十頌』に対する世親の次のような注釈の中にも覗《うかが》える。

特定の転変に達したそれ自身の種子から、色としての顕現をもつ表象が生起する。その種子と、何らかのものとしての顕現なるそれと、その二つを、世尊は、その表象にとっての、眼〔処〕と色処として順次に説かれたのである。

rūpapratibhāsā vijñaptir yataḥ svabījāt pariṇāmaviśeṣaprāptād utpadyate tac ca bījaṃ yatpratibhāsaḥ

ca sa te tasyā vijñapteś cakṣūrūpāyatanatvena yathākramaṃ bhagavān abravīt.[64]

ここには二箇所に「表象」の語が用いられている、その中、前出の「色としての顕現をもつ表象」を調伏天は「眼識等の表象」と注釈しており、「眼識等である表象」を意味するのか「眼識等の対境の姿である表象」を意味するのかは不明である。他方、後に出る「その表象」については、

その種子と顕現とのその二つを、世尊は、その表象にとっての、内〔処〕と外処として説かれたのである。[65]

と注釈している。表象にとって、種子が内処（根）であり、顕現が外処（境）であるとされている。このことから、この表象が識を意味する語として注釈されていることが知られる。したがって世親はここでは表象を「対境を知覚する作用」の意味で用いていると解される。梶山雄一博士が、前者の「色としての顕現をもつ表象」を「色形としてあらわれる表象」と訳し、後者の「その表象」を「その認識」として訳し分けておられることも、[66]われわれの理解を支持する。

世親が「その種子と顕現とのその二つを、世尊は、その表象にとっての、内〔処〕と外処として説かれたのである」と述べた文中の「表象」を梶山博士が「認識」と訳し分けられたのは、それに続く注釈中の語がその理由となっていると考えられる。世親は「種子と顕現との二を表象にとっての内〔処〕と外処として説かれた」世尊の教説（十二処説）が「人無我」を教えるものであることを次のように説明

する。

「〔根と境との〕二種〔の処〕によって六識は生起するが、しかしいかなる見る者、乃至《ないし》、思惟する者も存在しない」と、このように知るならば、「人無我」によって教化される人々は「人無我」に悟入する。[67]

ここには「根と境との二処によって六識が生ずる」と説かれる経言が出されて、根と境とによって生ずるものが識（vijñāna）であることが示されている。梶山博士が「世尊は種子と顕現とを表象（vijñapti）にとっての内〔処〕と外処として説かれた」とする中の「表象」（vijñapti）を「認識」と訳し分けられたのは、その世親の注釈が「根と境とによって識（vijñāna）が生ずる」と説く経言を踏まえてなされたものと解しての配慮であると考えられる。

山口益博士によれば『観所縁論』は『二十頌』と内容上関係の深い書であるとされる。[68]『観所縁論』には根・境・識の関係が次のように説かれている。

〔識の〕一部分であるが、〔因果関係にあることが〕決定しているから、〔所縁〕縁となる。あるいは、功能《くうのう》（śakti）を置くことによって、順次に〔識を生ずる力能となる〕。〔境と〕同時に活動することによって、根は功能を自体とするもの〔と推知される〕。[69]（7）

そしてそれ（功能）は表象（vijñapti）の上に〔存在するのであり、そこに〕矛盾はない。このよう

に境の自体なるものと功能とは、相互を因とするものとして、無始時来生起する。(8)

山口博士に従えば、第七頌には「識の功能と、境としての顕現する識」との関係が説かれ、第八頌には「識が境として顕現することと、境として顕現する行相のための功能とは、相互に因果関係をなして無始時来展伝相続する」識縁起が説かれている。すなわち、境は識が所取として顕現したものであり、それゆえ識の一部分（所取分）ではあるが、〔因果関係にあることが〕決定しているから、所縁縁となる。この場合「決定しているから」とは、それに対する調伏天の次のような注釈からすれば、所取分が所縁縁であることに決定していることを指すと考えられる。

〔境としての顕現である〕所取分（grāhyāṃśa）は、〔識と〕同時に存在するものであっても、因縁と等無間縁と増上縁という他の諸縁から生じた識の所縁となるからである。（中略）これ（所取分）はすべての縁としての作用を為すのではなく、あるいは、縁というものは〔他の諸縁と別に〕単独に存在するものと間違って考えられる（増益される）ものでもないからである。(70)

しかし、瑜伽行派によれば、境としての顕現は識の一部分であり識そのものに外ならない。そうであれば、境としての顕現は識と同一のものであり、同一のものが自らに対してどうして因果関係をもつのかという疑問が生ずる。それに対して調伏天は次のように答える。

ある場合には〔同一のものが〕自らに対して作用することが認められる。例えば燈火がそうである。それは自らそれ自体を照らす。(71)

調伏天は、燈火が自らを照らすことに確実な因果関係の特徴が備わっていることが陳那の注釈に、論理学者は「Aが存在するときにBが存在し、Aが存在しないときにBが存在しないことが、AとBとの間に因果関係があることの定義である」と主張する。(72)

と説かれることによって証明されると言う。そして燈火が自らを照らすことに因果関係があるように、識の一部である境としての顕現(所取分)と識との間にも因果関係が存在するとして、次のように述べる。

所取分が存在するときに識(jñāna)が存在し、存在しないときには存在しない。それゆえ同時に存在するそれら両者も因と果であることが成立する。(73)

以上のことから識(能取分)とそれの顕現した境(所取分)との間に相互に因果関係のあることが知られる。それは同時に存在する両者の間で成り立つ因果関係である。それに対して、次の第七頌b句「功能を置くことによって、順次に〔識を生ずる力能となる〕」は、識と境との間に順次の因果関係が成り立つことを述べる。つまり顕現した境は滅するときにアーラヤ識中に功能を置き、その功能は時宜に応じて自らに似た境を生起する。調伏天はその因果関係を次のように説明する。

先なる識（jñāna）において存在する青などの所取分の行相なるもの、それが青などの行相をもつ後なる識を生起させる。(74)

このように考えるとき、識の顕現にこそ、先に述べた対象が識の所縁縁（認識対象）となるための二種の資格が備わっていることが知られる。調伏天はそのことを次のように説明する。

この考え方（顕現が識の所縁縁であるという考え方）においては、二種の特性（chos nyid gnyis）を備えていることが極めて理に適うこととなる。なぜなら、その所取分が自らに似た後なる識を生起させるから、それによって二種の特性を備えることがあるからである。(75)

以上のようにまず、顕現が識の所縁縁となることが識と境との縁起関係として説明される。次いで、識に内在する顕現が境であるとすれば、そのような識に内在する境と根とによってどのようにして識が生ずるのかが問われる。それに対する答えが、先に示した第七頌のｃｄ句、

〔境と〕同時に活動することによって、根は功能を自体とするもの〔と推知される〕。

である。外界実在論者によれば、色境は眼根《げんこん》よりも前もって既に外界に存在しているが、色境と同時に活動する眼根に把握されることによって眼識は生ずる。しかし瑜伽行派では、境は識に内在するものとされる。その場合、そのような外界に存在する境を根は一体どのようにして認識すると言うのか[76]。その問いに対する瑜伽行派の答えが、前記の第七頌ｃｄ句である。

瑜伽行派によれば境と根とは共に識に内在するものである。根について調伏天は、

> われわれが根たるものとして認めるのは、境と同時に活動する功能である。それを根と認めるのである。それゆえわれわれの考えでは、色が内的なものであるように、根も内的なものでこそある云々[77]。

と言う。根（感覚するもの）は、その結果として生ずる識の特徴からその存在を推知する以外に知り得ないものである。それが推知する以外に知り得ないものであることは、毘婆沙師《びばしゃし》はそれを大種所造色であると言い、大徳覚天（Bhadanta Buddhadeva）は大種を自性とするものであると言い、瑜伽行派は識を自性とするものであると言い、中観派は世俗有にしか過ぎないものであると言い、サーンキヤ学派は我慢（ahaṃkāra）であると言うように、種々別々に規定されて定説のないことが示唆している[78]。ゆえに根がいかなるものであるかは識の作用から推知する以外には知り得ない。それゆえ、

功能が〔識の〕因であることは推知されるから、功能こそ〔が根〕であると推知される。(79)

と調伏天は言う。以上が第七頌cd句に、

〔境と〕同時に活動することによって、根は功能を自体とするもの〔と推知される〕。

と説かれる内容である。眼根は、有部の考える大種所造色というような識の外に存在する物質的存在ではなく、作用によってその存在が推知される識の功能であり、それゆえ識に内在するものである。以上のようなわけで第八頌ab句に、

それ（功能）は表象（vijñapti）の上に〔存在するのであり、そこに〕矛盾はない。

と説かれるのである。ここには境と根とが表象の上に存在する（識に内在する）と考える瑜伽行派の見解が示されている。

山口博士は『観所縁論』を『二十頌』と内容上深い関係をもつ論であると言われる。その博士の指摘が正鵠《せいこく》を射ていることは、いまわれわれが『観所縁論』に見た「境と根とが表象の上に存在する」と考える瑜伽行派の見解が、先に検討した『二十頌』に対する世親釈の中に、まったく同様に説かれていることからも充分に納得される。『二十頌』には次のように説かれていた。

特定の転変に達したそれ自身の種子から、色としての顕現をもつ表象が生起する。その種子と、何らかのものとしての顕現なるそれと、その二つを、世尊は、その表象にとっての、眼〔処〕と色処として順次に説かれたのである。

以上のことからわれわれは、瑜伽行派においては、境と根とが識に内在されているものと考えられていることを知ることができた。そしてそう考えられる場合の識が表象とも言われていることを知ることができた。識（vijñāna）が表象（vijñapti）と同義語として用いられることは、先に示したように、『倶舎論』における識の規定の注釈に、

識蘊とは対境を個々に表象することであり、知覚することである。(80)

と説かれることによっても周知されている。しかし『倶舎論』は有部の教学を経量部に近い立場から批判的に叙述したとされる書であり、その同義とされる解釈は瑜伽行派独自のものではない。瑜伽行派の解釈の独自性は、それが同義であることを、根と境とが識の内部にあるものと解釈した識縁起説の上にこそ認められるべきである。前記の『観所縁論』第七、八頌はその解釈を説明するものである。先に見た調伏天の注釈を整理し要約すれば、二頌には次のように説かれていることが知られる。

識が顕現したものは、識の一部分であり識に内在するものであるが、それが識の境となる。識の顕現したものが識自身の境となることは、燈火がそれ自身を照らし出すのと同様の事態である。そして顕現

した境は後にそれ自身を顕現させる功能（śakti、種子）を識の上に置く。その識の上に置かれた功能が境を把握する根となる。このように境と根（功能）とは共に表象・識の上に存在し、相互を因とするものとして無始時来生起し、識縁起を形成する。

先に見たように、世親は『二十頌』において「六根と六境とによって六識あり」という経言を引用して、

その種子と、何らかのものとしての顕現なるそれと、その二つを、世尊は、その表象にとっての、眼〔処〕と色処として順次に説かれたのである。

と注釈していた。それは世親がその経言を「種子と境とは表象の上に内処（六根）と外処（六境）としてある」ものと解釈したことを示している。

有部などの外界実在論者は、その経言を「外界に実在する六根・六境を縁として六識は生ずる」ことを述べるものと理解した。しかし世親はその経言を「六根・六境は六識の内部で縁起して生起する」ことを説くものと理解したのである。瑜伽行派においては、識が認識作用を意味すると同時にそれによって認識される対象をも意味する両義性をもつ語として用いられるのは、このような識縁起を説くこの学派独自の「識の理論」に基づく用法を示すものと考えられる。

さて考察を『中辺論』にもどそう。世親が「表象としての顕現をもつ識とは六識である」と注釈する場合、その「表象」の語は「知覚された対境の姿」を意味する語として用いられている。そして、その

六識そのものも、アーラヤ識から生起したものであり顕現したものである。ゆえに『中辺論』は、アーラヤ識から六識が生起するとき、六識は「対境を知覚する作用」として生起し、それは同時に「知覚された対境の姿」をとって生起すると説いていることになる、ということは既に述べた。

このように世親は「表象」を「知覚された対境の姿」と「対境を知覚する作用」とを意味する両義性を有する語として使用する。その場合、「表象」はアーラヤ識の果転変によって七識が生起する事態を述べる概念として用いられている。『中辺論』において世親が「自我としての顕現をもつ〔識〕とは染汚意であり、表象としての顕現をもつ〔識〕とは六識である」とする注釈もその事態を述べようとするものと解される。「自我としての顕現をもつ〔識〕」は、「自我としての表象としての顕現をもつ〔識〕」を意味すると考えられる。

以上のように、世親の「表象」の語の用法から、知覚する作用という能取の側面と、対境の姿という所取の側面とが、それに備わっていることが知られる。そのことからアーラヤ識の果転変としての七識の生起にその二面が備わっていることが想定される。さらに、世親の「自我としての顕現をもつ〔識〕とは染汚意であり、表象としての顕現をもつ〔識〕とは六識である」という注釈が、染汚意なる第七マナ識には自我としての表象という所取の側面が備わっており、六識には色境等としての表象という所取としての側面が備わっている、という意味を示すものであることが知られる。したがって識も能取と所取との両面を備えた両義性を有するものと考えられていることが知られる。もっともそれは識が表象と同義であるとされることからすれば、当然予想されることである。

前節では『中辺論』第三頌後半句に説かれる意根と六識とが、世親釈で所取と注釈されるという一見矛盾した解釈の意図を理解すべく、世親の注釈を解明することを試みた。世親釈の意図を理解するために、『三十頌』に果転変が「六識と染汚意とがアーラヤ識から生起すること」と説かれるがゆえに、染汚意（意根）と六識とはアーラヤ識の顕現したものであり、そうすればアーラヤ識の所取であることになり、それゆえ世親は、本来能取に包摂するべき意根と六識とを所取に包摂したのである、と解したのである。しかしそう解する場合には、『中辺論』相品第三頌の識をアーラヤ識としなければならなくなる、という問題が生じる。

それゆえ本節では、染汚意（マナ識）と六識すなわち七転識が所取とされることを、七転識の生起における表象が所取と能取との両面を備えていること、つまり七転識が所取・能取の両義性を備えるものであることから考察し、世親釈が染汚意（マナ識）と六識とを所取とする注釈は、識の所取としての側面を意図して為されたものと解した。すなわち、世親は染汚意（マナ識）と六識とを、識の有する両義性の内の所取なる表象となるものでもあると見る観点から、所取の中に包摂したと解したのである。このように解するほうが妥当なように考えられる。そこで以下に七転識の有する両義性についてさらに考察してみたい。

十　七転識の両義性

七転識が所取・能取の両者として生起する、いわば〝見るものとなり、見られるものとなる〟というその「識の両義性」が、実は瑜伽行派が「世界は唯識である」と主張する根拠をなす、「識即顕現（表象）」を語る「識の理論」を示すものであると考えられる。それは『中辺論』では、虚妄分別と依他起性・遍計所執性《へんげしょしゅうしょう》との関係が説かれる相品第五頌の注釈中に示唆的に示される。

先に見たように、安慧は、アーラヤ識の転変による流転輪廻の無限の連鎖を、過去世の業の牽引力が尽きたとき、その現在世のアーラヤ識から未来世の生存を牽引するアーラヤ識が生じ（第一の果転変）、それと同時にマナ識と六識とが生起し、それら八識が対境と有情と自我と表象として顕現することによって現象世界は顕現する（第二の果転変）という二種の果転変として説明していた。識の両義性は、八識とその四種の対象である対境・有情・自我・表象の顕現との関係を考察することによって、より明瞭になると思われる。ゆえに以下にその関係を考察したい。

安慧はこれら八識を依他起性《えたきしょう》であり虚妄分別であるとして、

虚妄分別とは依他起の八識という事物（vastu）からなるものである。(81)

と述べる。八識の対象については第五頌の注釈中に世親は、

対象（artha）が分別された自性（遍計所執性）である。虚妄分別が他に依存する自性（依他起性）である。所取・能取の存在しないことが完全に成就された自性（円成実性《えんじょうじっしょう》）である。(82)

と述べて、虚妄分別とその対象との関係が三性説に対応すると言う。さらに安慧はその世親釈の「対象が分別された自性である」という語を注釈して、

対象とは、色等〔の六境〕と眼等〔の五根〕と自我と表象とである[83]。そしてそれは分別された自性としては虚妄分別の中に存在しないから、無なるものが「分別された自性」（遍計所執性）と言われるのである[84]。

と言う。それによって対境や有情等の四種の対象が遍計所執性に相当するものとされていることが知られる。それゆえ先の安慧の、八識を依他起であり虚妄分別である、とする注釈をここに当てはめれば、以下のように識と対象とは依他起性と遍計所執性とに対応するものと考えられていることが知られる。

対象：	対境（六境）・有情（五根）	自我	表象	＝	遍計所執性
	⇧	⇧	⇧		⇧
八識：	アーラヤ識	マナ識（意根）	六識	＝	依他起性・虚妄分別

この図表は、虚妄分別である八識からなる依他起性という、心の奥底で無意識の内に各刹那に展開する潜在的に経験されている世界が、同時に現実に経験される遍計所執性という日常的に経験される世界へと顕在化する構造を示すものである。

虚妄分別であり依他起性である無意識の内に刹那ごとに展開する潜在的経験の世界は、八識として生起するものであるが、それはまだ所取・能取として分別されていない状態にある。安慧はその虚妄分別の世界が遍計所執性の世界へと展開する局面を示すために次のような頌を引用している。

〔虚妄〕分別は、分別されたもの（遍計所執性）ではないが[85]、他の分別によって分別される。それ（虚妄分別）の他の分別によって分別されたその自性（遍計所執性）は存在しない[86]。

ここに説かれる「分別」と「他の分別」という二種類の分別は、前者は虚妄分別を指し、後者は八識として生起した虚妄分別を指すものと考えられる。「分別」と「他の分別」として二者に分けて示されるが、それらは別のものではない。安慧は虚妄分別を定義して次のように述べる。

それにおいて、あるいは、それによって虚妄なる〔所取・能取の〕二が分別されるから虚妄分別である。

abhūtaṃ asmin dvayaṃ parikalpyate anena vety abhūtaparikalpaḥ.[87]

ここに二度現れる「それ」は言うまでもなく虚妄分別を指す。それゆえここには、虚妄分別において、あるいは虚妄分別によって所取・能取の二が分別されることが説かれている。つまり、虚妄分別が、分別されるものであり、分別するものでもあることが説かれ、識の両義性が説かれている。その二種の分別は、先に援用した安慧釈所引の頌に説かれる「分別」と「他の分別」とに相当する。「他の分別」が八識を指すことは『三十頌』第一七頌の安慧釈に次のように語られることからも理解される。

相応する〔心所〕を伴う、アーラヤ識と染汚意と転識〔という八識を〕自性とする、三種の分別によって分別された器〔世間〕・自我・蘊・界・処・色・声などの事物は、存在しない。ゆえにその識の転変は分別と呼ばれる。

tena trividhena vikalpenālayavijñānakliṣṭamanaḥpravṛttivijñānasvabhāvena sasaṃprayogeṇa yad vikalpyate bhājanam ātmā skandhadhātvāyatanarūpaśabdādikaṃ vastu tan nāstīty ataḥ sa vijñānapariṇāmo vikalpa ucyate.[88]

この二種の虚妄分別の関係を明確に説明することは難しいが、それは恐らく、アーラヤ識の二種の果転変の関係に相当するものと考えられる。第一の果転変は、過去世の業の牽引力が尽きたときに、原因の段階にあるアーラヤ識から次の生存を牽引するアーラヤ識が生じることであり、第二の果転変は、原因の段階にあるアーラヤ識からアーラヤ識とマナ識と六識との八識が生起することとされる。これら二種の果転変は安慧の説明では二段階に及ぶように見えるが、先に述べたように長尾博士は、第一の果転変は時間的連続的であり、第二の果転変は無時間的刹那的であるとされ、時間的連続的にアーラヤ識の生起する果転変の刹那に、それと同時にアーラヤ識と染汚意と六識の生起する果転変が現行するのであって、二段階にわたるわけではないとされる。第二の果転変により八識が生起し、対境と有情と自我と表象として顕現することによって現象世界が顕現する。そのことを、先に引用した安慧釈は、「アーラヤ識と染汚意と転識との〔八識を〕自性とする、三種の分別によって分別され」て「器〔世間〕・自我・蘊・界・処・色・声などの事物」からなる現象世界が顕現する、と説明したものと考えられる。

虚妄分別そのものは、所取・能取に「分別されたもの〔遍計所執性〕」ではなく、依他起性なる純粋経験の世界として存在する。しかし、その中の転識である「他の分別」が、無分節なる潜在的経験の世界である「虚妄分別」を所取・能取として分節する。そのことによってアーラヤ識の顕現である対境（六境）と有情（五根）とを所取とし、マナ識と六識との顕現である自我と表象とを能取として分節することになる。

『中辺論』相品第三頌では、識の所取は対境と有情と自我と表象との四種とされていた。ところが、対象が存在しないから識も存在しないと述べる第三頌後半句に対する注釈では、世親は四種の対象を、色等と五根と意（根）と六識とし、「自我と表象」とを「意根と六識」とに入れ換えている。自我と表象とは所取たるべきもの、他方、意根（染汚意、マナ識）と六識とは能取たるべきものである。世親が能取たるべきものを所取の中に入れた意図は何かという、冒頭から繰り返し尋ねてきた疑問がここでも生ずる。しかしいまやわれわれには、前記のように、「表象と識」とを所取・能取の両義性を備えた概念として用いるのが瑜伽行派のその語の用法であることが判明した。

その用法を踏まえて考えると、世親が所取と能取とを入れ換えた意図が明らかになる。第三頌後半句に対するこの注釈において、所取を配置すべき位置に、通常は能取たるべきものとされるものを配置するという、非常識とも思える注釈を世親があえて行ったことには次のような意図があったと推測される。すなわち、世親はそのような奇妙な配置をすることによって、現象世界の存在が識の転変に過ぎないことをより強く印象づけようとしたものと考えられる。つまり、一見不注意な間違いとも見える所取・能取の入れ換えをあえて行うことによって、認識対象（所取）は識の顕現に外ならず、それゆえ認識（能取）に外ならないと考える唯識説独自の論理、つまり「識即顕現」を主張する瑜伽行派の「識の理論」

に、人々の関心を惹くことを企図しての戦略と考えられる。先述のように、安慧は何の注釈も加えずに、「対境と有情」とを所取に、本来は識の所取であるべき「自我と表象」とを能取に配当していた。それは世親の如上の「自我と表象」を「マナ識と六識」に何の注釈も加えずに入れ換えたことに通ずる、瑜伽行派の「識の理論」が安慧に共有されていたことを示している。世親と安慧には「識が即ち現象世界としての顕現である」とする瑜伽行派の「識の理論」が共に前提とされていたと考えられる。

先に援用した安慧所引の頌が述べるように、虚妄分別なる、分節化されない依他起性の世界は、他の虚妄分別によって所取・能取として分別され分節されることによって、遍計所執性の世界へと転ずる。深層意識の奥深くで生起する依他起性という世界は、所取・能取に分節化されたものでなく、言語表現を離れた世界である。そのことを、安慧は次のような頌を援用して示している。

依他起性は、分別されたものでなく、縁より生じたものであり、いかにしても言語表現されないものであり、清浄なる世間〔智〕の境界である。(89)

言語表現されない世界を、所取・能取の分別によって、対境（六境）・有情（五根）・自我（意根）・表象（六識）に分節化し、遍計所執性という言語表現された世界に転ずるのは、染汚意（意根）を所依とする第六意識であると考えられる。「分別」なる虚妄分別が「他の分別」によって分別され分節化されて遍計所執性の世界が展開する場合に、「他の分別」なる虚妄分別中の第六意識がその役割を果たすと考えられるが、それについては節を改めて考察しよう。

十一　虚妄分別の両義性と言葉

安慧が虚妄分別を、

それにおいて、あるいは、それによって虚妄なる〔所取・能取の〕二が分別されるから虚妄分別である。

と定義していることを先に示した。ここには、虚妄分別が、分別されるものであり、分別するものでもあるとされ、虚妄分別に両義性のあることが説かれている。前記の識の両義性は虚妄分別の両義性にその根拠をもつものと考えられる。それでは虚妄分別の両義性は何に依拠するのであろうか。

　虚妄分別に両義性があることを述べるこの定義は、安慧の独創ではなく、瑜伽行派に伝わる考え方を示すものと考えられる。『二万八千頌般若経』と『二万五千頌般若経』との「弥勒請問章《しょうもんしょう》」に、「行の因相」という用語が依他起性を示唆する語として現れる。そこには次のように説かれている[90]。

「これは色である」というその命名（nāmadheyam）は、その行の因相である事態において（saṃskāra-nimitte vastuni）偶々《たまたま》なされたものである。乃至「これは仏陀の特性（仏法）である」というその命名は〔その行の因相なる事態において偶々なされたものである〕。そして弥勒よ、その行の因相である事態によって（saṃskāra-nimittena vasunā）[91]、「色」というその名に対して「色である」という確信・理解・認識が生じる。ゆえに弥勒よ、そういう点から次のように理解すべきである。すなわち、

「これは色である」乃至「これは仏陀の特性である」というその命名は、その行の因相である事態において偶々なされたものである、と。

弥勒よ、次のことをいかに考えるか。この場合に、ある人々には、その同じ行の因相である事態において、あるいは概念（saṃjñā）、あるいは言語表示（prajñapti）、あるいは名称（nāman）、あるいは言説（anuyavahāra）、あるいは執着（abhiniveśa）〔が生じる、ということ〕を。

この経文には、行の因相である事態において、その同じ行の因相である事態によって、「色」を初め「仏法」に至る仏陀の説かれた物事が命名（nāmadheya）されて、概念（saṃjñā）や言説（anuyavahāra）が形成され執着（abhiniveśa）の生じることが述べられている。この場合、概念や言説などが生じることは、所取・能取を分別すること、執着が生じることは、所取・能取を執着することを意味すると考えられる。したがってここには、行の因相である事態（saṃskāra-nimitte vastuni）において、行の因相である事態（saṃskāra-nimittena vastunā）によって、概念や言説により表象される現象世界の生起するありさまが描かれていると考えられる。[92] 興味深いのは、現象世界の生起が行の因相によることを説く文章が、虚妄分別を規定する文章と同様の形態で説明されていることである。

ここには、世尊によって、名とそれによって命名された事物との関係が、必然的なものではなく偶然のものであるにもかかわらず、人はその名がその対象の事物と必然的な結びつきをもつものと考えて、名を聞くことによってあたかも事物を把握し得るかのように確信し理解し認識することの間違いであることが説かれている。ここで重要なのは、その間違いの根本的な原因が「行の因相である事態」にあることが明らかにされていることである。既に指摘されているように[93]「弥勒請問章」に頻出する、「行の因相である事態」を省略した「行の因相」(saṃskāra-nimitta) は依他起性を意味する語として用いられている。「行の因相」が依他起性つまり虚妄分別を意味することは、次に示すように、その語の用いられる文章の形態が「虚妄分別」を規定する文章の形態と同様であることによっても確認される。「弥勒請問章」においては、言語表現された遍計所執性の世界の生起が、「行の因相」によるものであることが、

行の因相である事態において (saṃskāra-nimitte vastuni)、行の因相である事態によって (saṃskāra-nimittena vasunā)、「色である」という確信・理解・認識が生じる。

と説かれ、『中辺論』の安慧疏では虚妄分別は、先に示したように、

それにおいて、あるいは、それによって虚妄なる〔所取・能取の〕二が分別されるから虚妄分別である。

と規定される。このように「行の因相」が虚妄分別を意味することは、それらが同様の文型で説明されていることからしても知られる。そうであれば、安慧疏にあまりにも簡潔に示されているためにわかり難くなっている虚妄分別の規定は、「弥勒請問章」に世尊によって説かれた説明を参考にすれば、もう

少し理解し易くなるものと考えられる。

人は名を聞けばその意味を把握し得るかのように考える。そのことについて世尊は、五蘊・十二処・十八界を初めとし、仏の諸特性（仏法）に至る一切法は、行の因相である事態に対して偶々名づけられたものに過ぎないと説いて、名称の偶然性を示すことによって、名称に捉えられることの過ちを教える。そのために世尊は、言葉（名）とその対象（義）との間に必然的な結びつきを想定して物事を把握せずにはおれない、仏ならざる者（凡夫）の認識が虚妄であることを教える。その虚妄な認識の構造を教えるために、世尊は、言葉とその対象との間に必然的な結びつきを想定させる作用が、「行の因相である事態（虚妄分別）において」「行の因相である事態（虚妄分別）によって」なされる作用に外ならないことを教えるのである。

このように二通りのありかたをする虚妄分別によって、所取・能取として言語表現される遍計所執性の世界が、われわれに日常経験される現象世界（遍計所執性）として立ち現れる。ここで「それにおいて」「それによって」として、二通りに「行の因相である事態」と呼ばれる虚妄分別は、

あるいは概念（saṃjñā）、あるいは言語表示（prajñapti）、あるいは名称（nāman）、あるいは言説（anuvyavahāra）、あるいは執着（abhiniveśa）〔が生じる〕。

と説かれることからして、所取・能取の分別を形成する、「場としての虚妄分別」と「行為者としての虚妄分別」との二面を意味すると考えられる。それが「行の因相」と呼ばれるのは、概念などの言語表

現を形成（行、saṃskāra）する動力因（因相、nimitta）となって、「色」を初めとする現象世界を構成する諸存在（一切法）を顕現させるからである。唯識説において、言語表現を形成するものは名言習気とされるが、その名言習気は無始時来の輪廻転生を通じて見・聞・覚・知したあらゆる経験が言語化され、言葉の種子とされてアーラヤ識中に置かれたものである。二通りに説かれた虚妄分別は、アーラヤ識中に種子として置かれている状態と、それが活動して世界が現象する状態という、種子の二つの状態に対応する。先に述べたように、虚妄分別は依他起性であるが、依他起性の意味を調伏天は『三十頌』の復釈において「他なる諸々の因と縁とに従属するゆえに依他起と呼ばれる」と注釈し、さらにその「従属する」の語を、他なる諸々の因と縁とによって、

生ぜしめられる、成長させられる（avaropyate）、の意味である。[94]

と注釈する。依他起つまり「他に依る」とは、因と縁という他なるものに依ることすなわち従属することを意味する。そして、従属するとは、因と縁とよって生ぜしめられ、成長させられることを意味する、と言う。この場合、因はアーラヤ識中の種子を指し、縁は種子から生じた諸転識を指すと考えられる。それゆえ、依他起性は、その主たる因である名言習気（言葉の種子）によって生ぜしめられ、その生ぜしめられた諸転識がアーラヤ識の上に置いた種子によって成長させられる。依他起性を生ぜしめる種子は、依他起性（アーラヤ識）が諸転識として生起し活動することによって、アーラヤ識中に蓄えられた諸転識の残した種子である。このように、依他起性は、それ自身がそういうものとして生起した諸転識

という結果としての側面と、それらを生起せしめる種子という原因としての側面との二面を兼ね備えている。虚妄分別は依他起性である。虚妄分別の両義性は、依他起性に備わるその二面に依拠するものと考えられる。

　このように「弥勒請問章」に行の因相の事態として説かれる依他起性の説明と、先に見たように『中辺論』安慧疏に示される虚妄分別（依他起性）の規定とが同様の文型で語られていることは、瑜伽行派において虚妄分別に関する認識が確立していたことを示唆している。その認識とは、アーラヤ識中の言葉の種子（名言習気）が活動を起こして虚妄分別（依他起性）が生起するとき、その言葉の種子を有する虚妄分別によって、同じその虚妄分別において、所取・能取が分別され、遍計所執性なる現象世界のあらゆる物事が立ち現れるとする、言葉を事物の根源と考える認識である。ここには虚妄分別が、分別するものともなり、分別されるものともなるという両義性が、名言種子（abhilāpa-bīja）によるものであることが示されている[95]。このように言葉を事物の根源と考えるのは、世間の雑染の言葉からは迷いの境涯が生じ、聖教の清浄な言葉によってこそ解脱が得られるがゆえに、聖教の言葉を如実に修習すること（如理《にょり》作意《さい》瑜伽《ゆが》、yoniśomanasikāra-yoga）[96]こそ、正しい仏道修行であるとする瑜伽行派独自の言葉を重視する修習の思想に基づくものである。そのことについては次節で考察する。

　ところで、先に述べたように、虚妄分別の世界を遍計所執性の世界へと展開する局面を示すために安慧は典拠不詳の頌を引用していた。

〔虚妄〕分別は、分別されたもの（遍計所執性）ではないが、他の分別によって分別される。それ

（虚妄分別）の他の分別によって分別されたその自性（遍計所執性）は存在しない。

ここには「分別」と「他の分別」という二種類の分別が説かれるが、それらは別のものではなく、いま見たように「分別されるものとなり」と「分別するものとなる」という虚妄分別の両義性を述べるものと考えられる。われわれは先に、「弥勒請問章」の経文と『中辺論』安慧疏に示される虚妄分別を規定する語から、虚妄分別に「場としての虚妄分別」と「行為者としての虚妄分別」の二面が備わっていることを確認した。その二面のうち前者の「場としての虚妄分別」は、これら「分別」と「他の分別」の二種のうち、前者の「分別」つまり「分別されるものとなる」分別に相当すると考えられる。このことを総合して考えると、虚妄分別が、前者の「分別」つまり「分別されるもの」であり「場となるもの」となる「所取としての側面」と、後者の「他の分別」つまり「分別するもの」となる「能取としての側面」とを兼ね備えた識の両義性を示すはたらきとして立てられたものであることが知られる。

さて、前節で「分別」なる虚妄分別が「他の分別」によって分別されて遍計所執性の世界が展開する場合に、「他の分別」なる虚妄分別中の第六意識の役割であろうと考えられることに触れた。そのことについて以下に考察しよう。

「他の分別」が第六意識の役割であろうことを考察する前に、「他の分別」によって分別されるものに相当する虚妄分別つまり依他起性が遍計所執性へと転ずる局面を解説する『摂大乗論』（二・一七）の文章を参照しておきたい。そこには「他の分別」であり「分別するもの」としての側面に相当する依他起性（虚妄分別）が、先ほど考察した「行の因相」と同義と考えられる「分別の因相」という用語で語られているからである。そこには依他起性が遍計所執性へと転ずる局面がチベット訳[97]では次のように語られる。

同じ依他起性が或る〔在り方をする〕がゆえに「依他起」と呼ばれるような、そういう在り方とは何か。他なる力である熏習の種子から生ずる依他起〔という在り方をする〕がゆえに〔「依他起」と呼ばれるの〕である。同じものが或る〔在り方をする〕がゆえに「遍計所執」と呼ばれるような、そういう在り方とは何か。分別の因相であり、また、それ（分別の因相）によって分別されることによって〔「遍計所執」と呼ばれるものとなるから〕である。[98]

ここには依他起性が、熏習の種子から生ずることと、「分別の因相」と呼ばれることとが説かれている。「分別の因相」は先に引用した「弥勒請問章」で「行の因相」と説かれるものと同義で、分別するものと分別されるものとの両者を意味する。ここにも虚妄分別（依他起性）を両義性を有するものと考える瑜伽行派の識の理論の継承されていることが確認される。

さて「他の分別」が第六意識の役割であろうと考えられるが、そのことについて考察を始めよう。『摂大乗論』（二・一六）には依他起性が意識によって捉えられて遍計所執性に転ずる過程がチベット訳では次のように説明される。

また、遍計するものがあり、遍計されるものがあるときに、遍計所執性はある。その場合、何が遍計するものであり、何が遍計されるものであり、何が遍計所執性であるか。

意識が遍計するものである。分別を有するものだからである。それ（意識）は〔それ〕自体の言葉の熏習の種子から生じ、すべての表象の言葉の熏習の種子から生じたものである。それゆえ無限の行相をもつ分別として生ずる。あらゆるものを分別するがゆえに遍く計度《けたく》するものとされ、ゆえに遍計するものと呼ばれる。

依他起性が遍計されるものである。依他起性において或る行相をもって遍計がなされるとき、そ〔の行相〕がそこにおける遍計所執性である。「或る行相をもって」とは「或る在り方で」という意味である。

【問】遍く計度するものはどのように遍く計度するのか。〔つまり〕何を所縁とし、どのように因相を把握し、どのように執着し、どのように言葉にし、どのように言説にし、どのように増益して遍く計度するのか。【答】名を所縁とし、依他起性においてそれ（名）を因相として把握し、見によってそれに執着し、諸々の尋によって言葉にし、見を初めとする四種の言説（見・聞・覚・知）によって言説にし、存在しない対象を「存在する」と増益することによって増益するのである。[99]

ここには、アーラヤ識から生起して深層意識の中で展開する、未だ言語化されず識別されない依他起性という不可知な世界が、分別を有する意識によって言語化されて、箇々のものとして識別される行相（形相）でもってこと分けされ、分節化されて目鼻立ちがつけられ、遍計所執性という「日常経験される世界」へと転じていく様子が説明されている。意識が分別を有するのは、それがあらゆる経験が言葉の種子としてアーラヤ識に熏習されて蓄えられた名言種子（言語種子）から生じたものだから、とされる。

さらに、意識が未だ言語化されず識別されない依他起性という「不可知な世界」を、遍計所執性という「日常経験される世界」へと転じていくその過程は、意識が名を所縁とし、依他起性の上にそれを因相として把握し、言語化して、依他起性の世界においては存在しなかった対象を存在するものとして分別する過程として説明されている。この『摂大乗論』の説明は多分に難解である。かつて無性（Asvabhāva, ca 6th century）の注釈に基づいて考察を試みたことがあるが[100]、それもその説明の意図を充分に明らかにしたものとは言い難い。しかし、潜在的な依他起性の世界を日常経験の遍計所執性の世界へと転ずることにおいて、意識がどのような役割を果たすかを理解するのに重要であると思われるので、以下にそれを改訂してここに再録したい。無性の注釈ではその過程は以下の六項目に分けて説明される。

1　名を所縁とする　　本論の「名を所縁とし」という語を、無性は、名を聞くことがなければ、意識は対象（所縁）を認識することができないことを示唆するものと解する。つまり、意識が対象を認識するためには、必ず名を対象とすることがなければならない、と言う。

2　名を依他起性の上に因相として把握する　　「因相として把握する」という語を、無性は、自相を執取するの意と解する。つまり、「デーヴァダッタ」などの名が発せられるときに、本来言語を離れた依他起性の世界において、意識がその「デーヴァダッタ」などの自相を執取することを意味する、と言う。無性は、「因相として把握する」はたらきをするのは、厳密に言えば、意識に伴う心所である想（saṃjñā）である、と言う。

3　見によってそれに執着する　「それに執着する」を、無性は、因相としたものに執着することであると注釈する。つまり、想によって名を因相として把握したものを、意識に伴う別の心所である五見によって、「これはこれである」「これはデーヴァダッタである」などと執着することである、と言う。

4　諸々の尋によって言語化する　「尋によって言語化する」を、無性は、想と見とによって計度分別し執着したものを他者に示すために尋伺《じんし》によって言語化することである、と言い、言語化することを尋伺のはたらきとする。

5　見を初めとする〔聞・覚・知〕という四種の言説によって言説する　「言説する」ことを、無性は、「見た、聞いた」などと語ることである、と言う。その場合、色が見の、声が聞の、香・味・触が覚の、法が知の、それぞれ対象であるとされる。つまり見聞覚知は六識を意味し、四種の言説は六識の内容を言語表現することを意味する。

6　対象を「存在する」と増益する　以上のように意識とそれに伴う心所とによって〝デーヴァダッタ〟という名を聞くとき、実体としては存在しないデーヴァダッタが実在するかのように認識される。

以上の無性の注釈によって、潜在意識下に存在する分節化されず混沌とした依他起性の世界に、意識とそれに伴う心所のはたらきによって分節化がなされ目鼻立ちがつけられ、日常的に経験される遍計所執性の世界が立ち現れる過程において、名（言葉）と意識とが瑜伽行派においては主要な役割を果たすものと考えられていることが知られる。

言葉と意識について『倶舎論』の称友《しょうゆう》疏には次のように説かれる。

「デーヴァダッタはここにはいない」とか「いる」と語られるとき、声は聞き手（śrotṛ）によって認識されるが、他方、言葉の意味である、眼などの寄り集まったものからなるデーヴァダッタ〔という存在〕は、その直後に分別の意識によって（vikalpena manovijñānena）認識される[101]。

声を聞く耳識にも自性分別はあるが、計《け》度分別《たくふんべつ》と随念分別とがないので「分別がない（無分別）」と言われる[102]。先に引用した『摂大乗論』（二・一六）で見たように、依他起性を遍計所執性へと転ずるのは計度分別である。計度分別は『倶舎論』では、三昧に入っていないときの意識と及びそれと相応する慧《え》とされる。称友はその計度分別を次のように注釈する。

> なぜ計度分別と言うのかと云えば、それぞれの所縁に向かって名と関連して活動するからである。また「色である」とか「受である」とか「無常である」とか「苦である」などと計度するからである。

三昧の状態にはない慧、つまり日常的な意識及びそれに相応する慧が、名と関係して対象に向かって活動し、「色である」とか「受である」とかと決定し確定することが、計度分別と呼ばれる認識作用である。先に見た無性の『摂大乗論』の注釈では意識と相応して計度分別する心所は想（saṃjñā）とされ、『倶舎論』では慧（prajñā）とされる。計度分別する心所を何にするかに関しては伝承に違いがあったのかも知れない。

他方、因相を把握する心所は『摂大乗論』の無性の注釈でも『倶舎論』においても想とされる。また先に見たように、依他起性が遍計所執性へと転ずる上で意識の役割を六項目に分析して説明する無性の注釈では、対象を認識する過程において、因相の把握が計度分別に先だってなされることが示されて、より根本的な心のはたらきとされている。ゆえにここでは、境の因相を把握して対象を認識するに至る過程において想の果たす役割について考察することとする。

『倶舎論』には、想が境の因相（nimitta）を把握するものとされて次のように説かれる。

想とは表象作用（saṃjñāna）であり、境の因相を捉えることである。(103)

称友疏には「境の因相を捉えること」は「境の特性である在り方を捉えること」（viṣaya-viśeṣa-rūpa-grāha）であると説明される。(104) 想を境の因相を捉えることとする世親の規定は、世親の別の著作『五蘊論』にも見られ、(105)『三十頌』の安慧疏においても踏襲されている。その安慧疏では境の因相は「境の特性であり、境を確定（nirūpaṇa）する原因（kāraṇa）である」と説明される。例えば、何らかの物にクネクネと彎曲する特性が把握されるとき、それがその物の正体を確定する原因となり、その物が「蛇」であると認識される。このように、想のはたらきを「境の因相を把握すること」とする限りでは、有部と瑜伽行派との説明に差違は認められない。しかし『瑜伽師地論』（本地分意地）には想の自体（体）と作用（業）とが次のように規定されている。

想とは何か。表象すること（了像、saṃjñānaṇā）である。(106)
想はどのような作用をするのか。所縁において心に因相を取り、言説を起こさせることをその作用とする。(107)

また、『大乗阿毘達磨集論』には次のように規定されている。

想はどのような特質をもつか。想は表象すること（搆了《こうりょう》、saṃjñānanā）を特質とする。想は、種々の法の影像（像類、pratibimba）を捉えるものであり、また、見聞覚知された意味を言説するものである。(108)

われわれが先に見た、意識が名を所縁とし、依他起性の上にそれを因相として把握し言語化して、対象を存在するものとして分別していく過程を説明する『摂大乗論』（二・一六）を、因相として把握し言語化するものを想であるとする見地からなされた無性の注釈は、このような『瑜伽師地論』や『大乗阿毘達磨集論』に伝えられる「想」の概念規定を踏襲するものである。この瑜伽行派に伝承される「想」の規定には、それに先だつと考えられる有部の規定には見られなかった「言説する」という作用が付加されている。

物事の存在が認識されるとき、その根柢には「想」という心のはたらきがその意識に伴って生ずる。想は、対象を確定する原因となる対象の特性（境の因相）を把握し、言語化するはたらきをする。対象を認識するとき、有部は意識に伴う心作用である想に表象作用のみを認めたが、瑜伽行派はそこに言語化する作用の存在をも認める。ここに瑜伽行派が対象の認識において言葉の役割を重視する思想が認められる。井筒氏の「意味の深みを哲学的な整合性をもって理論的に取り扱うことができるという確信が生まれたのは、唯識哲学を学び始めた時である」という述懐は、瑜伽行派におけるこのような言葉の役割を重視する思想を認めての発言と思われる。

十二　瑜伽行派はなぜ言葉を重視したか

瑜伽行派が言葉を重視するについては、この学派の成立に至る思想史的な経緯が係わっていると考えられる。最勝子《さいしょうし》等による『瑜伽師地論釈』には瑜伽行派が出現したいきさつが記されている[109]。そこには先ず、釈尊が衆生に、「一切法は是の如く是の如く空なるが故に有に非ず」ということと、「一切法は是の如く是の如く有なるが故に空に非ず」ということを教えられたことが記されている。しかし、仏般涅槃の後に、その教えをめぐって異論が生じ、多くは一切法を有と見なす見解を固執することになったことが記され、そこで龍樹を初めとする諸大論師が現れ、一切法は空であることを説いてその有見を退けたが、それによって今度は空見に陥る過失が生ずるに至ったことが記されている。そしてその空見を超克するために無著が出現し、中観学派の「空見」の行き過ぎを克服するために瑜伽行唯識の思想を興起したとする、瑜伽行派から見た仏教史観が述べられている。

有部の「有見《うけん》」とは、教法やその用語には釈尊の伝えようとした意図がそのままに盛り込まれていると考え、釈尊の言葉の中に釈尊の意図はそのままに込められて有るとする「法有《ほうう》」の考え方である[110]。それゆえ有部においては、教法はその意味をそのままに指し示すものであり、言葉通りに理解すれば釈尊の意図は獲得できると考えて、教法の学習がなされた。それが後に龍樹たちによって「有見」であり「法に執着するもの」として厳しく批判されることになった。しかし中観派の、教法の言葉は決してその意味内容を指し示すものではなく、教法に説かれるすべての物事（一切法）は空であると説く「空見」は、教法の学習を無意味な事と見なす傾向を生じ、やがて虚無主義的な「法無」の思想に堕し、瑜伽行派の諸論師から「無見」として批判されることになる。

『瑜伽師地論釈』には、瑜伽行派は、そのような有部の「法有」の思想と中観派の「法無」の思想を共に止揚する思想を提唱する者として描かれている。それは『解深密経』（無自性相品）に説かれる「三時の法輪」として周知の教説とも共通する瑜伽行派の歴史観を述べるものである。ここには「法」つまり釈尊の教法とそこに盛られた意味内容との関係、言い換えれば、言葉（法）とその意味（対象）との関係を、言葉にはその意味内容が実体的に内在すると考える「法有」の思い込みにも陥らず、その反対に言葉には意味内容が内在しているわけではないから教法の学習は無意味だとする、虚無的な「法無」の見解にも堕することなく、教法（言葉）と意味内容（対象）との関係を正しく捉えるために、「諸乗の境・行・果等に於てみな善巧を得て大行を勤修」する、瑜伽行による法の修習を方法とする学派として瑜伽行派が登場した経緯が記されている。

以上のように『瑜伽師地論釈』は、有部の「法有」の思想と中観派の「法無」の思想とを止揚する思想として瑜伽行派が登場したことを述べる。その場合、「法」はもっぱら教法を意味すると考えられる。というのは、瑜伽行派の修道論は、菩薩の理解すべき物事（所知）である一切法を学ぶ仏道の修習を、

「教法の言葉の意味を正しく把握するための実践」を意味すると考えられるからである。つまり瑜伽行派は、物事を正しく見聞覚知するという仏道修行を、それらの物事に関する教法の言葉を、「法有」の偏見にも「法無」の偏見にも陥ることなく、瑜伽行（止観）を通して言葉の趣旨を正しく聞き取ることによってこそ、達成されるものと領解したと考えられる。なぜなら、『瑜伽師地論』（菩薩地真実義品）には「二種の法と律から退堕した者」（於仏所説法毘奈耶俱為失壊、dharma-vinayāt pranaṣṭau）のことが次のように語られているからである。

色などの諸法（dharma）の、色などの物事（vastu）に対する仮説を本質とする自相に、非実在を〔実在と〕増益することによって執着する者と、仮説の因相（nimitta）である所依であり、仮説の因相である根拠であり、言語表現されない自体（nirabhilāpyātmakatā）として究極的に実在する物事を、まったく存在しないといって損減し否定する者とである。[11]

ここで「色などの諸法」と言われている「諸法」は、「法と律とから失壊した者」にとっての諸法を意味するので、釈尊の経と律という教法を指すと理解される。したがって二種の教法から退堕した者のうち、前者は釈尊が「色」などとして説かれた教法の、仮に説かれたに過ぎない、実体としては存在しないその自相を、実在と考えて固執する者である。後者は釈尊が仮に表現しようとされた物事そのもの、つまり言語表現されない自体として究極的に実在する物事そのものの存在を否定する者である。前者には「法有」の見解に固執する有部が、後者には「法無」の見解に固執する中観派が想定されている。

仏道修行を、教法の言葉を「法有」の偏見にも「法無」の偏見にも陥らずに、瑜伽行（止観）を通してあるがままに正しく聞き取る行として捉える瑜伽行派の修道論が、思想史上に生起した経緯は前記の通りである。瑜伽行派の修道論の主要な課題が教法の言葉をどのようにして正しく把握するかに置かれていることは、この学派の認識論と存在論とにも密接に関連している。わたしは「法」という語の仏教独自の用法が、「教え」と「存在（経験的事物）」とを主要な意味とする点にあることをかつて検証したことがある。[112] 瑜伽行派の修道論は、まさしくこの仏教に特有の「法」の用法の意図をよく理解して構想されたものと言える。

例えば、瑜伽行における重要な修習法の一つに「聞熏習《もんくんじゅう》」がある。それは教法の言葉を正しく聞き取り、アーラヤ識中にその種子を熏習するという修習法である。熏習された言葉は清浄な種子として蓄えられ、修習が積み重ねられて完了するとき、その種子は清浄な悟りの世界の様々な物事を現し出すエネルギーとなる。その反対に、いまわれわれの経験している迷いの世界の諸々の物事は、アーラヤ識中に迷いの世界を現し出す原因として熏習された名言種子のエネルギーによって現し出された現象である。所取・能取の分別によって汚染された言葉の種子からは雑染の迷いの世界が現れ、清浄な言葉の種子からは清浄な悟りの世界が現れる。このように言葉と世界の存在とを密接不離な関係にあるものとするのが瑜伽行派の認識論と存在論に特有の考え方である。その考え方は、瑜伽行派の流れを汲むチベットの学僧プトン（Bu-ston, 1290-1364）が「聖教の法」を定義して述べる次のような語にもよく反映している。

聖教の法の定義は「証得の法に悟入するための言葉」である。それには、戯論より生じた習気（の等流果《とうるか》としての言葉〕と、法界《ほっかい》の等流果としての言葉とがある。前者は〝馬〟や〝牛〟などの様々な言語表現であり、輪廻と同質であるから世間的な言葉とも言われる。後者は十二部教であり、それは法性を証得せしめる等流果であり、あるいは法界を証得した等流果であるから、そのように〔法界の等流果としての言葉と〕言われる。「最高の等流を有する意味」と『中辺分別論』[113]には言われる[114]。

ここで注意しなければならないのは、「聖教の法」である言葉に二種があると述べられていることである。一つは戯論の熏習した習気から生ずる言葉である。それは〝馬〟や〝牛〟などの世間的日常的な言語表現であり、輪廻と同質の言葉であるとされる。他の一つは十二部教としての言葉であり、仏が法界を証得した結果として等流した言葉であり、法性を証得せしめるための因となるべく法界から等流した結果としての言葉である。

聖教の法は、本来はそれを対象として修習することによって、煩悩障と所知障とを除いて証得の法を獲得するための手段となるべきものである。しかしプトンは、その聖教の法には、法界の等流果としての言葉だけでなく、戯論の熏習した習気から生ずる言葉であり輪廻と同質の言葉もある、と言う。プトンは、聖教の法が、釈尊によってであるとはいえ、言葉を用いて語られざるを得なかったものであるがゆえに、法界における涅槃の証得へと導くという側面と、輪廻転生の迷いの境涯へと導く側面との、二面を備えたものであることに注意を向けさせようとしているのである。言語表現のできない悟りの境涯を言葉で表現せざるを得なかった釈尊のジレンマに注意を向けさせようとしているのである。

日常的に見聞覚知する認識と、その認識対象である現象世界を構成するあらゆる物事とは、アーラヤ識に熏習された名言種子の現し出したものである。その認識と認識された物事とは、現れ出るや直ちに言語化され名言種子となってアーラヤ識中に熏習される。このようにして日常経験と名言種子とが循環することによって、われわれ凡夫には輪廻転生の迷いの世界が現象し続ける。その輪廻転生の循環を断ち切り、悟りの世界を現し出すには、聖教の法によって法界から等流し来たった法を正しく聞き取り、その清浄な種子を熏習する「聞熏習」以外に方法はない。しかし聖教の法には、法界から等流し来たった法としての言葉だけでなく、戯論の熏習した習気から生じ、さらに輪廻を引き起こす、輪廻と同質の言葉もある。聖教の法において、輪廻と同質の言葉ではなく、法界から等流する言葉を聞き取るにはどうすればよいか。もちろん、これら二種の言葉は外見上の相違によって区別されるものでないことは言うまでもない。両者は共に釈尊によって仮に説かれた言葉であることに変わりはない。その仮説の言葉を法界等流の法なる清浄な言葉として把握するか、あるいは、輪廻と同質の雑染なる言葉として把握するかによって、聖教の法は二種の言葉に区別される。

以上のように、瑜伽行派は、雑染の苦悩のこの世界を現し出すものを雑染なる言葉（名言種子）であると考え、清浄で安らかな仏陀の世界を現し出すものを清浄なる言葉（聞熏習の種子）であると考えた。仏陀の世界である法界からこの世界に流れてくる法界等流の清浄なる言葉は、いかにすれば教法から聞き取ることができるか。そのために瑜伽行者たちが止観の体験から考え出した方法が、教法を「ただ心の現れに過ぎない」と観じ、あらゆる物事を「ただ心の現れに過ぎない」と観ずる「唯識観」によって、執着することなく法を聞き取る「聞熏習」の修習であった。教法に説かれるあらゆる物事を「唯識」と観ずることによって、教法は初めて予定概念への固執を離れて正しく聞き取られる、と考えたのである。そして唯識観を修習するに先だって、すべてが唯識であることを論証するために、虚妄分別の自相を明らかにすることが求められた。それゆえ『中辺論』は唯識観の修習法「入無相方便相」を説くに先だって、名言種子によって所取・能取の分別からなる現象世界の構造を説明する「虚妄分別の自相」の項が設けられたのである。

［注］

（1）山口益『中辺分別論釈疏』鈴木学術財団、一九六六年。

（2）Th. Stcherbatsky, *Madhyānata-vibhanga Discourse on Discrimination between Middle and Extremes ascribed to Bodhisattva Maitreya and commented by Vasubandu and Sthiramati*; Bibliotheca Buddhica 30; Neudrück der Ausgabe, 1936, Biblio Verlag, Osnabrück, 1970. D. L. Friedmann, *Sthiramati: Madhyāntavibhāgaṭīkā, Analysis of the Middle Path and the Extremes*, Utrecht, 1937. Richard Stanley, *A STUDY OF THE MADHYĀNTAVIBHĀGA-BHĀṢYA-ṬĪKĀ* (The Australian National University, 1988).

（3）三穂野英彦「*Madhyāntavibhāga* 第一章相品における理論と実践」附録（広島大学博士論文、二〇〇三年）。松岡寛子「スティラマティ著『中辺分別論釈疏』〈帰敬頌〉のテクスト校訂及び和訳」（『比較論理学研究』第四号、二〇〇七年）。

（4）長尾雅人「『中辺分別論安慧釈』の梵写本との照合」（『鈴木学術財団研究年報』一五号、一九七八年）一六―二二頁。

(5) 調伏天は、『中辺論』に説かれる虚妄分別は『三十頌』に説かれる識転変を説き示したものである、と言う。武田義雄『西蔵文唯識三十頌釈疏』（丁字屋書店、一九三八年）一四三頁五—一二行。山口益・野澤静證『世親唯識の原典解明』（法藏館、一九六五年、第二刷）三三六—三三七頁参照。

(6) 慈恩は『弁中辺論述記』（大正四四、三中一—八）において、識をアーラヤ識（本識）とする場合には、アーラヤ識が自我と表象とをも所縁とすることとなり、それは『瑜伽師地論』摂決択分（大正三〇、五八〇上一一—一二）にアーラヤ識の所縁が有根身と相・名・分別の種子と器世間とされていることに矛盾することになる過失を指摘している。結城令聞『世親唯識の研究　下』（大蔵出版、一九八六年）一四〇—一四七頁参照。

(7) 〝自意識過剰〟などと言う場合の自意識は意識されるものであり、それとは異なる。無意識のうちにはたらく自我意識を指す。

(8) それらが理由となる意味が理解し難いことは、例えば竹村牧男博士によっても言及されている。『唯識三性説の研究』（春秋社、一九九五年）一三三頁参照。

(9) N, 19, 1-4. 長尾雅人訳『中辺分別論』（『大乗仏典15　世親論集』中央公論社、一九七六年）二二二—二二三頁には、「知られるもの」と「知るもの」と訳される。

(10) Yamaguchi ed., *Madhyāntavibhāgaṭīkā*, Tokyo, 1966, 14, 1-3. 安慧は文面上、四種の対象を所取、それらの対象として顕現する識を能取とするとは明言しないが、世親と同様、そのように見ていることは、「対境と有情として顕現〔する識〕と同様、自我と識別として顕現〔する識〕においても対象は存在しない。対象がないから、その識も存在しない。認識するから識である。しかしそれ（識）は所取がない場合には認識するものとはなり得ない。それゆえ対象がないから識は認識主体（vijñātṛ）としては存在しない」（Y, 20, 1-3）とする注釈からも明らかである。

(11) Yamaguchi ed. cit., 18, 17-21.

（12） Stanley は安慧釈の難解さの理由として、その用語が正確な意味が把握し難い謎めいた性質のものであることや、論じている事柄に読者が通じていることを当然のこととして注釈がなされていて更に説明を加えようとしないこと等を挙げている。Richard Stanley, A STUDY OF THE MADHYĀNTAVIBHĀGA-BHĀṢYA-ṬĪKĀ (The Australian National University, 1988), p.xiii.

（13） Sylvain Lévi ed., Vijñaptimātratšiddhi, Paris, 1925, 16, 18-20. bāhyo hy arthaḥ svābhāsavijñānajanakatvena vijñānasyālambanapratyaya iṣyate na tu kāraṇatvamātreṇa. samanantarādipratyayādyaviśeṣaprasaṅgāt. (Lévi, na kāraṇa°. °viśeṣāprasaṅgāt)

（14） 武田前掲書一九頁三―四行。山口・野澤前掲書一七一―一七二頁参照。

（15） Yamaguchi ed., p. 23, 7.

（16） 武田前掲書一九頁一一―一二行。gang la byed rgyu kho na dang rang gi rnam pa bskyed pa kho na yod pa de ni chos nyid gnyis dang ldan pa yul du'dod do. 山口・野澤前掲書一七二頁参照。

（17） Der No. 4241, zhe, 179b6-180a1. 山口・野澤前掲書四四四―四四五頁参照。

（18） Y, 18, 21-23.

（19） Y, 18, 23-24.

（20） *AKBh*, 401, 16-402, 4. 402, 4 の ālambanānā は anālambanā に訂正。櫻部・小谷・本庄『智品・定品』五八頁参照。

（21） AK, VI, 17bc. 櫻部・小谷『賢聖品』一一四頁参照。

（22） *AKBh*, 401, 18-19. sarveṣāṃ cittacaittānām ālambanagrahaṇaprakāra ākāra. 櫻部・小谷・本庄前掲書五八頁参照。福田琢「『倶舎論』における〝行相〟」（『印仏研』第四一巻第二号、一九九三年）九八二頁参照。

（23） 心と心所とは所依と所縁と時と事（数）と行相とを等しくする。AK, II, 34d. 櫻部『倶舎論の研究』（法藏館、一九六九年）三〇〇頁参照。

（24）Sthiramati, *Abhidharmakośabhāṣyaṭīkā Tattvārthā*, Pek No. 5875, To. 234b8. 福田前掲論文九八〇頁参照。

（25）梶山雄一博士は「有部は対象には対象の機能を、感官には感官の機能を、心には心の機能を、それぞれ与えなければならなかった」と述べる（『仏教における存在と知識』（紀伊國屋書店、一九八三年）一七頁。

（26）大正二八、巻一、八七〇下五。

（27）*AKBh*, 2, 9. svalakṣaṇadhāraṇād dharmaḥ. 大正二九、巻一、一中九。「自相を保持するがゆえに」という語が *AKVy*, 9, 22-23 には「自相と共相とを保持するがゆえに」と注釈されていることについて、櫻部建博士はその注釈の意図を明らかにし得ないが、『倶舎論』が自相のみを出したのは「自相・共相をひっくるめて、広い意味でそれを自相というのである」と言う。『雑阿毘曇心論』に自相と言わずに「自性を持す」と言い自性を持す法に自相と共相とがあると説明していることも櫻部博士の解釈を支持するように思われる。櫻部建『佛教語の研究』（文栄堂、一九三四年、増補版）七三、七七頁参照。

（28）『佛教大系』成唯識論第一（佛教大系刊行会、一九一九年）一二一頁。

（29）同書一二一頁。

（30）『佛教大系』倶舎論第一（佛教大系刊行会、一九二〇年）五一頁。拙著『法と行の思想としての仏教』二六頁参照。

（31）「任持自性、軌生物解」「任持自相、軌生物解」とも言われる。深浦正文『唯識学研究』（永田文昌堂、一九八二年、六版）一二五頁。横山紘一『唯識仏教辞典』（春秋社、二〇一〇年）法の項。

（32）この語が『二十頌』世親釈に現れることを佛教大学の博士課程在学中の金俊佑氏の指摘によって知った。氏に文中よりお礼を申し上げる。

（33）Lévi, ed. cit., 10, 26-28. yathā tan nirabhilāpyenātmanā buddhānāṃ gocaraḥ, tathā tadajñānāt. tadubhayaṃ na yathārtaṃ vitathapratibhāsatayā grāhyagrāhakavikalpasyāprahīṇatvāt. 山口・野澤前掲書一二二―一二三頁参照

（34）例えば山口訳三五五頁には瑜伽行派では分別（vikalpa）と語（abhilāpa）とが同義に用いられることが注記さ

れている（注八）。前掲拙著『摂大乗論講究』第六章「意識とことば」、第七章「ことば重視の思想」参照。

(35) Y, 20, 22-21, 1.

(36) Lévi, ed. cit., 10, 26-27. 山口・野澤前掲書一一二—一一三頁参照

(37) Lévi, ed. cit., 10, 26-27. 山口・野澤前掲書一一二—一一三頁参照

(38) Pek, No. 5566, Si, 226b4. 山口・野澤訳一〇六頁参照。

(39) 武田前掲書一九三頁二行。山口・野澤訳四〇三頁参照。

(40) Y, 229, 23-230, 1.

(41) Y, 17, 18-23.

(42) pariṇati を「生長」と訳したこと及びそれが「種子を熏ずること」を意味することについては長尾雅人「安慧の識転変について」『中観と唯識』（岩波書店、一九七八年）三五一頁参照。

(43) Lévi, ed. cit., 18, 5-12. 山口・野澤前掲書二〇〇頁参照。

(44) 武田前掲書、四六頁一〇—一一行、nye bar len pa'i rnam par rig pa mi rigs pa dang | gnas kyi rnam par rig pa mi rigs pa. 山口・野澤前掲書二〇七頁参照。長尾前掲書（三五三頁）においても表象（了別）は両方に懸かる語とされている。

(45) 武田前掲書四六頁一三—一四行。山口・野澤前掲書二〇七頁参照。

(46) Lévi, ed. cit., 19, 21. 山口・野澤前掲書二一一頁参照。

(47) 山口・野澤前掲書二〇八頁参照。武田前掲書四八頁一—三行。これは「識別されない執受」に対する注釈であるが、「処」が識別されないことも同様に注釈されるべきものと考えられる。

(48) 武田前掲書四八頁一—三行。len pa zhes bstan pa gang yin pa de kun gzhi'i rnam par she's pas 'di la 'di 'o zhes so sor rang gis rig pa'i rnam par mi rigs te. 山口・野澤前掲書二〇八頁参照。

(49) ツルティム・ケサン、小谷信千代共訳『アーラヤ識とマナ識の研究』（文栄堂、一九九四年、第二刷）四三頁参

照。

(50) Pek No. 5539, Zi, 4b5-6.

(51) 玄奘訳：大正 No. 1579, 580a13-14. 真諦訳：大正 No. 1584, 1019b7-8.

(52) 袴谷憲昭『唯識思想論考』（大蔵出版、二〇〇一年）三九一頁参照。

(53) Lévi, ed. cit., 19, 12-14. 山口・野澤前掲書二〇七頁参照。

(54) 武田前掲書四八頁一一—一三行。山口・野澤前掲書二〇九頁参照。

(55) Lévi, ed. cit., 19, 17. 山口・野澤前掲書二〇九頁参照。

(56) Lévi, ed. cit., 18, 7-8. 山口・野澤前掲書一九七頁参照。

(57) Lévi, ed. cit., 18, 8-10. 山口・野澤前掲書一九七頁参照。

(58) N, 19, 1-3.

(59) 野澤教授は八識は二段階に現成すると解しておられる。山口・野澤前掲書一九九頁参照。

(60) 長尾摂論上三五四頁参照。

(61) 安慧（Y, 17, 18）は頌の「対境と有情と自我と表象としての顕現をもつ識」を八識とする。

(62) *AKBh*, 11, 7. 櫻部『倶舎論の研究』一六七頁参照。

(63) Lévi, yatpratibhāsā ca sā, corrected with reference to Vinītadeva (rang gi so bon gang las mig gi rnam par shes pa la sogs pa'i rnam par rig pa 'byung ba dang snang ba 'byung ba gang yin pa sa bon dang snang ba de dag ni rnam par rig pa de'i nang dang phyi'i skes mched du ---). cf. Vinītadeva, *Prakaraṇa-viṃśaka-ṭīkā*, Pek No. 5566, Si, 216a2-3.

(64) Lévi, ed. cit., 5, 27-6, 1. 山口・野澤前掲書五四頁参照。

(65) Vinītadeva, ed. cit., Si, 216a1-5.

異熟習気というそれ自身の種子から、眼識等の表象が生起し、顕現が生起するとき、その種子と顕現とのその二つを、世尊は、その表象にとっての、内〔処〕と外処として説かれたのであると、いうのが〔経を〕纏めた意味である。（中略）色としての顕現をもつ眼〔識等〕の表象が、異熟習気と呼ばれるそれ自体の種子が成熟したものから生起するとき、その種子を、世尊は、その表象にとっての眼処と説かれ、生起した顕現をそ〔の表象〕の色処と説かれた。山口・野澤前掲書五八―五九頁参照。

(66) 『大乗仏典15　世親論集』（中央公論社、一九七六年）一四頁参照。

(67) Lévi, ed. cit., 6, 6-8. 山口・野澤前掲書五四頁参照。

(68) 山口・野澤前掲書四二三頁参照。塚本啓祥等編著『梵語仏典の研究』Ⅲ　論書篇（平楽寺書店、一九九〇年）三七八頁参照。

(69) 山口・野澤前掲書四六六―四七三頁参照。

(70) Pek, Ze, 194a2-3. 山口・野澤前掲書四六八頁参照。

(71) Pek, Ze, 194a6-7. 山口・野澤前掲書四六九頁参照。

(72) Yamaguchi restoration, Ālambana-parīkṣā-vṛtti, p. 11. Haitukā hi vadanti sad-asatos tad-yuktatvaṃ hetoḥ phalasya ca hetumataḥ krama-utpattīnāṃ lakṣaṇam iti. 山口・野澤前掲書四六七頁参照。

(73) Pek, Ze, 194a8-b1. 山口・野澤前掲書四六九頁参照。

(74) Pek, Ze, 194b7. 山口・野澤前掲書四七〇頁参照。

(75) Pek, Ze, 195a2-3. 山口・野澤前掲書四七一頁参照。

(76) Pek, Ze, 195a4-6. Der, Zhe, 185a5-6. mig sngar snang bar byung pa'i gzugs gang yin pa de dang lhan cig pa'i mig gi (Der, gis) rang gi rnam par shes pa bskye na, nang gi gzugs ni mig sngar snang bar yang mi 'gyur na, de ji ltar nang gi gzugs de dang lhan cig pa'i mig gi rnam par shes pa bskyed ces brjod par bya. この箇所の外界実在論者からの瑜伽行派に対する問いに相当する調伏天釈のチベット訳は理解し難い。論中には取意的訳を示した。山口・野澤前掲書四七三頁参照。

(77) Pek, Ze, 195a7-8. 山口・野澤前掲書四七四頁参照。Pek, dbang po nyid du 'dod pa'i yul° は Der (Zha, 185b1) により dbang po nyid du 'dod pa'i dngos po yul° に訂正。
(78) Pek, Ze, 195b5-6. 山口・野澤前掲書四七五頁参照。
(79) Pek, Ze, 195b6-7. 山口・野澤前掲書四七五頁参照。
(80) *AKBh*, 11, 7. 櫻部『倶舎論の研究』一六七頁参照。
(81) Y, 18, 3-4.
(82) N, 19, 19-20.
(83) 本章第三頌参照。
(84) Y, 22, 22-23, 2.
(85) チベット訳は rnam rtog rnam par mi rtog ni。Y と P とは akalpito vikalpo、Bh/T は vikalpaś cāvikalpaś ca と梵語化する。Fri (p. 27) は [The constructive Ideation is] not constructed: but [false] discriminative thought is constructed by other false discriminative thought. と訳し、Y、P の還元梵語に近い。拙訳は Y、P に依る。St (p. 27) は vikalpo nirvikalpo と梵語化し、Conceptual differenciation devoid of conceptual differenciation is imagined by another conceptual differenciation と訳す。
(86) Y, 23, 3-4.
(87) Y, 13, 18-19. 前出の金俊佑氏の発表レジメ「abhūtaparikalpa という複合語は karmadhāraya か」によってこの文章の存在に気づいた。金氏の論旨は abhūtaparikalpa という語が tatpuruṣa 合成語であることを示すことにある。その解釈の典拠としても安慧のこの語は重要であるが、瑜伽行派の「識の理論」を示すものとしても重要である。
(88) Lévi, ed. cit., 35, 14-16.
(89) Y, 22, 14-15.
(90) Edward Conze and Iida Shotaro, "Maitreya's Questions" in the Prajñāpāramitā, *Melanges d' indianisme à la*

mémoire d' Louis Renou, Paris, 1968, p. 234, 31-41. āgantukam etan nāmadheyaṃ prakṣiptaṃ tasmin saṃskāra-nimitte vastuni yad idaṃ rūpam iti, āgantukam etan nāmadheyaṃ prakṣiptaṃ --- yad idaṃ yāvad buddhadharmā iti. yataś ca Maitreya tena saṃskāra-nimittena vastuni rūpam ity etasmin nāmni rūpam iti saṃpratyayo bhavati. pratyayāgamaḥ pratisaṃvedanā, tena ca Maitreya paryāyeṇa evaṃ veditavyam : āgantukam etan nāmadheyaṃ prakṣiptaṃ tasmin saṃskāra-nimitte vastuni yad idaṃ rūpam iti --- yad idaṃ yāvad buddhadharmā iti. tat kiṃ manyase Maitreya syād ihaikatyasya tasminn eva saṃskāra-nimitte vastuni saṃjñā vā prajñaptir vā nāma vā 'nuvyavahāro vā 'bhiniveśo vā ? ; Takayasu Kimura, Pañcaviṃśatisāhasrikā Prajñāpāramitā, VI〜VIII Sankibo, Tokyo, 2006, p. 147, 14-24. 但し Kimura 本の vastūni は Conze/Iida 本のように vastuni に、pratisaṃvedanaḥ は pratisaṃvedanā に校訂すべきか。

（91） Conze/Iida 本にも Kimura 本にも tena saṃskāra-nimittena vastuni とあるが、チベット訳（Pek. No. 5188, 370b7）に du byed kyi mtshan ma'i dngos po des とあることを参考に tena saṃskāra-nimittena vastunā に訂正する。袴谷憲昭教授もチベット訳を参考にして vastunā に訂正する案を示している（『唯識文献研究』大蔵出版、二〇〇八年、三四七頁補注一参照）。Conze も英訳においては、チベット訳に従って through that entity which is the sign of something conditioned that name と訳す（Cf. Edward Conze, *The Large Sutra on Perfect Wisdom with the divisions of the Abhisamayālaṅkāra*, University of California Press, Berkeley, Los Angels. London, 1975, p. 645）。

（92） 因の行相。袴谷氏は「形成因」と訳す（袴谷前掲書三四四頁注三六参照）。兵藤氏は「行の相」と訳し「因縁所生法の相」と解す（兵藤一夫「三性説における唯識無境の意義(1)」『大谷学報』第六九巻第四号、一九九〇年、二八頁参照）。竹村氏は「行なる因相」と訳す（竹村前掲『唯識三性説の研究』七四頁参照）。nimitta を因と取るか対象と取るかに関しては長尾摂論上三二六頁注二参照。

　しかしコンゼと飯田氏とによる校訂テキストには前注に示したように saṃskāra-nimittena vastuni とされて「行相によって、事態において」となっている。Cf. Edward Conze, The Large Sutra on Perfect Wisdom with the divisions of the Abhisamayālaṅkāra, University of California Press, Berkeley, Los Angels. London, 1975, p. 645.

(93) 竹村前掲『唯識三性説の研究』七四頁。兵藤一夫『初期唯識思想の研究——唯識無境と三性説——』(文栄堂、二〇一〇年)三二二—三二三頁。小谷前掲『摂大乗論講究』二二〇—二二一頁参照。

(94) 武田前掲書一六六頁一—一一。rgyu dang rkyen gzhan dag gis dbang byas pas na. dban gzhes bya ba ni skyed pa dang bskrun zhes bya ba'i tha tshig go. 山口・野澤前掲書三六二頁参照。

(95) この名言種子のはたらきが本書冒頭に引用した井筒俊彦氏の言う「内的言語の本質喚起的機能」に相当すると考えられる。名言熏習、名言習気、名言種子は同義。

(96) 野澤静證『大乗仏教瑜伽行の研究』(法藏館、一九五七年)一九頁参照。

(97) 漢訳ではここにおいて重要な概念である nimitta(拙訳、因相)について諸訳の間に相違があることが長尾博士によって注記されているので、チベット訳からの和訳を提示する。長尾摂論上三三六頁注二参照。

(98) 長尾摂論上三三三頁。同チベット訳七七頁参照。

(99) 長尾摂論上三三八頁。同チベット訳七四—七五頁参照。

(100) 前掲拙著『摂大乗論講究』一九七—一九九頁参照。無性釈の玄奘訳(大正三一、四〇三下一五—四〇四上一四)の読み下しとチベット訳(Pek No. 5552, Li, 277b1-278a5)からの和訳は前掲拙著二八八—二九〇頁を参照。片野道雄『インド仏教における唯識思想の研究』(文栄堂、一九七五年)一二九—一三〇頁参照。

(101) *AKVy*, 406, 22-23. 舟橋一哉『倶舎論の原典解明　業品』(法藏館、一九八七年)三五〇頁参照。

(102) *AK*, I, 33ab. *AKBh*, 22, 20-21. trividhaḥ kila vikalpaḥ. svabhāvābhinirūpaṇānusmaraṇavikalpaḥ. 玄奘訳(大正二九)巻二、八中二—四。

(103) *AKBh*, 54, 20-21. saṃjñā saṃjñānaṃ viṣayanimittodgrahaḥ. 櫻部『倶舎論の研究』二八一—二八二頁。

(104) *AKVy*, 127, 25. viṣaya-nimitta-grāha iti. viṣaya-viśeṣa-rūpa-grāha ity arthaḥ. 荻原雲来・山口益訳註『稱友倶舎論疏(二)』(梵文倶舎論疏刊行会、一九三四年)五七頁参照。

(105) Li Xuezhu & Ernst Steinkellner ed., *Vasubahdhu's Pañcaskandhapraka*, Beijing, 2008, 4, 1. Der, Śi, 12a7. 大正三一、八四八中二九。云何想蘊。謂於境界、取種種想。竹村前掲『唯識三性説の研究』二九〇頁参照。

(106) V. Bhattacharya ed., *The Yogācārabhūmi of Ācārya Asaṅga*, Culcutta, 1957, 60, 2. saṃjñā katamā. saṃjñānanā. 大正三〇、二九一中二八―二九。想云何。謂了像。

(107) Ibid., 60, 12. saṃjñā kiṃkarmikā. ālambane cittacitṛkāravyavahārakarmikā. 同、二九一下一〇―一一。想作何業。謂於所緣、令心發起、種種言說、爲業。

(108) P. Pradhan ed., *Abhidharmasamuccaya of Asaṅga*, Santiniketan, 1950, 2, 16. kiṃlakṣaṇā saṃjñā. saṃjñānalakṣaṇā* saṃjñā. saṃjñā nānādharmapratibimbodgrahaṇasvabhāvā yayā dṛṣṭaśruta- matavijñātān arthān vyavaharati (*Pradhan, saṃjñānalakṣaṇā). 大正三一、六六三中五―七。搆了相是想相。謂由相故、搆畫種種、諸法像類、隨所見聞、覺知之義、起諸言說。

(109) 『瑜伽師地論釈』（大正三〇、八八三下四以下）に基づく以下の記述は前掲拙著『摂大乗論講究』「第一章　唯識思想の歴史的背景」から抄出したものである。詳しくは拙著を参照されたい。

(110) 櫻部博士は「有部のアビダルマは、単に諸法を分析的に考察するというだけでなく、阿含経典に見出される種々な用語に盛られている観念を、一々、「法」として実在すると考える傾向が強かった」と述べておられる。櫻部前掲『倶舎論の研究』七〇頁。

(111) 校訂テキストは高橋晃一『『菩薩地』「真実義品」から「摂決択分中菩薩地」への思想展開――vastu 概念を中心として――』（山喜房佛書林、二〇〇五年）九八頁を参照。

(112) 拙著『法と行の思想としての仏教』（文栄堂、二〇〇〇年）三五―三六頁参照。以下の「法」の「教え」と「存在」との意味に関する記述はこの書を基にしている。

(113) MAV, II, 14. G. M. Nagao ed., *Madhyāntavibhāga-bhāṣya* (Tokyo, 1964), 34, 21.

(114) チベット校訂テキストは前掲拙著『法と行の思想としての仏教』一一四頁注三五参照。世親とプトンにおける法の分類については同書四〇頁以下を参照。

第二部　『中辺論』（第一章　相品）釈・疏の原典解明

中辺分別論（相品）釈疏
仏陀に帰命す

帰敬頌

本論（本書五頁一行、長尾一七頁一行、北京一頁三行、玄奘・真諦一頁）

善逝の子息（菩薩）であるこの論の作者（praṇetṛ）と、〔それを〕われわれを初めとする者に語り伝えた人（vaktṛ）とを御前に拝して、〔この論に説かれる〕課題を論議することに努めよう。

安慧疏（本書五頁七行、山口一頁一行、北京一九下七）[1]

学識ある人々は、通例、師と信仰の神格とに敬礼してから事業に着手するものである。それゆえ『中辺分別〔論〕』なる経[2]の注釈（bhāṣya）を著作しようとするこのお方（世親）も、自ら学識ある方々のなさり方に順じて、こ〔の論〕の作者と〔それを〕語り伝えた人とに供養をした後に、この〔論に説かれる〕課題をこと分けすることに着手することを示そうとして、

この論の作者と

云々と述べた。そうすることによってどういう功徳が得られるのかと云えば、功徳を備えた〔師と〕利益を与える〔神格〕に供養をなすとき、福徳が増大する。増大した福徳は、事業に着手した者たちを、障害や妨害によって妨げられることのない者とし、〔事業〕を容易に完成させる。

あるいは、〔この論の〕作者によって説かれたことと、語り伝えた人によって開顕されたこととを、正しく受け取ったことを述べることによって、作者と語り伝える人と、経と註（vṛtti）(3)とに敬意を生ぜしめんがために、

この論の作者と

と〔帰《き》敬頌《きょうじゅ》に説かれる〕すべてを述べたのである。

そ〔の帰敬頌〕の中で〔経が優れた〕作者によって説かれたことが述べられれば、経に敬意が生ずる。この本頌の論の作者は聖者弥勒であり、かれは〔もはやただ〕一つの生涯〔だけ迷いの生存に〕縛られている者（一生所繋《しょけ》）であるがゆえに、菩薩のあらゆる神通・陀羅尼・無礙解・三昧・根・忍・解脱によって最高の彼岸に到達し、すべての菩薩地に関する障害を残りなく断じている者である。

語り伝えた人が〔作者から〕正しく受け取ったことを通して〔著作されたものであるがゆえに、この〕註（vṛtti）に〔対しても〕敬意が生ずる。そのうえ、この場合、語り伝えた人は軌範師無著であり、

かれから聞いて軌範師大徳世親がその注釈（bhāṣya）を作ったのである。かれら二人は共に卓越した智慧を備えておられるので、誤りなく理解し、記憶し、述べることがおできになるから、ここには経（『中辺分別論』）の意味が誤りなく説かれている。ゆえに注釈（bhāṣya）に敬意が生ずるのである。このようにして、人を権威とする人々には、経と註（vṛtti）とに対する敬意が生ずる。

また、法に依拠する人々は、経と註との優れた意味を理解し、〔その理解によって〕確信が生ずるとき、そ〔の確信〕は、単に聖教と論理だけによってもたらされたのではなく、作者と語り伝えた人との〔仏教に対する優れた〕了解によっても〔もたらされたものである〕から、作者と語り伝えた人とにたいする敬意が生ずる。

さて、論はどのような本質（rūpa）をもつものであり、また何ゆえに〔論と呼ばれるの〕か、というそのことが説かれなければならない。名・句・文の集合として顕現する表象（vijñapti）が論である。あるいは、出世間智を得させる何らかの言葉（śabda）として顕現する表象が論である。〔それではそのような〕表象はいかにして作られ、あるいは語られるのか〔と云えば〕、聴聞の表象（śravaṇa-vijñapti）は作者と語り伝えた人との表象から生ずるから、(4)〔論とは表象であると言ったからといって、〕このことに関して〔何ら非難さるべき〕過失はない。弟子を教えるから論である。弟子への教えは、何らかの戒・定・慧を生じるから、身・語・意を不正な行為から退かせ、正しい行為に向かわせる。

あるいは、論の特質（lakṣaṇa）に適っているから論である。〔その〕教えが〔繰り返し〕修習されれば、煩悩を習気と共に断じ、そして、間断なく永きに渉って種々の激しい苦しみをもたらす恐ろしい〔三〕悪趣と〔輪廻の〕生存とから〔弟子を〕守るもの、それが論の特質である。それゆえ〔『中辺分別論』は〕、煩悩の賊を懲らしめ（śāsana）、また〔輪廻の〕生存と〔三〕悪趣とから守るがゆえに、論の特質を備えている。そしてその二つは共に、すべての大乗及びそれを解説するすべて〔の書〕に存在するが、〔それ〕以外には〔存在し〕ない。それゆえ、これ（『中辺分別論』）は論なのである。〔そのことに関して世親は『釈軌論』に次のように〕言う。

すべての煩悩の敵を懲らしめ、〔三〕悪趣と〔輪廻の〕生存とから守るもの、それは懲らしめ守るという特性のゆえに、論である。そしてその二つ〔の特性〕は〔大乗以外の〕他の思想には存在しない。(5)

〔帰敬頌に〕このというのは、三乗に関する(6)〔理解すべき一切の事柄を〕七つの事項(7)に包摂し、煩悩〔障〕と所知障の断を獲得させる『中辺分別頌』なる論が、〔世親の〕心中にあるがゆえに、このと明示したのである。

作者とは作った人である。たとえこの動詞の語根 nī が「獲得」という意味をもつとしても、pra の〔接頭〕辞が付けられることによって、〔作るという〕別な意味をもつ〔語となっているもの〕と理解すべきである。次のように〔述べられているからである〕。

接頭辞によって語根の意味は、強制的に他〔の意味〕にされる。
ガンジス河の水の甘さが、海水によって〔塩辛く変えられる〕ように。(8)

御前に拝してとは敬礼してである。御前にとは、面前に、あたかも眼前にあるかのごとくに、である。拝してとは、身体と言葉と心とによって敬礼して、である。[9]

善逝の子息（sugatātmaja）という場合、煩悩障と所知障と並びに〔その〕習気とから〔解脱し〕無住処涅槃に善く逝っているから「善逝」（sugata）である。また、かれは障害を習気と共にすべて断じており、一切法を完全に理解していることを本性としており、あらゆる自在性の所依となれるものであり、如意宝珠のように不思議な力を保持し、努力を要することなく一切の有情にあらゆる利益を為すことができ、優れた無分別智をその本質とする者である、善く逝ける者（善逝《ぜんぜい》）である。かれ（善逝）の本質（ātman）は清浄なる真如である。無分別智がそれ（清浄なる真如）から生まれるので、それからあるいはそれにおいて生まれた者[10]（jāta）が、善逝の息子（sugata-ātma-ja）である。

あるいは、善逝の本質をもって生まれた者が、善逝の息子である。他の経に「かれ（如来）の本質である法を獲得して如来の家系に生まれた者である」と説かれているごとくである。それゆえ、第十地に安住する菩薩には、あらゆる行相を備えた所知事（理解すべき事柄）が、掌にあるアーマラカ樹の実が、薄衣に覆われたかのごとき眼をもつ者に〔見える〕ごとくに見える。しかし、世尊には、眼の障害が除かれた者に〔掌にあるアーマラカ樹の実がはっきりと見える〕ごとくに〔明瞭に見える〕。それが〔菩薩と世尊の〕相違である。

ここ（帰敬頌）には、善逝の息子ということで、まさしくその論の作者（弥勒）の理解の完全であることが示されており、〔自己の〕利益や〔他からの〕尊敬を顧慮しないお方（弥勒）が論の作者であることによって、〔その〕悲の完全であることと、慧の完全であることとが〔示されている〕。

語り伝えた人とをとは、説明（vyākhyāna）を行った人とを、である。〔語り伝えた人とを〕御前に拝してと〔文章は〕繋がる。他の人々は、〔「語り伝えた人」という語は〕善逝の子息という〔語〕にも〔文章は繋がる〕と〔言う〕。しかし、かれ（語り伝えた人）は聖者無著であり、かれに対する聖者弥勒の加護による法の流れ（法流《ほうる》、dharmasrotas）によって、この論が現実のものとされ、説かれたのである。〔ゆえに「語り伝えた人」と「善逝の子息」とは別人であるから繋がらない。〕

とという〔語〕は、〔単語や文章を〕接続したり、〔詩の〕音節数を充たしたり、〔言い〕残されたものに言及する場合に〔用いられる。それゆえ「と」という語は〕、作者（弥勒）と語り伝えた人（無著）だけでなく、他の仏や菩薩をも敬礼して〔ということを意味するの〕である。(11)

誰に語り伝えたか。われわれを初めとする者に、である。ある人々においてわれわれが初めである、そういう者が「われわれを初めとする者」である。そういう人々に〔というのが〕「われわれを初めとする者に」〔という合成語の成り立ち〕である。こ（の語）によって〔世親〕ご自身〔に、弥勒の意に〕乖離することなく〔その教えが〕教示されたことが示されている。

論の作者と語り伝えた人とに敬礼して何を為すのかといえば、課題を論議することに努めようと言う。課題を論議することに、あるいは課題を説明することに、あるいは別々にこと分けすることに、努力を開始しよう。これは目的を意味する第七〔格〕である。〔つまり〕課題を論議するために、という意味である。

論の綱要

本論（本書八頁一行、長尾一七頁五行、北京二上一、玄奘・真諦一行）

そこでは最初に論の綱要が設定される。

相と、障碍と、真実と、対治の修習と、
その場合の段階と、果の獲得と最上の乗とがある。

以上、これら七つの課題がこの論に解説される。つまり、相と、障碍と、真実と、対治の修習と、同じその対治の修習における段階と、果の獲得と、第七の課題としての最上の乗とである。

安慧疏（本書八頁九行、山口五頁一〇行、北京二二上一）

ところでこの場合、「論の綱要」とは「課題」のことである。以上、これら七つの課題がこの論に解説されると述べられるからである。

なぜこの論が作られたのか〔と云えば〕、諸仏世尊の正しい無分別智を生ぜしめんがためである。法無我が説かれることによって無分別智が生じることと、それ（無分別智）を繰り返し修習することとによって、煩悩〔障〕と所知障とをその習気と共に残りなく断ずることが獲得される。しかし、法無我ということについて、一切法の存在しないことが法無我であるとか、[12]〔諸法が〕内部で機能する主体（内《ない》作《さ》の士夫《しふ》、antaryāpāra-puruṣa）を離れていることが法無我であるという、そういう異論がある。それゆえ、そ〔の異論〕を否定することによって、真実の「法無我」を説明するために論を創るのである。

他の人々は、相や障碍などを理解していない者と間違って理解している者が、正しい認識を生じて、無理解と誤解とを取り除くように、であると〔言う〕。

あるいは、世界と有情〔界〕と法〔界〕と所化〔界〕と方便界とを本質とする五種類の所知[13]にはそれぞれ、無限の種類があるので理解し難いと〔考えて〕菩薩たちの心が畏縮することがあるが、それを取り除くために、

相と、障碍と、真実と、

と言ったのである。

そこでは最初に論の綱要が設定されるという。そこではとは論〔に説かれる〕課題に関する論議では、あるいは論では、である。最初にとは、まず第一に、である。論とは説明（vivaraṇa）[14]である。その綱要（体、śarīra）とは、略説あるいは要点である。あるいは所依という意味での体（śarīra）である。譬《たと》えば、外〔処〕と内処との所依は身体（śarīra）[15]であるが〔それが〕体と言われるごとくである。同様に、ある課題に基づいて論が成立しているとき、それらの課題がその〔論の〕体（綱要）である。そしてそれらが「相」を初めとする七つの課題である。設定されるとは、言葉によって表示される（施設される、prajñapyate）、表現される（ākhyāyate）という意味である。論を理解することによってこそ、そ〔の論〕の綱要は知られるではないか。ゆえに、最初にそれを設定することは無意味である〔と云えば〕、弟子

〔の理解〕を助けるためであるから無意味でない。〔説かれる〕課題を〔前もって〕知っている弟子は、〔それが〕詳細に述べられても容易に理解する。馬が〔すでに〕見知っている地では縦横に走るようなものである。[16] そうでない場合には〔そうはいか〕ない。

これら七つの課題がこの論に解説されるという。論の綱要が完全であることを意味する。これらとは相などとして列挙（標挙《ひょうこ》、uddiṣṭa）されたものである。七つという数は究極に到達することを意味する〔満数を〕表すものである。獲得せんと求められる（arthyante）から課題（artha）である。〔獲得するとは〕証得されるというほどの意味である。この論にとは、〃中辺分別〃と呼ばれる〔論〕に、である。解説されるとは、教示される、あるいは決定される、である。

つまりとはその意味を理解させるための不変化詞である。相とはそれによって規定されるから相である。また、それは雑染相と清浄相との二種である。その中、雑染相は九種である。

　　虚妄分別は存在する。（1a）

を始めとして

　　七種は虚妄分別より（11d）

〔の句〕に至るまでである。残りの半分によって清浄相が説かれる。

もし「それによって規定されるから相であるというのであれば、それなら、相〔そのもの〕は雑染および清浄と別であることになるであろう」というなら、それはそうではない。諸法の自性こそが相だからである。例えば、地界は堅さという相をもっているが、堅さと別に地界は存在しない。あるいは、それは〔それ自体によって〕規定されるから相である。そうすれば、雑染および清浄が雑染および清浄それ自体によって規定されるから〔雑染相と清浄〕相であることになる。あるいは、雑染と清浄とに自相と共相との二種の相がある。〔ゆえに、それらのいずれにしても、相は雑染および清浄と別であることにはならない。〕(17)

障碍《しょうげ》とは、善法を障碍する、〔あるいは〕(18)、それによって善法が障碍される〔から障碍である〕。〔善法が〕生じることの障害だから障碍である。また、それは五十三種である（第二章「障碍」(19)）。真実（**tattvam**）という場合、これはそれ（**tat**）のみ（**eva**）であるということが〔真実 **tattvam** という語の〕**tat** である。その抽象名詞が真実（**tattvam**）である。過ち（顛倒）がないという意味である。また、それは十種である（第三章「真実」）。〔煩悩などの克服すべき悪法である〕所対治を断つための部類が〔悪法を克服させる〕対治〔なる善法〕である。それは道である。それを繰り返し修習することが修習である。段階とは同じその〔修習〕が連続して〔生起する内の、ある〕特定の生起である。また、それは種姓位を初めとする十九種である。果の獲得とは果を獲得することである。また、そ〔の果〕は異熟果などの十五種である（第四章「対治と修習」）。最上の乗という場合、これによって行くから乗である。そしてそれが乗であり最上であるから最上の乗である。また、それは行が無上であることなどの三種である（第五章「最上の乗」）。第七の課題とは、課題が〔七つに〕決定していることと、課題の〔七つが、相を最初とし、最上の乗を最後とするという〕順序とを述べる。ここにはこれだけの課題だけが説明され、それ以外〔の課題は説明され〕ないと〔言うのである〕。

また、この順序は出世間智に随順するためである。なぜなら、勝解行《しょうげ》〔地〕[20]に住し戒に熟達した菩薩は、まず初めに雑染〔相〕と清浄〔相〕とに通暁していなければならないからである。その次に、諸善法の内のどれには何が障碍となるかを知らなければならない。それ〔障碍〕を断じなければ解脱があり得ないからである。〔障碍はそれが〕知られなければ、〔その〕過失が見えないので、断ずることができない。その次に、何らかの所縁によって心がその障碍から解脱するなら、そ〔の所縁〕が真実であると理解すべきである。その次に、それ〔を〕所縁〔とし〕て〔実践される〕何らかの加行によってその障碍が滅尽するなら、そ〔の加行〕が対治の修習であると知るべきである。その次に、その対治の修習においては、〔悪法である〕所対治の減少と〔善法である〕対治の増大とのゆえに、種姓位などの段階があることを知るべきである。その次に、出世間法が現前するのが果〔の獲得〕である。預流果などであると理解すべきである。

菩薩にはそれ〔の果の獲得までの六つの課題〕はすべて〔まだその〕上があるから、〔六つの課題は〕声聞等と共通である。経に、

かの出家した者は声聞の学処と威儀と境界と振舞とをも学ぶ。独覚の学処と威儀と境界と振舞とをも学ぶ。菩薩の学処と威儀と境界と振舞とをも学ぶ。

と説かれているごとくである。しかし菩薩における最上なるものは〔声聞等と〕共通でない。第七の課題は最上〔の乗〕なのである。

しかし、他の者は言う。雑染と清浄との相への通暁が生ずるように、最初に相が〔説かれる〕。その場合、雑染が障碍であり、清浄が真実である。また、真実を証得することによって障碍の断はある。それゆえ障碍と真実とが〔説かれる〕。それ（障碍）を断ずる手段を示すために、その次に、対治とそれに伴うものとからなる道〔の修習が説かれる〕。その道の、初めと中間と終わりとにおける、下・中・上の種類を示すために、そこ（道）における段階が〔説かれる〕。そして、段階は次第に果をもたらすので、そのすぐあとに果〔の獲得が説かれる〕。そしてそのすべては菩薩と声聞等とに共通するので、共通でない大乗の方法を明示するために最上の乗が〔説かれる〕のである、と。

さらに、他の人々は言う。有と無との相を告知するために最初に相が説かれるのである。相を知ったのちに障碍が断ぜられ、真実が現証されるから、それ（相）のすぐあとに障碍と真実が〔説かれる〕。そしてその二つのうち〔前者を〕断じ〔後者を〕現証するについて、「これが手段である」と〔知らせるために〕対治の修習が〔説かれる〕。そして、それ（修習）の程度の状態が〔それぞれ〕特定の段階である。それ（修習）によって成就された断が果である。そのすぐあとに最上の乗が〔説かれる〕ということを明らかにするためにこの順序が〔立てられるのである〕、と。

しかし他の者は考える。有と無との法に愚かな有情の、存在するものまで存在しないとする考え（損減、**apavāda**）と存在しないものまで存在するとする考え（増益《ぞうやく》、**samāropa**）とを断ずるために、相が説かれる。愚かさを断たれた〔有情〕が障碍に通暁するようにと障碍が〔説かれる〕。それ（障碍）によって真実は覆われているから、真実に通暁するようにと真実がそのすぐあとに〔説かれる〕。真実への通達を修習することによって障碍が断ぜられるので、真実のすぐあとに対治の修習が〔説かれる〕。それ（修習）の種類に通暁するようにと〔修習の〕段階が〔説かれる〕。段階によって果が顕し出されるから、段階のすぐあとに、それ（果）への通暁が生ずるようにと、果が〔説かれる〕。これらすべて〔の課題〕は大乗に依って〔生ずるの〕であるから、最後に最上の乗が説かれるのである、と。

一　虚妄分別

（a）存在する〔相〕と存在しない相

本論（本書一一頁一二行、長尾一七頁一三行、北京二上六、玄奘・真諦二頁）

その中、相に関して言う。

虚妄分別は存在する。そこに二は存在しない。しかしそこに空性は存在する。そこにおいてもそれが存在する。（1）

その中、虚妄分別とは所取・能取の分別である。二とは所取と能取とである。空性とは、その虚妄分別が、所取と能取であることを離れていることである。そこにおいてもそれが存在するとは虚妄分別が

〔存在するの〕である。

このように、AがBにおいて存在しないとき、BはAに関して空であると如実に観察する。しかし、そこにおいて残っているものが存在するならば、それはいまや有として存在すると如実に知る[21]、と〔経に説かれる〕空性の正しい相が明らかにされているのである。

それゆえ、すべては空でなく空でないのでもないと説かれる。有であるから、無であるから、また有であるからである。そして、それが中道である。[22]（2）

〔すべては〕空でなくとは、空性〔がある〕からであり、虚妄分別〔がある〕からである。〔すべては〕空でないのでもないとは、所取と能取との二としては、である。すべてとは、虚妄分別と呼ばれる有為と、空性と呼ばれる無為とである。説かれるとは、説明される、である。有であるからとは、虚妄分別が、である。無であるからとは、二が、である。また有であるからとは、虚妄分別において空性が〔有であるから〕であり、また、そこ（空性）において虚妄分別が〔有であるから〕である。そして、それが中道であるとは、すべては絶対的に空なのでもなく、絶対的に空でないのでもないということである。このように〔理解すれば〕『般若波羅蜜多〔経〕』などにおける〝このすべては空でなく、空でないのでもない〟というその語と一致することとなる。

安慧疏（本書一二頁八行、山口一〇頁一行、北京二四下二）

その中、相に関して言う。

虚妄分別は存在する。そこに二は存在しない。しかしそこに空性は存在する。そこにおいてもそれが存在する。（1）

と。「その中」とは相と障碍などの七つの物事が説かれた中である。〔その中の〕相に関して、

虚妄分別は（1a）

云々と言う。列挙（標挙、uddeśa）された通りに説明（nirdeśa）はなされるものであるがゆえに[23]、また、相が前に列挙されているがゆえに、他のものよりも前にまさしくそれ（相）の説明がなされる。ある人々は、一切法は、兎の角のように、まったく無自性であると〔主張して〕論争する。それゆえ一切を〔存在しないと〕損減〔する過失〕を退けるために、

虚妄分別は存在する。（1a）

と言う。「自性として」ということが〔言外に〕言い残されている。【問】しかしそれでは、経には「一

切法は空である」と説かれているから、経と矛盾するではないか。【答】矛盾しない。なぜなら、

そこに二は存在しない。(1b)

からである。虚妄分別が所取と能取との実体を欠いているとき「空である」と言われるが、自性がまったく存在しないのではない。ゆえに経と矛盾しない。【批判】もしそのように、〔所取・能取の〕二は兎の角のようにまったく存在しなくても、虚妄分別が究極的に自性として存在するならば、〔虚妄分別が実体として存在するから〕、空性は存在しないという過失に陥ることになろう。【反論】それはそうはならない。なぜなら、

しかしそこに空性は存在する。(1c)

からである。虚妄分別において所取と能取とを離れていること、まさしくそのことが空性であるから、空性は「〔何も〕存在しないということ」にはならない。

「もし〔所取・能取の〕二の存在しないことが空性であり、そしてそれ〔空性〕が虚妄分別において存在するのであれば、どうしてわれわれは解脱しておらず、また、現に存在する〔空性〕が把握されないのか」という疑いを除くために、

そこにおいてもそれが存在する。（1d）

と言う。空性においても虚妄分別は存在する。ゆえに汝らは解脱していないのである。そしてまさしくそれゆえに、清浄な水界〔が汚れのゆえに見えないのと〕同様、〔空性は、虚妄分別の〕垢を伴うことによって知覚することができないのである。[24]

あるいは、心・心所より別に色等が実体として存在する[25]という見解、それを退けるために、

虚妄分別は存在する。（1a）

と言ったのである。実体として〔それ（虚妄分別）のみが存在する〕。色はそれ（虚妄分別）と離れては存在しない。実体としては〔存在しない〕。なぜか。なぜなら、

そこに二は存在しない。（1b）

からである。虚妄分別は、何かを取するものではなく、何かによって取せられもしない。それではどうなのか。所取と能取とを離れた単なる事象（dngos po, bhāva）に過ぎない。なぜなら、夢などと同じように、識の外に色等は取せられず、識が色等としての顕現を備えて生ずるからである。もし、〔色等が〕それ（識）の原因であるなら、それ（色等）が存在しないとき、それ（識）の生ずることはあり得ない。

〔しかし識は生ずる。〕それゆえ夢などにおいてのように、〔識は〕所縁をもたない。他の場合においても、それ自体の種子が成熟することによって、識が対象としての顕現を備えて生起すると理解すべきである。所取がないときには能取はないから、所取の存在しないときに能取が存在することはあり得ない。それゆえ虚妄分別より別に色は存在しない。

もし所取がないなら、そうすれば清浄なる所縁はないから、解脱がないこととなる、というなら、それはそうではない。なぜなら、

しかしそこに空性は存在する。（1c）

からである。「しかし」という語は「なぜなら」という意味である。空性は清浄〔を獲得するため〕の所縁（viśuddhyālambanam）[26]である。そして、それ（空性）つまり所取と能取を離れていることが虚妄分別において存在するから、解脱がないことにはならない。もし虚妄分別において〔空性が〕存在するなら、それは現に存在するのにどうして把握され（取せられ）ないのか。虚妄分別によって覆われているから、虚空の清浄さと同じように、把握されないが、存在しないから〔把握されないの〕ではないということを示そうとして、

そこにおいてもそれが存在する。（1d）

と言う。

あるいはすべてが〔存在しないと〕損減する〔過失〕を阻止するために、

虚妄分別は存在する。（1a）

と言う。すべてが存在しないわけではなく存在することを自体とするものでもない。識転変（vijñāna-pariṇāma）を自体とするものとして存在するからである。

色などは、現象しているまさしくその通りに、虚妄分別を離れて自性として存在すると考える人々に対して、存在しないものを〔存在すると考える〕増益〔の過失〕を阻止するために、

そこには二は存在しない。（1b）

と言う。虚妄分別のみが存在するというのが〔その〕意図である。

ある者たちは、〔所取・能取の〕二が存在しないことを、石女《せきにょ》の子に似た「絶無（uccheda）」の相あるものと捉える。他の者たちは、諸法の内部で機能する主体（内作の士夫、antaryāpāra-puruṣa）を離れていることが空性であると言う。それゆえ空性を〔虚無と考える〕損減〔の過失〕を阻止し、かつ、真実の無我ということを知らしめるために、

しかしそこに空性は存在する。（1c）

と言う。もし虚妄分別において空性が存在するのであれば、すべての衆生が努力せずに解脱するという間違った〔考えに陥る〕ことになる〔と云えば〕、そういうことにはならない。なぜなら、

そこにおいてもそれ（虚妄分別）が存在する。（1d）

からである。空性が浄化されない場合には解脱は存在せず、また、汚染された〔空性〕は大変な努力によって浄化されるから、努力を伴わない解脱は存在しない。

あるいは、相は前記の雑染と清浄との外には存在しない。それゆえ雑染と清浄の相の考察(27)のために、

虚妄分別は存在する。（1a）

云々と言う。雑染は虚妄分別を自性とする。錯乱を相とするからである。どうして「錯乱を相とする」という、そういうことがわかるのか。なぜなら、

そこには二は存在しない。（1b）

からである。それ自体としては現に存在しないのに、所取と能取との行相をもって現れるから、錯乱を本質とするものとわかる。次に清浄の自性を考察するために、

しかしそこに空性は存在する。（1c）

と言う。清浄は空性を自性とする。二が存在しないことを自性とするからである。そして、道と滅の二も、空性によって顕し出されるから、そこ（清浄）に含まれると理解すべきである。雑染の部類（染品）によってこそ清浄の部類（浄品）は探し求められるのであり、それ（浄品）が〔染品と〕別個にそのものであることはないということを示すために「そこに」と言ったのである。もし、〔所取・能取の〕二が存在しないのであれば、世間はなぜそれ（所取・能取の二）は存在すると〔考えて〕錯乱したりするのかと問うなら、それゆえ、

そこにおいてもそれが存在する。（1d）

と言う。所取・能取の分別〔が存在するの〕である。象などの行相が〔本来は〕空である魔法において、(28)象の行相など〔が顕現するの〕と同様である。虚妄なる二が、そこにおいて、あるいは、それによって、分別されるから、虚妄分別である。また、「虚妄」という語によって、そこにおいて所取・能取として分別されるその通りには〔所取・能取は真実には〕存在しないことを示す。いっぽう、「分別」という

語によっては、対象物は分別されるその通りには対象物〔そのもの〕が存在しないことを示す。以上のように所取・能取を離れたそれ（虚妄分別）の相が明らかにされている。

それではそ〔の虚妄分別と〕は何か。過去・未来・現在の、因となり果となるものであり、三界に繋縛された無始時来のものであり、最後は涅槃に帰結するが、輪廻に随順する心・心所〔法〕が、概しては、虚妄分別である。しかし別しては、所取・能取の分別である。その中で、所取の分別は、対境と有情として顕現する識である。能取の分別は我と表象として顕現する〔識〕である。

二とは所取と能取とであるというその中で、所取は色などであり、能取は眼識などである。所取と能取であることを離れていること〔すなわち〕遠離していることが、虚妄分別の空性である。しかし虚妄分別も存在しないのではない。譬えば、縄は蛇の自性に関しては空である。それ（蛇）を自性としないから常に空である。しかし縄の自性に関しては〔空では〕ない。いまもそれと同様である。

そこにおいてもそれが存在するとは虚妄分別が〔存在するの〕である。

以上のように、偶来の障碍によって汚染されているのでそれ（虚妄分別の空性）が認識されないのは、水界など〔が認識されないの〕[29]と同様であると言われる。

このように、AがBにおいて存在しないとき、BはAに関して空であると如実に観察する、という。何が何において存在しないのか。〔所取・能取の〕二が虚妄分別において〔存在しない〕。ゆえに虚妄分別を二に関しては空であると見る。しかし、そこにおいて残っているものが存在するならば、それはいまや有として〔存在する、と如実に知る〕。それではこの場合は何が残っているのか。虚妄分別と空性とである。その両方がいまや〔有として〕存在すると、増益なく損減なく見、如実に知る。その場合、虚妄分別において二を見ることがなければ、増益〔の過失〕はない。虚妄分別と空性とが存在することを見るならば、損減〔の過失〕はない。空性の正しい相が明らかにされたのである。Aなるもの（虚妄分別）が空であるとき、Aなるものは実在するからであり、Bなるもの（所取・能取）に関して空であるとき、Bはそこ（虚妄分別）に存在しないから、すべてが有であっても、あるいは、すべてが無であっても、空性の相は不顚倒でなくなる。空性が無となるという過ちに陥るからである。〔すべてが無であって、〕「空」と呼ばれるものがないとき、空性はあり得ない。無常性などと同様、法性は事物に依止するからである。〔すべてが有であって、〕二（所取・能取）が存在するなら空性は存在しない。

【問】もし〔所取・能取の〕二が兎の角に等しいに過ぎないものであれば、どうしてそ〔の兎の角に等しい所取・能取の二〕に関して虚妄分別の空性はあり得るのか。そもそも〔実在する〕Aに関してBの空性は認められるのである。譬えば〔実在する〕比丘に関して僧院の〔空性が認められる〕ように。

【答】それはそうではない。譬えば、縄やあるいは魔術が、〔それら〕自体には現に存在しない、蛇の行相をもって、〔あるいは〕(30)人間などとして、現れるのと同様である。その場合に、何らかのものを〔蛇や人間などとして〕捉えることを抑止するために「蛇や人間などとしては空である」と言う。同様に、虚妄分別も、〔それ〕自体には現に存在しない所取・能取の行相をもって顕現するとき、凡夫たちにそれを〔実体として〕捉える執着を棄てさせるために、「〔所取・能取の〕二としては空である」と説かれる。

空でなく空でないのでもない。（2a）

ということについて、なぜこの頌が作られたのかといえば、有為と無為とのすべてが〔所取・能取の〕二を離れていると知らせるためである。また、このように絶対的であることを否定することによって、〝このすべては空でなく、空でないのでもない〟と『般若波羅蜜多〔経〕』が誦される意図[31]が明らかにされているのである。そうでなければ、こ〔の般若経の語〕は首尾一貫しないことになるであろう。さらにまた、中道を明瞭にするためである。そうでなければ、ただただ絶対的に空であることになるか、あるいは空でないという極論になるであろう。あるいは、損減と増益とを阻止する〔直前の説明を〕要約するためにこの〔頌は〕作られたのである。

虚妄分別は、因縁と結合して生起するがゆえに、有為である。他方、空性は、それ（因縁）に関係しないから、無為である。

説かれるとは『般若波羅蜜多〔経〕』などの中に誦せられる、である。

「有であるから」とは、虚妄分別が、である。有為は虚妄分別を本質とするものとしては空でない。「無であるから」とは、二が、である。〔有為は〕所取・能取を本質とするものとしては空である。〔「また有であるから」とは、虚妄分別において〕空性が有なのである。虚妄分別において空性がそれの法性（dharmatā）〔として存在する〕から、である。空性においても虚妄分別が法（空性）を有するもの（dharmin）という在り方で存在する。同様に、無為も法性という在り方としては空ではないが、「無」と言われる〔所取・能取の〕二としては本質的に空である[32]。

そして、それが中道である。（2d）

とは、『宝積《ほうしゃく》〔経〕』などの中に、「カーシュヤパよ、〝存在する〟というのは一つの極端〔な考え方〕である。〝存在しない〟というこれは第二の極端〔な考え方〕である。これら二つの極端〔な考え方〕の中間、それがカーシュヤパよ、諸法の真実を観察する中道と言われる。」と誦せられるところである。前記のように〔理解すれば、この『宝積経』などに説かれる〕その中道と一致する。すべてはとは有為と無為とである。絶対的に空なのでもなくとは、虚妄分別とその空性とが実在だからである。絶対的に空でないのでもない。二が存在しないからである。すべてが存在しないということ、あるいは、すべてが存在するということには、極端〔な考え方〕が存在し中道は〔存在し〕ない。

（b）虚妄分別の自相

本論（本書一七頁三行、長尾一八頁一八行、北京三上一、玄奘・真諦四頁）

以上のように虚妄分別の有なる相と無なる相とを説きおわって、自相を説く。

対境と有情と自我と表象としての顕現をもつ識が生起する。しかしそれの対象は存在しない。それ（対象）がないから、それ（識）も存在しない。（3）

この中で、対境としての顕現をもつ〔識〕とは、色などの事物として顕現する〔識〕である。有情としての顕現をもつ〔識〕とは、自他の相続中の五根として〔顕現する識である〕。自我としての顕現をもつ〔識〕とは、染汚の意である。我痴などと相応するからである。表象としての顕現をもつ〔識〕とは、六識である。「しかしそれの対象は存在しない」とは、対境と有情としての顕現は行相をもたないからであり、また、自我と表象としての顕現は真実でない顕現だからである。「それがないから、それも存在しない」とは、ある〔識〕の所取が、色など〔六境〕と五根と意〔根〕と六識と呼ばれるものとの四種類のものであるが、その〔の識〕の所取である対象が存在しないから、その能取である識も存在しない、のである。

それゆえそれ（識）が虚妄分別であることは証明されたことになる。〔識は顕現している〕その通りに〔存在するのでは〕なく、まったく存在しない〔のでもない〕からである。（４ａｂｃ）

それは顕現が生じている通りには存在しない。しかし、錯乱に過ぎないものは生じるから、まったく存在しないのでもない。

それではなぜそれは存在しないとだけ考えないのか。なぜなら、

それが滅することによって解脱が〔あると〕考えられる（４ｄ）

からである。そうでなければ結縛もなく、解脱もないこととなるから、雑染（汚染すること）と清浄（浄化すること）と〔を無いものとして〕損減する過ちに陥ることとなるであろう。

安慧疏（本書一七頁二六行、山口一六頁五行、北京二八上六）

以上のように虚妄分別の有なる相と無なる相とを説きおわってという。有であることによって〔虚妄分別が〕特徴づけられるから、有であることがそのまま〔虚妄分別の〕有なる相である。「虚妄分別はある」というそ〔の第一頌a句〕によって虚妄分別の有を示すという意味である。同様に、無であることによって〔虚妄分別が〕特徴づけられるから、無であることがすなわち無なる相である。またそれは所取・能取なるものとして無なることである。虚妄分別において二は存在しないから、虚妄分別も二を本質とするものとしては存在しないと説かれているのである。

〔次に〕[33]自相を説くという。〔虚妄分別の〕有なる相と自相とにはどういう区別があるのか。有なる相は一般的な〔相〕であり、いっぽう自相は特殊な〔相〕である。もし自相が説かれなければ、どうなるのか。虚妄分別の当体（śarīra）が説かれないことになろう。ゆえにその当体を説明しようとして、

対境と有情と自我と表象としての顕現をもつ識が生起する。しかしそれの対象は存在しない。それ（対象）がないから、それ（識）も存在しない。（3）

と説かれる。

あるいは、〔先に、〕所取・能取を離れた虚妄分別に過ぎないものは存在すると説かれたが、そのように〔世界はすべて〕ただ虚妄分別に過ぎない〔とだけ言う〕場合には、〔世界のすべてが〕根・境・識としてなぜ立てられるかが理解できない。〔それゆえ〕それら（根・境・識）がどのように虚妄分別の

種々の顕現として立てられるかを理解させるために、虚妄分別それ自体の相を、

対境と有情と自我と表象としての顕現をもつ〔識が〕（３ａｂ）

〔生起する〕云々と説明する。

あるいは「虚妄分別はある」（１ａ）というこの〔句〕によって、それ（虚妄分別）の存在することだけはわかる。しかしその自性は〔わから〕ない。また、〔所取・能取の〕二が存在しないのに所取・能取に執着する原因が理解できない。また、二は存在しないと理解される根拠も説かれていない。それゆえ、そのことを説明しようとして、〔二は〕、

対境と有情と自我と表象としての顕現をもつ〔識が〕（３ａｂ）

〔生起した虚妄なるものである〕云々と言う。

その場合、虚妄分別は識を自性とする。そしてその識は〔この場合、[34]心所という〕相応を伴うものが意図されているが、しかしその主たるものという点で識が語られる。〔実在しない〕所取・能取にたいするその執着こそ、対境と有情などが顕現する根拠である。

しかしそれの対象は存在しない。それ（対象）がないから、それ（識）も存在しない。（３ｃｄ）

とは、〔所取・能取の〕二の存在しない理由である。その中、対境と有情としての顕現をもつ〔識〕は、アーラヤ識及びそれと相応する〔心所〕である。それ（アーラヤ識）は異熟であるからただ無記である。自我としての顕現をもつ〔識〕は、染汚意およびそれと相応する〔心所〕である。そして、それは煩悩と相応するがゆえに有覆無記と言われる。表象としての顕現をもつ〔識〕は、善・不善・無記の眼識などの六〔識〕およびそれと相応する〔心所〕である。その場合、それら対境と有情と自我と表象としての顕現をもつ八識とそれに相応する〔心所〕とは、集諦に摂せられるアーラヤ識から、五趣中に、補助的な縁を待って、可能性に応じて生起する。〔それと同時に〕アーラヤ識中の善・不善・無記の法の習気に何らかの特定の転変が〔生起するとき、〕その力によって、〔アーラヤ〕識が〔対境や有情など〕相互に異なった顕現をもつものとして生起する。

対境などが存在しないのに、識はいかにしてそれらのものとしての顕現をもつものとして生起するのか。実際、人がいないのに、杭が人として立ち現れることはない。

〔対象が存在しなくても、識がそれらの顕現をもつものとして生起する。〕それは間違いでない。なぜなら、対境などとして顕現する識を、愚か者は〔そうとは気づかずに〕、識とは別に対象が存在するものと固執するからである。眼病をもつ者に〔現れる〕毛髪の網と同じである。それゆえ、その固執を棄てさせるために「この識こそが対境などの顕現をもつものとして生起する。眼病をもつ者に〔現れる〕毛髪の網と同じように、対境や有情がなくても〔識が対境や有情として現れる〕」と説かれる。以上、虚妄分別とは依他起の八識という事物（vastu）からなるものである、ということが説かれている。

〔対境としての顕現をもつ識とは〕色などの事物として〔顕現するアーラヤ識である〕というのは、

色・声・香・味・触・法という在り方で（rūpeṇa）顕現するものだ、ということである。〔アーラヤ識は〕それらの行相（ākāra）をもって生起することに依って、〔対境としての顕現をもつものとして生起するの〕である。

有情としての顕現をもつ〔識〕とは、自他の相続中の五根として〔顕現する識である〕という。「顕現する」という〔語〕が〔ここにも〕懸かる。強い執着の〔存する〕場所であるから、五根を「有情」と呼ぶ。それら〔五根〕によって、あるいは、それらに、執着する（sajjate）から〔それら五根が〕有情（sattva）である。それら〔五根〕の行相をもって生起することに依って、〔アーラヤ〕識はそれ（有情）としての顕現をもつもの〔として生起するの〕である。

自我としての顕現をもつ〔識〕とは、染汚の意である。我痴などと相応するからであるという。染汚意は我痴（ātmamoha）・我見（ātmadṛṣṭi）・我愛（ātmatṛṣṇā）[35]・我慢（asmimāna）と常に相応し、そして、それら（四煩悩）は我を所縁とするので、染汚意が我としての顕現をもつ〔識〕であることは理に適う。

表象としての顕現をもつ〔識〕とは六識であるという。〔識が〕境の把握という在り方で（rūpeṇa）顕現することにより、その〔境の〕行相をもって生起することに依って、表象としての顕現をもつ〔識〕として〔生起する〕。

しかしそれの対象は存在しないとは、四種類の行相をもった〔識〕の〔対象は存在しないという意味〕である。対境と有情としての顕現は行相をもたないからであり、また、自我と表象としての顕現は真実でない顕現だからであるという。対境と有情としての二種の顕現においては、〔これらは〕所取という在り方で顕現するので、「真実でない顕現」（vitathapratibhāsatva）ということはあり得ないから、

「行相をもたない」（anākāratva）ということのみが、対象の存在しないことの理由である。他方、他の二種〔の自我と表象としての顕現〕には、〔それらは〕能取という在り方で顕現するので、「行相をもたない」ということはない。「真実でない顕現」ということのみが、対象の存在しない理由であることが説かれている。

というのは、行相とは、〔心・心所が〕所縁を無常等の在り方で捉える様相であるが[36]、しかし、それはこれら〔対境と有情としての〕二種類の〔顕現〕には存在しない。所取という在り方で顕現するからである。それゆえ、行相をもたないから、〔とは〕能取ではないからという意味である。あるいは、行相とは、所縁の知覚である。そしてそれはこれら〔対境と有情としての〕二種類〔の顕現〕には存在しないから、〔つまり所縁を〕捉えることがないから、行相をもたないのである。

【問】もし〔対境と有情とが〕両者とも行相をもたないのに、色等や眼等のように互いにその自体が区別されるとすれば、その場合に、世間と論書とにおいては〔その存在が〕よく知られている色等と眼等とよりも、〔唯識説においては、識が〕それら（色等と眼等）を追いやって、それらと区別のつかない在り方をするものとして識が捉えられるとされる、そういう識の本質的卓越性とは何なのか。

【答】〔唯識説においては〕それ（識）を離れて対象はあり得ないからである。そのことは次のように確定されている。すなわち、〔対境等として〕区別される対象の自体はなくても、心の相続が決定することによって、個別に捉えられて、〔それぞれ〕区別された対境等としての顕現を有する識が、それ自身の種子から生起する。譬えば、河の水を、餓鬼たちは、膿や糞尿などが満ち、手に棍棒をもった〔番〕人たちによって両〔岸〕から警備されていると見る。しかし、人間たちは、美しく澄み、清涼で、

〔洗濯することができ、飲むに適しており、入ることのできる〕[37]水が満ちており、無害なものと認識する。また、不浄を作意することなどを修習した瑜伽行者は、絶えず大地（bhūmi）を骨鎖の満ちたものと見る。[38]同様にして、地（pṛthivī）を初めとする〔十遍処の〕すべてにおいて、あらゆるものを地などの遍満するものと見る。[39]しかし〔もし識が〕対象に固定した本質を認識するとすれば、対象なしに、あるいは対象の本性とは行相の異なる、識の生起することは理に適わない。それゆえ、対象はなくても、識こそが対境や有情などのあらゆる顕現をもつものとして生起する、と決定される。

自我と表象としての二つの顕現は、所取がないのに能取の行相をもって顕現するから、真実でない顕現である。あるいは、識によって対象が分別される通りには対象は存在しない。「虎〔がここに住んでいる〕」[40]などと聞いた場合などに〔実際に虎を見たかのような恐怖心が起こるのと〕同じように、真実でない所縁をもつ〔識としての顕現〕であるから、「真実でない顕現」である。というのは、表象も他の表象によって分別された自体としては空である、[41]というのが定説だからである。ゆえに、対境と有情として顕現〔する識〕と同様、自我と表象として顕現〔する識〕においても対象は存在しない。対象がないから、その識も存在しない。認識するから識である。しかしそれ（識）は所取がない場合には認識するものとはなり得ない。それゆえ対象がないから識は認識主体（vijñātṛ）としては存在しない。しかし対境と有情と自我と表象として顕現することとして〔識が存在しないわけでは〕ない。なぜなら、それら〔として顕現すること〕が存在しないときには、それらなしに識の自性も示されないから、まったく何もないことになってしまうからである。

〔対境等の顕現が〕それ（識）と異なる自性をもつものであれば、どのようにしてその識となることがあり得るであろうか。〔異なる自性をもつものが識となることはあり得ない。もし識と異なる自性のものが識となるのであれば、ものはすべて同一の識となり、対境等は同一のものとなるから、それら対境等が〕どうして相互に別であり得ようか[42]。

以上のように、所取・能取は存在しないから、そして、それら（所取・能取）として顕現する識は存在するから、先に、

虚妄分別は存在する。そこに二はない。（1ab）

と提示されたことが証明された〔こととなる。その〕ことを示すために、

それゆえそれ（識）が虚妄分別であることは証明されたことになる。（4ab）

と言う。それら四つの〔ものとして顕現する〕識の虚妄分別であることは証明された。「それゆえ」とは直前〔の第三頌d句〕に、「対象がないから、それ（識）も存在しない」と説かれたその理由のゆえに、である。さらにまた、虚妄分別の存在することを証明するために、また、〔所取・能取の〕二の存在しないことを証明するために、

〔識は顕現している〕その通りに〔存在するのでは〕なく、まったく存在しない〔のでもない〕

からである。（4c）

云々と言う。あるいは「それゆえ」とは、次に述べようとする理由のゆえに、である。まさしくそのことを示すために、

〔識は顕現している〕その通りに〔存在するのでは〕なく、まったく存在しない〔のでもない〕からである。（4c）

と〔言ったのである〕。〔識は顕現している〕その通りには存在しないからであり、まったく存在しないのでもないからである。〔なぜなら〕[43]それ（識）が所取・能取なる顕現を伴って生ずるからである。その四種〔の対象〕いずれにおいても、可能性に応じて、〔つまり、対境と有情とには〕行相がないから、〔自我と表象とは〕真実でない顕現だから、能取たることはなく、そして、すべて他の表象によって分別された自体としては空であるから、所取たることはない。[44]しかし、錯乱に過ぎないものは生じるから、まったく存在しないのでもないという。本質としては存在しないが、しかし行相をもって顕現するもの、それは幻と同様に錯乱と呼ばれる。「過ぎないもの」という語はそれ以上のものであることを除外することを意味する。錯乱の識が存在するから、まったくの無ではないということが言われている。

それではなぜそれは、つまり錯乱の識は、所取・能取を存在しない〔と考える〕のと同じように、存在しないとだけ考えないのか。〔錯乱の識の存在は〕あらゆる識の領域を超えているのだから、いかな

る人もその存在を想いはかることはできないことを意図してであるともし言うならば、〔そうではない。それを存在しないとのみ考えないのは、〕なぜなら、

それが滅することによって解脱が〔あると〕考えられる（４ｄ）

からである。ゆえにそれは存在しないとのみは考えない。それではどう〔考えるの〕か。その存在は雑染と清浄の〔二〕方面から推定される。そうでなければ、つまり、もしそれがまったく存在しないとのみ考えるならば、結縛もなく、解脱もないこととなる。〔所取・能取のみならず〕錯乱までも存在しない場合には、雑染が存在しないから結縛も存在せず、先に結縛されていたことから解脱するのだから、解脱も存在しないことになる。

あるいは、〔錯乱の識は〕顕現する通りに存在するか、もしくはまったく存在しないと、どうして考えないのかという他者の思いを退けるために、

それが滅することによって解脱が〔あると〕考えられる（４ｄ）

と言う。そして、それ（錯乱の識）が完全に滅せられないとき結縛が〔存在する〕、ということが意味上説かれているのである。そうでなければ結縛もなく、解脱もないこととなるから、雑染（汚染）と清浄（浄化）と〔を存在しないものとして〕損減する過ちに陥ることとなるであろう。所取・能取として

の錯乱が現れるが、もしその〔現れる〕通りに勝義として〔存在するの〕であれば、雑染が恒常のものとなろう。そうなれば涅槃はないこととなる。同様に、錯乱に過ぎないものまでが存在しない場合には雑染は存在せず、かつ清浄が常住であるという過失に陥るであろう。そしてそうであれば、〔つまり錯乱が所取・能取として顕現する通りに存在するとしても、まったく存在しないとしても〕両方のいずれの場合にも、解脱を求める者の努力が無意味になるであろう。それゆえ虚妄分別が存在することと、〔所取・能取の〕二の存在しないことが、必ず認められなければならない。

（c）虚妄分別の包摂の相

本論（本書二二頁七行、長尾一九頁一三行、北京三上八、玄奘・真諦六頁）

以上のように虚妄分別の自相を説きおわって、虚妄分別のみに過ぎない場合に、三種の自性がどのように〔その中に〕包摂されるか、〔その〕包摂の相を説く。

分別されたものと、他に依存するものと、完全に成就されたものとは、対象と、虚妄分別と、二の無たることに関して説かれたのである。（5）

対象（artha）が分別された自性（遍計所執性）である。虚妄分別が他に依存する自性（依他起性）である。所取・能取の無たることが完全に成就された自性（円成実性）である。

安慧疏〔本書二二頁一八行、山口二二頁一行、北京三二上二〕

包摂の相を説くという。〔「包摂の相」という語は〕包摂がすなわち相である〔という同格限定複合語〕である。あるいは、それによって包摂が特徴づけられるもの、それが「包摂の相」であるという〔格限定複合語である〕。それではそれは何のために説かれたのか。ここには所取・能取を離れた虚妄分別のみが存在するということが説かれている。しかし他の諸経には三種の自性が誦せられる。ゆえに他の諸経と矛盾しないことを示すために、それら〔三性〕がこれ〔虚妄分別〕に包摂されることが説かれる。ゆえに注釈者〔世親〕は虚妄分別のみに過ぎない場合に云々と言う。

分別されたと、他に依存すると、完全に成就されたとは、対象と、虚妄分別と、二の無たることとに関して説かれた。（5）

という。所取と能取は、自性としては空なので虚妄であるが、有として分別〔遍計所執〕されるから分別された〔自性〕と言われる。さらにそれは、実体としては存在しないが、世俗としては存在するから、〔分別された〕自性〔遍計所執性〕と言われる。他に依存する〔自性〕とは、因と縁とに縛られて生ずるがゆえに、他に従属する〔自性〕である。[45]〔次のように〕言う。

依他起性は、分別されたものでなく、縁より生じたものであり、いかにしても言語表現されないものであり、清浄なる世間〔智〕の境界である。

虚妄分別が二を離れていること、それが「完全に成就された」自性（円成実性）である。それは無為なるがゆえに変化しないという点で完全に成就されているからである。そして〔次のように〕言う。

それ（虚妄分別）の、分別された自性が究極的に欠如している状態が、完全に成就された自性（円成実性）であり、無分別智の境界である。

〔第五頌の〕対象に関してという〔語〕は、対象について説かれたという〔意味〕である。虚妄分別と、二の無たることとに関してという〔語〕も同様に説明すべきである。

対象が分別された自性であるという。〔この場合、〕[46]対象とは、色等〔の六境〕と眼等〔の五根〕と自我と表象とである。[47]そしてそれは分別された自性としては虚妄分別の中に存在しないから、無なるものが「分別された自性」（遍計所執性）と言われるのである。

また、言う。

（虚妄）分別は、分別されたもの（遍計所執性）ではないが、[48]他の分別によって分別される。それ（虚妄分別）の他の分別によって分別されたその自性は存在しない。

虚妄分別が他に依存する自性であるという。他の因と縁によって支えられて（tantryate）生じ、自存しないから、他に依存する〔自性〕である。

所取・能取の無たることが完全に成就された自性（円成実性）であるという。変化しないという完全さ（nirvikāra-pariniṣpatti）と、顚倒しないという完全さ（aviparīta-pariniṣpatti）とによって、完成されているから、完全に成就された〔自性〕と言われる。この場合、虚妄分別が二を離れていることが「所取・能取の存在しないこと」と説かれているのであって、単に二が存在しないことが〔そう説かれているの〕ではない。

そうすれば、同一の虚妄分別が、因と縁という他なるものに支えられるという点からすれば、他に依存するもの（依他起性）であり、同じそれが、それ自体においては現に存在しない所取・能取という在り方をするものとして顕現するという点からすれば、分別されたもの（遍計所執性）であり、同じそれが、所取・能取を離れているという点からすれば、完全に成就されたもの（円成実性）である。このように虚妄分別の中に三つの自性は包摂される。このように考えれば、〔本頌には〕虚妄分別の、遍知すべき〔事態、遍計所執性〕と、遍知して断ずべき〔事態、依他起性〕と、遍知して現証すべき事態〔円成実性〕とが説かれていることになる。(49)

（d）　無相に悟入する方便の相

本論（本書二三頁二七行、長尾一九頁二一行、北京三下三、玄奘・真諦七頁）

次に同じその虚妄分別における無相に悟入する方便の相を説明する。

認識に基づいて認識しないことが生じる。認識しないことに基づいて認識しないことが生じる。

(6)

唯識であるとの認識に基づいて対象を認識しないことが生じる。対象を認識しないことに基づいて「唯識である」とも認識しないことが生じる。このようにして所取・能取の無相に悟入する。

それゆえ認識することは認識しないことを自性とすることが成立する。(7ab)

認識される対象がないとき認識することはあり得ないからである。

またそれゆえ認識しないことと認識することとは等しいことが知られる。(7cd)

認識することが〔究極的には〕認識することとしては成り立たないからである。しかし認識しないことを自性とするものではあっても、虚妄なる対象として顕現するがゆえに、認識することと呼ばれる。

安慧疏(本書二四頁一五行、山口二三頁一八行、北京三三上二)

虚妄分別は〔その〕無相が遍知されないとき、煩悩と業と生との雑染を〔引き起こすように〕作用する。それゆえ無相が遍知されるように、かつ、その〔無相が遍知される〕方便を説明するために

認識に基づいて（6a）

云々と言う。虚妄分別においてそれ〔無相〕が規定される、あるいは虚妄分別が〔無相であると規定される〕。所取・能取のただただ存在しないことが無相である。それに悟入するとはそれを認知することである。そ〔の悟入〕のための方便とは、それによってそ〔の虚妄分別〕の無相に悟入するためのものである。さらにそれ〔方便〕は、法界が遍在する意味を理解するための加行〔予備行〕にとって優れた二種の良い所依となるのである。そのことが了解されるようにこの〔第六〕頌は説かれたのである。

唯識であるとの認識に基づいて対象を認識しないことが生じるという。この「唯識」とは所縁〔ālambana〕が対象〔artha〕を欠いている〔rahita〕ことである。自己の種子が成熟することによって、識が色等としての顕現を伴って生起するのであり、〔識以外に〕色等の対象が存在するのではない。このように能取〔grāhaka＝識〕〔が所取として顕現するに過ぎないという〕認識に基づいて所取〔grāhya＝対象〕を〔実体として〕認識しないことに悟入する。

そこで以下のことを考えるべきである。いままさに生じようとしている〔未来正生位[50]にある、utpadyamānam〕識が対象を所縁とするのか、それとも已《すで》に生起した〔utpannam〕〔識が対象を所縁とするの〕か。そのなかで、いままさに生じようとしている〔分位にある識〕が対象を所縁とすることはあり得ない。いままさに生じようとしている〔識は、まだ〕存在してはいないからである。已に生起した〔分位にある識〕も〔対象を所縁とすることはあり得〕ない。〔已に生起した識は〕対象としての顕現という自体をもって已に生起しているからである。そして、識には、対象としての顕現という自体をもって生じること以外に、識がその作用を為しているときに「対象を認識する」と呼ばれるような他の作用はない。あるいは、もし現在〔の分位〕の識にのみ〔現在の分位の〕所縁が機能を及ぼすのであり、いままさに生じようとしている〔未来正生位の識〕には〔所縁が機能を及ぼすことは〕ないとすれば、そういうことであれば、所縁縁が識を生起するものでないことになり、[52] その〔阿毘達磨に説かれる所縁縁が識を生起するという〕考えは意味がなくなる。〔そして、現在の分位の識が〕現在〔の分位〕の所縁を把握するのだとすれば、刹那滅〔の原則〕を破壊することになる。[53] また、〔識に〕本質的卓越性がないときには、先〔に述べた〕ように、[54] 識が所縁を把握することはあり得ない。もし、所縁が把握されるときに本質的卓越性はその〔識〕に〔備わる〕と考えるとすれば、そうであれば、本質的卓越性が〔所縁という〕別のものとして現れるのだから、〔本質的卓越性として〕已に生じている、〔識とは〕別のものが所縁を把握するという過失に陥ることとなる。

他の者は考える。いままさに滅しようとしている〔正滅位の、つまり現在位の最後の〕対象こそが、いままさに生じようとしている〔未来正生位の〕識の所縁縁である。そして、それ〔対象〕はそれ自体の行相をもって顕現する識の因であるから、他の諸縁とは区別される、と。さらに、かれは、色等の極微かあるいはその集まりを所縁と考える。

〔しかし〕両方とも所縁とはならない。あらゆるものは瓶や布等の顕現をもった識として生じており、極微の顕現をもった〔識としては生じてい〕ないから〔極微は所縁とならない〕。また、識はある対象の行相をもって他のものとして顕現しており、所縁は〔それとは〕異なる〔行相をもって〕存在するということはない。〔識の対象の行相と所縁とが相互に異なることを認めるなら、眼識の対象の行相をもって生ずることのあり得ない〕眼等も〔原因（能作因、kāraṇa）として眼識を生ずることができるから〕所縁となるという過失に陥ることとなるから〔極微の集まりも所縁とはならない〕。

また他の者は、極微の集まりが所縁なのであって、一つ一つ〔の極微が所縁なの〕ではない、と考える。その人のそ〔の説明〕も反論にはならない。なぜなら、それらの集まりも、一つ一つ〔の実体である極微〕にのみ所縁となることが認められるのであって、その集まりに関して〔所縁となることが認められるのでは〕ないからである。その場合、識は諸々の極微一つ一つの顕現をもっては生じない。なぜならそれらの集まりの顕現をもって〔生じる〕からである。それゆえ諸極微〔の一つ一つ〕が所縁となることはあり得ない。また、極微の集まりも所縁とはならない。〔極微の集まりである〕仮設有は〔識の〕原因（kāraṇa）となり得ないからである。なぜなら、等無間縁などと同様、所縁縁も識の原因〔の一つ〕とされているから、〔仮設有である極微の集合は識の原因となり得ず、それゆえ識の所縁縁とはならないの〕である。

それゆえ〔先に述べた、他の者の指摘する〕「正に滅しつつある〔正滅位の、つまり現在の対象〕」も所縁とはならない。また、もし消滅してしまっ〔て存在しない〕ものが所縁であるというなら、そうであれば過去と未来とが対象であることになるであろう。しかし夢などにおいて識が所縁をもたないことは已に証明されている。

ある人々は〔言う〕。夢などの識は所縁をもたないわけではない。相（nimitta）を所縁とするからである。また、相は対象の影像であり、不相応行を自性とするものである。夢などにおいて対象がないときには、その相があり得ないからである。顔などが存在しない場合にその影像が成り立たないのと同様である。

〔それに対しては以下のように反論しよう。すなわち〕いままさに生じようとしている〔未来正生位の識〕、あるいは已に生起した識は相を所縁とするものではない。〔それらの識が、前者は未だ〕存在しないものであり、〔後者は〕已に消滅しているものであることは先に述べたからである。〔それゆえ現在の〕識こそ、対象として顕現するから、対象の影像（相）を有するものである。ゆえに相は〔識を自性とするものであり〕、不相応行を自性とするものではあり得ない。必ず識が対象の行相をもつものと理解すべきである。なぜなら、それ（識）が行相をもたない場合には、〔対象なる所取とその行相をもつ能取なる識という〕所取・能取〔の関係〕が決定できないことになるからである。

しかし他の者は、抵抗性のない色こそ夢と瑜伽行者たちの不浄〔観〕等とにおける所縁であると考える。〔しかし〕それ（夢と不浄観とにおける所縁）も顕色と形色等を本質とするから、抵抗性のないことと意のみの対象であることとが〔それに〕矛盾する。そして単なる無表（**avijñapti**）とは別の、抵抗性のない色は『〔法智〕論』には説かれない。それゆえ〔それは〕ただの分別に過ぎない。

他方、他の者は、生まれつき盲目である人の夢には青等の色が見られないから、〔かつて〕経験した対象が夢中の識の対象であると主張する。

〔しかし〕生まれつき盲目である人が夢で色を認識しないわけではない。けれども言葉で表現した経験がないから、名づけ方がわからず、他の人に語れないのである。夢の中では経験した〔対象〕のみを見るのであれば、そうであれば、生まれつき盲目である人も〔夢の中で〕色を見ることをどうして認めないのか。かれも過去の生涯において色を認識したのである。現在の生涯において認識したものだけが夢の中に現れるわけではない。なぜなら、眠っている人にとっても、覚醒している人にとっても、過去であれ、未来であれ、現在であれ、経験には何も区別はないからである。それゆえ、夢中の識は〔かつて〕経験した対象を対象とするというその〔主張は〕単なる分別に過ぎない。そして、過去〔に経験した対象〕はもはや存在しないから、対象を有しない識こそが夢においては対象という現れを伴って生じるということが確定する。このように「唯識である」と了解することによって、対象を認識しないことが修習される。

対象を認識しないことに基づいて「唯識である」とも認識しないことが生じるという。識以外に分別された所取は存在しないという「唯識であること（唯識性）」（vijñaptimātratā）によって所取の存在しないことに悟入するが、それに応じて、所取の存在しないことによって「唯識である」（vijñaptimātra）という〔認識〕が存在しないことも了解される。なぜなら、まさしく所取に依存してその能取は立てられるからである。所取のないとき能取たることはあり得ないからである。

このようにして遍計所執をその本質とする所取・能取の無相に悟入する〔とは〕、虚妄分別〔の無相に悟入するの〕ではないということを示すのである。

しかしどうして最初から「唯識である」という〔認識〕が存在しないことを明示しないのか。能取は所取に随属するものであるから、認識される対象が存在しないときには、所縁の自性が消滅するから、〔能取は無となり、所取・能取の無相に〕容易に悟入するが、そうでなければただ物事を無と見なすだけのこととなるであろう。所取と能取との相互依存がなくなるからである。

〔所取・能取の無相に悟入し、〕そして、間断なく資糧〔道〕に邁進して、最初の阿《あ》僧祇《そうぎ》劫《こう》を満たすとき、所取・能取の分別を超えたその智の段階（地）に悟入する。すなわち、この唯識ということに基づいて、色等の存在しないことを修習するとき、出世間道の最初の自性である「煖《なん》」と呼ばれる三昧が、それと連動する〔諸法〕と共に現前する。その直後に「頂」と呼ばれる〔三昧が現前し〕、その直後にすべての所取を認識しないことによって、能取を認識しないことに適う「忍」と呼ばれる三昧が〔現前し〕、その直後に対象を認識しないことに基づいて唯識ということをも認識しないことを修習することによって、「世第一法《せだいいっぽう》」と呼ばれる、慧などを伴う三昧が、それと連動する〔諸法〕と共に現前する。その直後に見道が〔現前する〕。そしてまさしくそこにおいて一切処に遍在する法界を証得するから、初地に悟入すると〔言われる〕。そしてこれは真実《しんじつ》作意《さい》（tattvamanaskāra）であって〔四〕無量〔心〕などのような勝解《しょうげ》作意《さい》（adhimuktimanaskāra）ではない[55]。

認識することに認識しない本質があるということを示すために、

　それゆえ認識することは認識しないことを自性とすることが成立する。（7ab）

と言う。あるいは、先に〔第一頌b句で〕虚妄分別において〔所取・能取の〕二は存在しないと提示されたことが、この〔頌に示される〕ような仕方で自内証されることによって証明されるということを示すために、

　それゆえ認識することは認識しないことを自性とすることが成立する。（7ab）

と言う。「それゆえ」とは、認識されるべき対象がない場合には、認識することがないゆえ、である。「認識すること」とは、〔認識するという〕動詞の示す抽象的概念（bhāva）か行為者（kartṛ）か行為手段（karaṇa）かのいずれかが分別されるのである。〔しかし〕その三者から成るもの（tritaya）[56]も〔行為の対象（karman）がないがゆえに〕あり得ない。

それゆえ認識することは認識しないことを自性とすることが成立する。（7ab）

それゆえにこそ注釈者（世親）は、認識される対象がないとき認識することはあり得ないからであると言う。

またそれゆえ認識しないことと認識することとは等しいことが知られる。（7cd）

認識することは認識しないことを自性とするから等しい。対象を認識しないことと、唯識であることを認識することとは、〔対象が〕存在しないという点では差違がないから平等であると理解すべきである。認識することと認識しないことという二つの語が相互に矛盾することを否定するために、虚妄なる対象として顕現するがゆえに、認識することと呼ばれると言う。しかし対象は存在しないから、それによっていかなるものも認識されない。ゆえに勝義としては認識しないことを自性するもの〔ではあっても、世俗としては虚妄なる対象として顕現するがゆえに、認識することと呼ばれるの〕だから矛盾はない。

他の者は言う。愚か者たちは対象がなくても対象を認識し、聖者たちは対象を認識しない。その〔認識するのと認識しないのとの〕両方の場合の〔実〕相は平等であるから等しいと理解すべきである。〔愚か者における〕蛇としての錯覚が〔聖者には〕認識されないのと同様である。それゆえにこそ〔注釈者世親は〕、蛇としての錯覚が〔聖者には〕認識されないと言われるように、認識しないことを自性するものではあっても、虚妄なる対象として顕現するがゆえに、認識することと呼ばれる、と言うのである。

さらに他の者は言う。愚か者たちは能取を認識し、聖者たちは対象がないから能取を認識しない。これら認識することと認識しないこととの二つは、二つとも所取がないときには、能取のないことに差違はないから、等しいと理解すべきである。それゆえにこそ虚妄なる対象として顕現するがゆえに云々と言うのである。

しかしある人々は考える。増益と損減との対治として、

またそれゆえ認識しないことと認識することとは等しいことが知られる。（７cd）

と言うのである。対象が存在しないので、認識は認識を自性とするものとしては存在しないから、自性としてそれ〔認識〕の存在しないことが語られる。〔しかし〕認識において、認識の自性が損害されること（損減）もなく、認識しない自性が増大されること（増益）もない。それではどうか。この二つは

分別を離れていること（nirvikalpatā）に関しては等しい。それゆえ、認識しないことと認識することとは、増益と損減とに関係しないから、本来等しいことが知られる、と。

また〔次のように〕言う。

それゆえいかなるものも損せられるべきでない。いかなるものも増せられるべきでない。真実を真実として見るべきである。真実を見る者は解脱する。(57)

もしそうなら、どうして識（vijñapti）は認識（upalabdhi）と言われるのか〔と云えば〕、認識しないことを自性とするものではあっても、虚妄なる対象として顕現するがゆえに、世間と論諸においてそのように〔識は認識であると〕認められているからである。

（e）　虚妄分別の部類の相

本論（本書二八頁二三行、長尾二〇頁一一行、北京三下七、玄奘・真諦八頁）

次にその同じ虚妄分別の部類の相を説明する。

虚妄分別は三界に属する心心所である。（8ab）

欲〔界繋〕・色〔界繋〕・無色〔界〕繋の区別のゆえに、である。

安慧疏〔本書二九頁一行、山口二九頁一二行、北京三六下二〕

部類の相を説明するという場合、〔虚妄分別が〕欲〔界〕・色〔界〕・無色界を本質とするということ、〔それが〕虚妄分別の部類であり、種々の種類があるということである。部類がすなわち相であるというのが部類の相である。その部類によって虚妄分別は特徴づけられるからである。それでは部類の相はなぜ説明されるのか。ただ虚妄分別のみであれば、〔凡夫の境涯である〕欲〔界〕と〔聖者の境涯である〕色界と〔の区別〕はあり得ないからである。界の区別によって所対治と能対治との区別〔があり得ること〕により、この聖者等の区別が〔あり得る〕が、それができなくなり、そうなれば聖教を甚だしく侵害することになるであろうという危惧の念を除くために部類の相が説明されるのである。

あるいは、尋伺のあるときにのみ虚妄分別はあるが、そうでなければないと考えるかもしれない。それゆえその〔考えを〕阻止するために〔虚妄分別の〕部類の相が、

虚妄分別は三界に属する心心所である（８ａｂ）

と説かれるのである。

尋伺のあるところのみにおいて〔虚妄分別があるのでは〕ない、と説かれる。譬えば色は大種と大種所造とであるように、虚妄分別も心と心所とであり、ただ心のみではない。そしてそれらは三界に属する自性を有するものである。欲〔界繫〕・色〔界繫〕・無色〔界〕繫の区別のゆえに、三界に属する〔心心所と言われる〕。その中、その虚妄分別から、地獄等の行相をもつ二十種類のものとして生起するも

の、それが欲界である。[58] 梵衆〔天〕等の行相をもつ十七種類のもの、それらが色界である。[59] 空無遍処等の行相をもつ四種類のもの、それらが無色界である。[60]

しかし他の者は言う。欲貪を断ぜず、かつ色想を離れていないものは、欲界に繋縛されており、〔それが〕欲界である。欲貪を断じているが、色想を離れていないものは、色界に繋縛されており〔それが〕色界である。欲〔界〕と色〔界〕とへの貪を断じ、色想をも離れているものは、無色〔界〕に繋縛されたものであり、〔それが〕無色界である。

他の人々は、欲〔界への〕貪の随増しているものが欲界であり、色〔界への〕貪の随増しているものが色界であり、無色〔界への〕貪の随増しているものが無色界である、と〔言う〕。[61]

別の人々は、常に散乱し、種々の苦の心所の所依となるもの、〔それが〕欲界であり、定中にあって、種々の苦の心所を離れたもの、〔それが〕色界であり、定中にあって、種々の楽と苦とを断じているもの、〔それが〕無色界である、と〔言う〕。

別の人々は、香と味と及びそれらの識との顕現を断じていないもの、〔それが〕欲界であり、香と味と及びそれらの識との顕現を断じたもの、〔それが〕色界であり、〔五根・五境・五識の〕十五界としての顕現を断じたもの、〔それが〕無色界である、と〔言う〕。

それらすべての解説の中で、どれがそれら〔三界の解説〕であるか、と云えば、最初の解説に説かれたもののみが必ず〔三界の解説として〕語られるべきものである。ゆえにこれら〔残りの解説〕は〔最初の解説の〕補足を必要とする。虚妄分別が主題であるのに〔最初の解説で改めて〕虚妄分別に言及するのは、〔第七頌で〕「認識しないこと」〔が説かれたこと〕によって〔主題が〕中断されたからである。

（f）　虚妄分別の同義語の相

本論（本書三〇頁五行、長尾二〇頁一六行、北京四上一、玄奘・真諦九頁）

そして、同義語の相を述べる。

その中で、識は対象を見ることであり、他方、心所はその特質を〔見ることである〕。（8cd）

その〔三界に属する心・心所の〕中で、識は対象のみを見ることである。受等の心所は対象の特質を見ることである。

安慧疏（本書三〇頁一〇行、山口三一頁三行、北京三七下一）

同義語の相をという場合、心と心所の差違を説明することによって、虚妄分別の同義語の相を述べる。どのようにしてか。虚妄分別せられる事物の自性と特質とを分別することとして、心と心所は生起するからである。対象の自体と特質とを見る心と心所と虚妄分別とは同義語の中に入れられる。しかし〔心と心所と虚妄分別との〕対象に区別はない。

その中で、識はただ対象を見ることであるとは、「ただ」の語は特質を除くことによって、〔識が〕特質を把握しない事物のただ自体だけの認識であるということを意味する。受等の心所は対象の特質を見ることであるという。その場合、〔受等の心所は対象の〕特質のそれぞれの在り方に関して生起するからである。その場合、快楽をもたらしたり苦痛をもたらす特質を有するものがあるとき、そういう事物の喜等の状態、それを把握することが受（vedanā）である。「女」や「男」等の言語表現（vyavahāra-prajñapti）を相とする、対象の特質、それを把握することが想（saṃjñā）である。他〔の心所〕も同様に適宜〔解釈が〕為さるべきである。そしてこのようにこれら〔心所〕が〔心と相応するとき〕、所依と所縁と時と実体とに関しては〔心と心所とは〕等しく相応するが、行相に関しては等しく〔相応し〕ない。識（心）と区別がつかなくなるからである。(62)

ある人々は、心所は心の特質に外ならないというのがこの場合の意図であると考える。その同一の識が、孔雀の羽の文様のように、そのような自体等をもつものとして、種々の顕現をもって生ずる。

【問】どのようにして一でもあり多でもあるのか。世間では、一なるものが異なる相であることは認められない。一なるものが多くの自性をもつものであってはならないからである。

【答】もし法の自性が円成実なるものであれば、そういう過失があるであろう。しかし〔法の自性が〕ただ錯乱に過ぎない場合には、そういう過失はない。

〔識は顕現している〕その通りに〔存在するのでは〕なく、まったく存在しない〔のでもない〕からである。（４ｃ）

と説かれているからである。

【反論】それはそうではない。「受なるもの、想なるもの、心なるもの、及び、識なるもの、これらの法は相まじわれるものであり、相まじわらぬものではない」という経の語に背くからである。(63)

【答釈】しかし〔経の言う〕「相まじわれる」とは、存在しつつあるものが同時に生起することである。法の自性を円成実でないものと認める〔唯識説〕にとっては〔法が相まじわることはなく、したがって〕その経はそういう意味を示すものではない〔から、経の語に背くことはない〕のである。

（g）虚妄分別の生起相

本論（本書三一頁八行、長尾二〇頁二一行、北京四上二、玄奘・真諦九頁）

そして、生起相を説明する。

一つは縁としての識であり、第二は享受に関する〔識である〕。

そこには享受と判別と促しという心所がある。（9）

アーラヤ識が、他の諸識の縁であるから、縁としての識である。それを縁として〔生ずる〕転識が、享受に関する〔識〕である。享受は受であり、判別は想である。識を促すのは思や作意等の諸行である。

安慧疏（本書三一頁一六行、山口三三頁九行、北京三八上四）

そして、ただ虚妄分別のみで他のものが存在しない場合には、因と果の区別がわからないから、それを明らかにするために、そして、生起相を説明する。これによって虚妄分別が因と果なるものとして

〔示される〕から相である。生起相は生起がすなわち相である〔という同格限定複合語〕である。さらに生起には二種ある。(64)〔一つは〕瞬間ごとに連続して生起することであり、それによって現在の享受という雑染をもたらす〔生起である〕。〔もう一つは〕他の生涯に生起することであり、それによって来世における煩悩と業と生との雑染をもたらす〔生起である〕。ここでは瞬間ごとに連続して生起することが生起相として説かれている。他の生涯への生起は雑染相として〔論の作者は後に〕説くであろう。

一つは縁としての識であり、（9a）

云々という。その場合、一つとはアーラヤ識である。他の七識の因縁なるものとしての因であるから縁としての識である。

第二は享受に関する（9b）

という場合、識であると〔いう語がその〕後に続き、その果であるという〔語がその前に〕補って述べられるべきである。また、それは七種であり、転識は〔対象を〕享受することを目的とするから享受に関する〔識〕である。

そこには享受と判別と促しという心所がある。（9cd）

という。そこにはつまり識には〔享受・判別・促しという〕心所もまたその果として〔存在する〕と〔頌の語は〕関連する。〔心所は〕識と生滅を共にする（安危共同《あんきぐうどう》、ekayogakṣema）からである。

アーラヤ識が、他の諸識の縁であるから、縁としての識であるという。一切の有漏法がそこに結果の状態で蔵せられ（ālīyante）、また、〔それが〕それらに原因の状態で〔蔵せられる〕からアーラヤ（蔵）である(65)。有情〔世間〕と器世間とを、そういうものとして顕現することによって認識させるから、識である。そしてそれはまったく異熟であるから無記である。一切の有漏法《うろほう》の種子が〔そこに〕付着させられ、そして他の諸々の転識の因縁となるから縁としての識である。それを縁として〔生ずる〕転識が、享受に関する〔識〕であるという。それつまりアーラヤ識から生ずるというのが、それを縁として生ずるという意味である。どのようにして生ずるのか。転識がアーラヤ識から生起するとき、それと同種の未だ生じていない転識を生ぜしめる種子をアーラヤ識中に成長させる。その成長した種子が特定の転変を得ることによって、さらにそれと同種の転識が生ずる。このように転識はそれを縁とするのである。

【問】〔そうすれば〕不苦不楽受を享受する所依であるから、アーラヤ識も享受に関する〔識〕となり、アーラヤ識に習気を熏習するから、転識も縁としての識となるという過失に陥ることになるではないか。縁となることを除いて外に習気を熏習することはない。『阿毘達磨経《あびだるまきょう》』の頌に説かれるごとくである。

相互に果として因として、常に、一切法は〔アーラヤ〕識に内蔵され、同じくそれ（アーラヤ識）はそれら〔一切法〕に〔内蔵される〕(66)(67)。

【答】〔そういう〕誤謬を犯すことにはならない。なぜか。それ（アーラヤ識）は、その受が〔微細であり〕看取し難いから、転識のようには、享受を有するものとして規定されない。あるいは、〔アーラヤ識は広大な受を有しており、〕太陽のように〔感受を超えて〕過度に達したもの(68)と理解すべきである。すなわち、享受である三種の受の所依たることは転識だけにあり、アーラヤ識にはないのである。

また、この場合は因縁〔としての縁〕を説こうとしているのであって、単なる縁を〔説こうとしているの〕ではない。すなわち、アーラヤ識は、善不善法による異熟〔果〕と等流果との習気を把握し、無記法による等流果の習気のみを〔把握する〕。ゆえにアーラヤ識はすべての有漏法の因縁である。一方、転識はアーラヤ識の増上縁であるが因縁ではないから、転識が縁としての〔識となる〕という過失に陥ることにはならない。

享受は受でありという。三種〔の受〕はすべて享受されるから享受である。知覚されるという意味である。生存の味わいの真髄にも似たものが受である。それゆえ愚者はそれを受用しようとして対象に執着する。

他の人々は、ただ受だけでなく、対象の認識も享受であると〔言う〕。それは〔正しく〕ない。享受は受でありという注釈と矛盾するからである。また、対象の認識は識と異ならないから、それ〔対象の認識〕が〔受という〕心所であるのは理に適わない。

感受したものの判別は想である。〔想は〕楽などの〔対象の〕特殊性の把捉を本質とするからである。(69)

享受と想とに対して識を促すのは思や作意等の諸行である。

あるいは享受は受でありとは、それぞれ別々に所縁を知覚するからであり、また、順楽受などの業を知覚するからである。そしてこのように対境と業とを享受するのが受であるから、享受は〔受であり〕〔と言う〕。

言説の因相（vyavahāra - nimitta）である対境の特性を判別するから判別は想である〔と言う〕。他の所縁に識を促すのは諸行である。ゆえに思〔や作意〕等の力によって識は他の所縁を得る。等の語には欲などが含まれる。

〔以上、現象世界が〕何から、いかなるものとして、何のために、生起するかが説かれた。

（h）　虚妄分別の雑染相

本論（本書三三頁一八行、長尾二一頁七行、北京四上四、玄奘・真諦一〇頁）

また、雑染相を説明する。

覆うから、成長させるから、導くから、統合するから、完備させるから、三を判別するから、享受するから、引き起こすから、（10）

結びつけるから、現前させるから、苦しめるから、世間は苦悩する。（11ａｂ）

その中、覆うからとは、無明があるがままに見ることを妨害するから、である。成長させるからとは、行が識に業の習気を置くからである。導くからとは、識が生まれ変わる場所に至らしめるからである。統合するからとは、名色によって〔有情の〕自体が〔統合されるから〕である。完備させるからとは、六処が〔自体を完備させるから〕である。三を判別するからとは、触が〔根・境・識の三を判別するから〕である。享受するからとは、感受するから、である。引き起こすからとは、愛が業の引発する後の生存（後有）を〔引き起こすから〕である。結びつけるからとは、取が識を生まれ変わりに資する欲などに〔結びつけるから〕である。現前させるからとは、後有において、有がかつて為された業の異熟〔果〕を実らせ現前させるからである。苦しめるからとは、生と老死とによって〔世間は苦しむから〕である。〔このような順序で〕世間は苦悩する。この〔十二支縁起〕は、

三種と二種と七種との雑染であり、虚妄分別による。（11ｃｄ）

三種の雑染は、煩悩の雑染と業の雑染と生の雑染とである。その中で、煩悩の雑染は無明と愛と取とであり、業の雑染は行と有とであり、生の雑染は残りの支である。

二種の雑染は、因の雑染と果の雑染とである。その中で、因の雑染は煩悩と業を自性とする支による〔雑染〕であり、果の雑染は残り〔の支〕による〔雑染〕である。

七種の雑染は、七種の因である。顚倒《てんどう》の因と、引発《いんぽつ》の因と、導引の因と、統合の因と、享受の因と、引き起こしの因と、厭悪の因とである。その中、顚倒の因は無明であり、引発の因は行であり、導引の因は識であり、統合の因は名色と六処であり、享受の因は触と受であり、引き起こす因は愛と取と有であり、厭悪《えんお》の因は生と老死である。そしてこのすべての雑染は虚妄分別から生起するのである。

安慧疏（本書三四頁一六行、山口三五頁五行、北京三九下八）

また、雑染相を説明するという場合、煩悩と業と生との雑染がどのように生起するときに、世間の苦悩（pariklesa）の〔原因と〕なるか、それが雑染相である。そしてそれ（雑染相）が、我が存在しないのにただ虚妄分別によって輪廻が生ずる、ということを示すために、

覆うから、成長させるから、導くから、統合するから、（10ab）

云々と説明される。まさしくこれは生起の側面に関する〔つまり流転門[70]に関する〕十二支縁起が説かれているのである。

そこ（頌）では、覆うから、世間は苦悩するというように〔頌中の〕最後の語が〔他の〕すべて〔の語〕と結びつけられる。何が覆うから、あるいは、どのように覆うから〔世間は〕苦悩するのかといえば、それゆえ、無明があるがままに見ることを妨害するからと言う。無明は見ないことを本質とするから、真実を見る〔真実見〕の対境が覆われるときには、真実見（bhūta-darśanam）は生じない。ゆえに、真実見が生ずるのを妨害するから、無明は真実見を妨害するのである。また、真実見は主として出世間の慧である。それ（出世間の慧）の後に生ずるからそれの後に獲得される〔慧〕も、それを了解するがゆえにそれの加行である聞・思・修より生ずる〔慧〕も、真実見と言われる[71]。真実見を妨害するから無明は行の縁である。このように覆うから無明によって世間は苦悩する。

成長させるから、世間は苦悩するというように〔頌の語は〕関係する。何によって、何処で、あるい

は、何を成長させるからか、と〔の問いがなされるであろう。〕それゆえ、行が識に業の習気をと言う。その場合、行とは、身・語・意の福・非福・不動の業を本質とするものであり、それは後の生存（後有）を形成する（abhisaṃskaroti）から行（saṃskāra）である。まだ成長していない〔後有〕を成長させるという意味である。そして、まさしくそれ（後有を形成する業）のみが「行」という語で述べられているのであり、すべて〔の業が行と言われているの〕ではない。また、それ（業）は無明の支配力によって後有を牽引することができるのであり、ただ存在するだけで〔後の生存を牽引することができるわけ〕ではない。それゆえ「無明を縁として行あり」と言われる。なぜなら、明の生じていない者においては、それら（諸業）が後有を形成するが、明の生じた者においては〔後有を形成し〕ないからである。しかし、無明は、単に〔その〕支配力という点だけで、行の縁であると言われるのではない。〔諸法が〕等起する場合の共通の縁であることによっても〔無明は行の縁であると言われる〕。なぜなら、無明は、一切の煩悩と相応するので、等起する諸煩悩にとって共通の縁であり、同様に、それ（諸煩悩）から等起する諸々の思にとっても、優れた[72]生存と享受とを求めることに伴う福（puṇya、欲界の善業[73]）の諸行にとっても、〔それらが〕等起する場合に、それら（善業）と同時に存在する無明が共通の縁である。その〔別の[74]〕地を出離する見の等起という不動（āniñjya、上二界の善業）の〔諸行〕にとっても、それ（出離する見）と同時に存在する無明が共通の縁である。ゆえに行の縁であると言われる。

識にとは、ここではアーラヤ識が意図されているのであって、転識ではない。断絶し生起する識（転識）には、生処に導くことはあり得ず、また、善と染汚の二つが同居することがないので、そこに行が業の習気を置くことはないからである。また、業の習気をという場合、この業の習気と呼ばれるものは何か。未来の出生の種子つまり因となるものである。譬えば、米の実の、土地や灰や糞などというある特定の縁に会して変化することによって芽の生ずる因となるものが種子と〔呼ばれる〕ごとくである。置くから〔という場合、「置く」〕とは、「成長させる」という〔語〕を他の同義語で述べるのである。[75]また、置くとは、その識の相続中に、それ（識の相続）にとって初めて、その（識の相続の）種子を成長させることである。[76] なぜなら、無漏〔法〕と同様、いかなる有漏法といえども、先に無かった種子が置かれることはないからである。[77] このように行が識に後の生存の種子を置くことによって世間は苦悩するのである。

導くから世間は苦悩するという場合、何が、何処へ、あるいは、何を導くからかがわからないので、識が生まれ変わる場所に至らしめるからと言う。業によって熏習された識が、連続して起こることによって、死の場所から生まれ変わる場所へ、後の生存の種子となった習気を到達させるつまり導くのである。そうであれば、結生識《けっしょうしき》（pratisaṃdhi-vijñānam）は行を縁とするものではなく、過去の生存の識（アーラヤ識）こそが行を縁とすることが明らかになる。なぜなら消滅した原因から結果が生ずることはあり得ないからである。無色定を得た者たちは死んだのと同じ所に生まれるから、諸無色〔界〕において〔識が〕どのように生まれ変わる場所に到達させるかというそのことは、名色〔の場合〕と同様、可能性に応じて理解すべきである。

統合されるから世間は苦悩するという場合、何が、何処で、あるいは、何を統合するか〔がわからない〕から、それゆえ名色によって自体が〔統合される〕と言う。名色とは五蘊である。そして、結生によって〔生じる、胎内の五位、つまり〕カララ・アルブダ・ペーシー・ガナ・プラシャーカーという、六処の未だ生じていない段階にある、それら〔五蘊〕が、識を縁とする名色と〔呼ばれる〕。このようにして、そこに(78)〔熏習された〕習気の区別によって、他〔世〕の諸々の衆同分においてそれ（名色）に区別のあることが成立する。そして、それ（名色）が生じたときに、人間や畜生などの衆同分の種別によって自体が分けられるから、名色によって自体が統合されると言われる。

あるいは、死に至るまで自体すべてを統合する。それ（名色）は、〔自体〕すべての因なるものとして、最初に出現するからである。

あるいは、一切の有為〔法〕は五蘊に包摂される〔から、有為法は五蘊と区別がつかない〕ように、〔自体は名色と〕区別がつかないけれども(79)、名色によって自体が統合されるから、それ（自体）を別のものとして示すのである。しかし、〔名色の段階を経ないで忽然と生まれる〕化生《けしょう》の者たちにとっては、識を縁とするのは六処のみである(80)。それゆえ「識を縁として名色あり」ということは可能性に応じて理解すべきである。

完備させるから〔世間は〕苦悩するという場合、何が、〔何処で、〕あるいは、何を〔完備させるの〕か(81)。六処が、名色に包摂される（名色の状態にある）身体を〔完備させる〕。なぜなら名色の段階においては、眼処などが〔まだ〕存在しないから、身体は完備していないと言われる。その〔名色の〕段階には身処と意処(82)とは存在するが、能依と所依とが揃っていないから、それ（身体）はまだ完備していない。しかし、六処の段階においては、眼など（扶塵根《ぶじんこん》）が現れることによって所依が完備し、それ（所依）に依存する眼など（勝義根(83)）が完備することによって、身処（能依）が完備することになる。どのように〔勝義根である眼根等は〕その眼など〔の扶塵根〕に依存するのか。それに従属して生起することによってである。六識に包摂される意処(84)も、そのときにはすべての所依が完備するので完備することとなる。そして、肢体が完備することによって、六処の段階においてこそ所依が完備するがゆえに、六処によって世間は苦悩すると言われる。

三を判別するから世間は苦悩すると〔文章は〕繋がる。〔根の〕三〔種類の変化〕は根・境・識の和合するところに〔生ずる〕。根は、楽などの受の生起に順ずるように、三種類に変化するが、その〔三種類の変化の〕判別が触である。まさしくそれゆえ、これ（触《そく》）は、根の変化に似た〔行相〕を、〔自ら〕それ（根の変化に似た行相）を行相とすることによって、触知するから触と言われる(85)。あるいは、六処を縁とする触が、楽などの受の生起に順ずるように根を〔三種に〕変化させる。

享受するからとは、感受するから、であるという。感受は愛（渇愛）によって享受される。味わわれるという意味である。あるいは、福徳などの業〔の異熟果〕を享受するから感受が享受である。あるいは、この場合の享受とは感受を知覚することである。そして、楽などが知覚されるとき、そこに楽などが促進されるので、貪欲と瞋恚《しんに》と愚癡とによって世間は苦悩するのである。

引き起こすからという場合、何があるいは何を引き起こすかがわからないから、それゆえ愛が業の引発する後の生存（後有）をと言う。諸行が識の中に後有の種子を成長させることによって引発された後有の〔種子を〕、水に譬えられる渇愛が、すべての趣において区別なく、自体を熱望するがゆえに潤すことによって、後有を生に結びつけ、そして生を確立すること、〔それが〕引き起こすことである。

結びつけるから〔とは、〕何が、何処に、あるいは何を〔結びつけるからなのか〕と問われる場合に〔備えて、世親は〕自ら、取が識を生まれ変わりに資する欲などにと言う。妄執や貪欲を相とする四種の取が、業によって引発された識を、生まれ変わりに資する、欲・見・戒禁《かいごん》・我語〔の四取〕に結びつけ確立させる。識が貪欲によってそこ（欲取など）に止まるからである。

現前させるからとは、ここでも他者に問われる場合に〔備えて、世親は〕自ら、後有において、有がかつて為された業の異熟〔果〕を実らせ現前させるからと言う。識の原因である先に為された業は、後有に関与するものであり、習気の分位にあるものであり、異熟果を伴うものである。ゆえに、〔業が〕生起を獲得することによって、有が現に存在するものとなり、引発された有が完成に向かって現前することとなる。このようにして有が〔業の果を〕現前させるから世間は苦悩する。

苦しめるから〔すなわち〕生と老死とによって何が苦悩するのか〔と云えば、〕世間がという。以上のように有によって後有が生起するとき、まず最初に、受胎時に、精液と精血とに識が凝結することによって苦悩する。そうして母の胃と腸との中間で転がることによって苦悩する。そうしてまた、母の食事と動作とのゆえに〔胎内が〕狭苦しく不安定であることが避けられないことによっても苦悩する。そして、狭く不浄な道を経て出ることによって世間は苦悩する。生まれてもさらに、禿頭や白髪などを特徴とする老と、名色の破壊を特徴とする死とによって、愛すべき若さと命とを奪われるときに、世間は苦悩する。

趣くから世間（趣）である。衆同分の領域から刹那の領域に趣くという意味である。[86] 苦悩するとは、生・老・病・死などを伴って、三界中に刹那刹那に連続することと、生死往来することとによって、苦しめられるという意味である。

他の人々は、苦悩するとは浄化されないと〔いう意味であると言う〕。

以上のように、雑染《ぞうせん》を相とし、十二支からなるこの縁起は、「覆うから」ということを初めとする十一種の事象によって清浄《しょうじょう》（浄化）に背反するものとなる。無明などの順序は、それぞれ先のものが後のものを引き起こすことによる。

それでは、要約すれば何種類の雑染がこの十二支縁起によって示されているのかと云えば、それゆえにこそ、まさしくこの十二支縁起は、

三種と二種と七種との雑染であり（11cd）

というそのことが述べられる。「〜と」という語は〔十二支を二種と三種と七種とに〕集約することと、〔集約の仕方を〕転換することとを意味する。[87] 煩悩がすなわち雑染であるというのが煩悩の雑染である。業と生の二種の雑染も同様である。なぜなら、煩悩は生起するとき、自己と他者とを害するので雑染だからである。経にも「貪欲に捉えられ、愛着せる者は、自己を害せんとも思い、他者を害せんとも思う。両者を害せんとも思う。瞋恚と愚癡も同様に理解すべきである」[88] と説かれるごとくである。

また、業と生の二種の雑染が生じるがゆえに〔煩悩は〕雑染である。なぜなら業は煩悩の力によって生を引き起こすからである。諦を観じた者においては、業は存在しても、後有《ごう》（来世の生存）を引き起こすことがないからである。煩悩が現行することによって、後有の種子を有《う》（現世の生存）とするからである。そして染汚心が、後有へと再生を結びつけるがゆえに、まさしく生雑染の原因である。それゆえ、阿羅漢には、染汚心がないから、再生を結びつけることがない。[89]

また、業は清浄と不浄とであるが、現在においては身心の辛苦の因であり、また、未来においては異熟〔果〕をもたらすがゆえに、雑染である。

生もすべての困苦の在処であるから雑染である。

原因が〔煩悩と業との〕二種に分けられるから、〔結果の雑染をも含めると〕雑染は三種である。[90]煩悩の雑染は無明と愛と取とであるとは、三つはみな煩悩を本質とするからである。業の雑染は行と有とであるとは、二つは共に業を本質とするからであるが、しかし次のような区別がある。それ自体の段階にある業が行であり、種子の段階にある〔業〕が有である。生の雑染は残りの支であるとは、識・名色・六処・触・受・生・老死である。これらは生に含まれるからである。

二種の雑染は、因を分けないことによる。因の雑染は煩悩と業を自性とする支による〔雑染〕であり、果の雑染は残り〔の支〕による〔雑染〕であるから。その中、業と煩悩とが因の雑染である。なぜなら、識を初めとして受に至るまでの、生を本質とし、老死という困苦を伴う誕生〔生雑染〕を生ずるように現行するからである。そして果の雑染は残りの識などによる〔雑染である〕。業と煩悩との果であるから。

さらにその同じ縁起が七種の雑染であるという。〔それは〕顚倒と引発と導引と把握と享受と引き起こしと厭悪との因であるから、七種の因である。

その中、顚倒の因は無明でありという場合、無明に陥った者は、真実に愚昧なので、無常などを常などと見るがゆえに、「顚倒」と言われる。

引発の因は行でありという場合、識の上に、四つの支（名色・六処・触・受）を本質とする誕生の種子を置くからである。

導引の因は識でありとは、この世で死んだ者を〔次に〕生まれ変わる境涯へ導引するからである。

統合の因は名色と六処でありとは、〔生まれ変わる境涯へ〕導引された者の衆同分が、名色と六処とによって、統合されるからである。先〔の第一〇頌c句の注釈の中〕では胎生などの生を意図して、名色のみによって統合されることが説かれ、いまは化生に関して、六処によっても統合されることが説かれる。[91] あるいは名色によってはその最初に自体のみが把握されることを説こうとしているのであり、しかしここでは〔六処の〕完備していないものと完備しているものとが〔把握されることを説こうとしているのだ〕から矛盾しない。

享受の因は触と受でありとは、知覚及びその原因（触）によって善・不善の業の異熟〔果〕を享受するからである。

引き起こす因は愛と取と有でありとは、業の異熟〔果〕を享受したその凡夫はそれぞれの受を渇愛する。そして渇愛を増大させて、それ（受）と結合し離れまいとする渇愛によって、欲望などに取〔著〕する。そしてそれを取〔著〕することによって、かれの、已に過去のものとなった、後有をもたらす、習気の段階にある業が転変するとき、引発された通りの異熟〔果〕を与えるように生起することを得て、有となる。そしてそれ（業）が、愛と取と有とによって、行に引発された後有が現成するように、引き起こされ、現実のものとされる。ゆえに渇愛と取と有とが引き起こす因である。あるいは、渇愛によって貪欲に適応するいずれかの業の習気が現前するから、渇愛と取と有とが引き起こす因である。

厭悪の因は生と老死であるとは、以上のように、こ〔の生涯〕に生を引き起こすことによって、それぞれの有情の衆〔同分〕において、生・老死の苦、及び、愁・悲・苦・憂・悩という無限の種類の苦しみを経験する、ということである。

その中、三種の雑染の説明によって、煩悩が生の共通〔の原因であること〕と、業が共通でない原因であることとが示される。なぜなら、煩悩は生という芽にとって、大地などと同様に、共通の原因であるが、他方、業は、芽にとっての種子のように、それ〔業〕の違いによって生が違うから、共通でない原因だからである。

あるいはここでは〔三種の雑染の説明は〕前際と後際と中際[92]という〔一つの生涯にとっての[93]〕三つの節〔を示すの〕ではない。ではどうか。業と煩悩と果と〔の始まりのない連続[94]〕を示すのである。二種の〔雑染の〕説明によって、これ〔雑染〕は因と果のみに尽き、ここでは〔因と果とは〕別の〔業の〕作者あるいは受者が雑染されるのではないということを示す。あるいは業と煩悩のみが因であることを〔示す〕。なぜならそれらの有無によって生の有無があるからである。ゆえに、生はただその果に過ぎない。それゆえ、ここには因か果か〔での実体的な区別〕は存在せず、〔十二支の〕あらゆる場合に五蘊の段階〔のみ〕があることを示すのである。

さらに七種の因の説示によって、引発を相とする〔縁起〕と現成を相とする〔縁起〕との二種の縁起が示される。その中、引発を相とする〔縁起〕は、何によって引発され、どのように引発され、そして何が引発されるかが示されるがゆえに、縁起の七支によって説示される。現成を相とする〔縁起〕は、その引発されたものが何によって現成され、どのように現成され、そして現成とは何か、また、それ〔現成〕における困苦は何か〔ということが〕、五支によって〔説示される〕。

何によって引発されるか。無明を縁とする行によって、である。真実に迷い顚倒して理解するがままに善・不善・不動の諸行を形成する。それら諸行によってどのように引発されるか。識において種子が養育されることによって生起し得る状態にもたらされることによって〔引発されるの〕である。何が引発されるか。後の生存（後有）の、名色と六処と触と受とが可能性に応じて〔引発される〕。

そのようにその引発されたものは何によって現成されるのか。前述のような順序で先に引発されたことによって、こ〔の生涯〕に生じた受を縁として愛が生じるが、それを縁とする取によって〔現成される〕。それ（取）によってどのように現成されるのか。識における習気の段階にあるその業を、それ（取）が有とすることによってである。識には、様々な行（saṃskārā）が熏習されているので、多種の業の習気が存在する。特定の取に把握されることによって、こ〔の生涯〕において後の生存を起こさせるもの、それがこ〔の生涯〕においては有と呼ばれる。

それではその現成とは何か。その引発された名色などの来世における生である。それではそれがあるときどういう困苦があるのか。老死である。愛すべき若さと生命とが消え去るからである。

しかしこの場合、導引の因は無意味であるともし〔言う〕なら、無意味ではない。死有が断絶するとき生有が生起するという考えを否定するという意味がある。

そしてこのすべての雑染は虚妄分別から生起するのであるとは、雑染は心心所を所依とするからである。そしてそれが、

虚妄分別は三界に属する心心所である。（８ａｂ）

と説かれているのである。

（i）　虚妄分別の要義

本論（本書四一頁一六行、長尾二二頁一〇行、北京四下八、玄奘・真諦一三頁）

さらに虚妄分別の要義〔を述べれば〕、存在する相、存在しない相、自相、包摂の相、無相に悟入する方便の相、部類の相、同義語の相、生起相、及び、雑染相という九種の相が説かれたことになる。

安慧疏（本書四一頁二二行、山口四四頁一二行、北京四五下七）

さらに虚妄分別の要義云々と言って要義を述べるのは、〔虚妄分別を〕理解し易くするためと、忘れないようにするためである。ゆえにここには〔虚妄分別の要義が〕二つの目的をもつものとして説かれている。[95] 存在する相は、

虚妄分別は存在する。（1a）

と〔説かれる〕。存在しない相は、

そこに二は存在しない。（1b）

と〔説かれる〕。自相は、

対境と有情と自我と表象としての顕現をもつ〔識が〕生起する。（３ａｂｃ）

と〔説かれる〕。包摂の相は、

分別されたものと、他に依存するものと、完全に成就されたもの、（５ａｂ）

と〔説かれる〕。無相に悟入する方便の相は、

認識に基づいて認識しないことが生じる。（６ａｂ）

等と〔説かれる〕。部類の相は、

虚妄分別は三界に属する心・心所である。（８ａｂ）

と〔説かれる〕。同義語の相は、

その中で、識は対象を見ることであり、他方、心所はその特質を〔見ることである〕。（８ｃｄ）

と〔説かれる〕。生起相は、

一つは縁としての識であり、第二は享受に関する〔識である〕。（9ab）

と〔説かれる〕。雑染相は、

覆うから、成長させるから、導くから、統合するから、（10ab）

等と〔説かれる〕。

二　空性

本論（本書四二頁一八行、長尾二二頁一七行、北京五上二、玄奘・真諦一三頁）

以上のように虚妄分別を説いた後に、空性がどのように理解されるべきかを説明する。

空性に関しては、要約すれば、相と、同義語と、その意味と、部類と、論証とが理解されるべきである。（12）

安慧疏（本書四二頁一三行、山口四五頁一四行、北京四六上五）

以上のように虚妄分別の九種の相を説いた後に、空性がどのように理解されるべきかを説明するというが、そこにはどういう関連性があるのか〔と云えば〕、それは虚妄分別と空性という二者〔の関連性〕が示されているのである。〔つまり〕浄化は雑染を先とし、法性（空性）の確定は法（虚妄分別）の理解に基づくという〔関連性が〕ある。それゆえ、虚妄分別の説明の後に直ちに、空性がどのように理解されるべきであるかを説明するのである。

相と、同義語と、(12 a)

と云々〔と言う〕。その中、〔空性の〕相とは有と無との否定を本性とするものである。すべての場合に〔種々の〕種類の空性が遍満するからである。同義語とは別名である。〔その意味、つまり〕同義語の意味とは、同義語に適う、同義語の生起する因である。〔空性は〕虚空と同様、区別のない相のものであるがゆえに分別されないものであっても、客塵の随煩悩と結びつくか離れるかの状態が〔種々に〕分類されるがゆえに部類がある。また、人と法との増益が〔種々に〕分類されるがゆえに十六種の部類がある。論証とは〔種々の〕種類の空性を説明する場合の道理である。

それではなぜこれら〔五つ〕の観点から空性は知られなければならないのか〔と云えば、空性は〕清浄〔を求めるため〕の所縁であるから、清浄を求める者は〔空性を〕相という点から知らなければならないからである。他の経における同義語による〔空性の〕説明に迷わないために、同義語という点から

〔空性を知らなければならない〕。同義語の意味が理解される場合に、空性が清浄〔を求めるため〕の所縁として決定されるから、同義語の意味が〔知られなければならない〕。雑染が除かれたときそれ（空性）は清浄なのだから、その雑染を断ずるための努力を生起するために〔空性の〕部類が〔知られなければならない〕。部類の論証が理解されれば、〔部類に顕著な〕差違はなくても〔空性の〕部類は容易に了解されるから、部類の論証という点からも〔空性が〕知られなければならない。

（a）空性の相

本論（本書四三頁一七行、長尾二二頁二一行、北京五上三、玄奘・真諦一四頁）

どのように〔空性の〕相は理解されなければならないか。

二の存在しないことと、存在しないことの存在することとが、空〔性〕の相である。（13ab）

所取と能取との二の存在しないことと、その存在しないことの存在することとが、空性の相であると〔説く頌によって〕、空性が、存在しないことを自性とするという相を有するものであること、が明らかにされている。そしてその存在しないことを自性とするもの、それは、

存在するのではなく、存在しないのでもない。（13c）

どのように存在するのではないのか〔と云えば〕、二の存在しないことによってである。どのように存在しないのでもないのか〔と云えば〕、二の存在しないことが存在するからである。そしてそれが空性の相である。それゆえ虚妄分別と、

別であるとか同一であるとかの相ではない。(13d)

別であるときには、法が法性と異なることになるから正しくない。〔法が〕無常性や苦性の〔ような法性と異なることとなる〕ように〔正しくない〕。同一であるときには清浄〔を求める際の〕所縁を有する智と共相とがなくなるであろう。こ〔の頌〕によって〔空性の〕同一性と別異性とを離れた相が明らかにされている。

安慧疏(本書四四頁四行、山口四六頁一六行、北京四六下五)

どのように〔空性の〕相は理解されなければならないかというのは、なぜなら、相が〔第一二頌の〕先頭に標挙されているので、それゆえまさしくそれが最初に問われたのである。

二の存在しないことと、存在しないことの存在することとが、空〔性〕の相である。(13ab)

と理解しなければならない。所取と能取との二は、虚妄分別において、あるいは、虚妄分別によって、

その実体が構想（遍計執）されたものであるから、物自体（vastu）という在り方としては存在しないことと、その存在しないことの存在することと、それが、空性の相である。頌〔の韻律〕に合わせて、ここ（本頌）で〔śūnyasya と言うのは、śūnyatā という〕抽象名詞の接尾辞[96]〔-tā〕を省略して述べたものと見るべきである。存在しないことの存在することというが、それはどういうことか。存在しないことの実体は現に存在する〔という意味である〕。そうでなければそれ（所取・能取の二の存在しないこと）が存在することとして現に存在しなくなるから、〔所取・能取の〕二の存在することがただただ存在することになってしまうであろう[97]。ゆえに、空性が、存在することを本質とするという相を有するものではなく、存在しないことを自性とするという相を有するものであること、が明らかにされたことになる。

【反論】〔「存在しないことが存在すること」という頌の中の〕「存在しないこと」という語は、存在することを否定する語であるから、「存在すること」という語はなくても、その意味は理解されるから、この場合「存在すること」という語は余計である。【答】余計ではない。二の存在しないことが空性の相であると、それだけが〔頌に〕説かれておれば、兎の角が存在しないことのように、二の存在しないことの〔他と関係なく成立する〕自立性（svātantryam）だけは理解されるが、苦性と同様に法性を本性とするものであること（dharmatā-rūpatā）が〔理解され〕ない[98]。それゆえ「二の存在しないことが空性である。そしてその存在しないことが虚妄分別において存在することが空性である」とそのように言われる。存在しないことが、存在することの相に包摂されることによって、法性を本性とするものであることが示されるのである。

あるいは「二の存在しないことが空性である」という場合、「存在しないこと」という語は一般性を語るものであるから、その場合の「存在しないこと」がどういうことを意味するかが理解できない。ゆえに畢竟存在しないことを示すために「二の存在しないことが虚妄分別において存在することである」と言う。〔消滅〕以前に存在しないことと、消滅して存在しないこととは、〔どちらも〕それ自体を取得すること（upādāna）なしには語ることができない。〔それらが〕相互に存在しないことが所依が一つであることもあり得ない。両者は〔相互に〕依拠するからである。それゆえ、存在することは存在しないことを相とするものを取得することであるから、所取と能取とが畢竟存在しないことが空性に外ならないという、そのことが教示されたことになる。

【問】もし空性が存在しないことを本質とするものであれば、どうして勝義（最高の真実）と言われるのか。【答】無常と同様、最高の智慧の対象だからであって、事象（vastu）だからではない。またそれ（勝義）は存在しないことを自性とするものはではない。なぜなら、その〔所取・能取の〕存在しないことを自性とするもの、それは、

存在するのではなく、存在しないのでもない。（13 c）

からである。どのように存在するのではないのか〔と云えば〕、二の存在しないことによってである。というのは、〔空性が二の〕存在することである場合には、二の究極的に存在しないことがないこととなり、〔空性が〕虚妄分別の法性でなくなるであろう。どのように存在しないのでもないのか〔と云えば〕、二の存在しないことが存在するからである。というのは、二の存在しないことは、二の存在しな

いことを自体とするもの（空性）として存在しないのではないからである。もしそれ（二の存在しないこと）が存在しないならば、二はただ存在するということのみとなるであろう。また、無常性や苦性のような虚妄分別の法性はないことになるであろう。有情が顚倒によって増益したものは、常住にして楽なる存在としては存在しないことを本性とするから「存在するのではなく、存在しないのでもない」と言われる。

もし空性が虚妄分別の法性であれば、それ（空性）はそれ（虚妄分別）と別であると言うべきか、それとも別でない〔と言うべき〕かといえば、それゆえ、そしてそれが空性の相であると言う。すなわち、存在しないことを本性とする〔相〕だ〔と言うのである〕。

あるいは、存在することは、存在しないことの否定そのものに外ならない。それゆえ、虚妄分別と

別であるとか同一であるとかの相ではない。（13ｄ）

別であるときには、法が法性と異なることになるから正しくない。それで何が不都合なのか。〔法性が〕法と乖離した相のものとなるから、法性が、それと別である法と同じように、〔それとは〕別の法となってしまう。Ａなる法の法性はＢなる法ではあり得ない。〔もしＡなる法の法性がＢなる法であれば〕その場合にはさらに別の法が求められるから、無限遡及の過失に陥る。〔法が〕無常性や苦性の〔ような法性と異なることとなる〕ように〔正しくない〕とは、無常性が無常〔なる法〕と異ならず、苦性が苦〔なる法〕と異ならないように、同様に、空性も空〔なる法〕と異ならない、というのである。

同一であるときには清浄のための所縁を有する智と共相とがなくなるであろうという。それによって清浄にされるから道が清浄である。〔法と法性とが同一であれば、法性は〕法の自相と異ならないから、法の自相と同様〔雑染のもの〕となり、〔法性である〕道のための所縁がないこととなる。そしてそうであれば〔法性は法の〕自相と異ならないから、共相があり得ないこととなる。また、それ（共相）に、法の自体と同様に相互に区別があることになるから、共通性が失われる。あるいは自相が、それ（共相）と異ならないことになるから、存在の自性の区別がないことになる。そうすれば共相も存在しないことになる。共相は〔自相である存在の自性の〕区別に相対するものだからである。あるいは清浄にせられるための所縁が清浄所縁である。存在の自相は所縁とされているときに清浄になることをもたらすことはない。すべての有情が清浄になってしまうという過ちに陥るからである。

【問】もし〔空性が〕別であるとも別でないとも語られないのであれば、どうして〔懐疑論者（syād-vāda）である〕ジャイナ教徒を支持したことにならないのか。

【答】なぜなら、存在であるときには、同一か別異かを区別しない者はジャイナ教徒を支持したことになる。しかし空性は存在ではないから、そういう過失はない。以上のごとく、この空性は、無を相とし、存在しないことを自体とすることを相とし、不二を相とする。同一性と別異性とを離れた相が明らかにされているのである。空性の相を述べおわった。

（b）　空性の同義語

本論（本書四六頁六行、長尾二三頁一二行、北京五上八、玄奘・真諦一五頁）

どのように同義語は理解されなければならないか。

空性の同義語は要約すれば、真如と、実際と、無相と、勝義と、法界とである。(14)

安慧疏（本書四六頁一一行、山口四九頁一五行、北京四八下一）

次に同義語が、

空性の同義語は要約すれば、真如と、実際と、無相と、勝義と、法界とである。(14)

と語られる。同義語というのは同一の意味に種々の語があることを知らしめるものである。言い換えて意味を表現するから同義語と言われる。経では〔頌に挙げた〕これらの表現によって「空性」をこそ説くのである。この五種の同義語は、頌に説かれたごときは主たるものであって、他の同義語も〔あるが〕ここには述べない。教説から理解すべきである。例えば、不二、無分別界、法性、不可言説性、不滅、無為、涅槃等である。

（c）　空性の同義語の意味

本論（本書四六頁一一行、長尾一二三頁一六行、北京五下一、玄奘・真諦一六頁）

どのように同義語の意味は理解されなければならないか。

　不変化と、不顚倒と、その消滅と、聖智の領域ということによって、及び、聖法《しょうぼう》の因であることによって、同義語の意味は順次〔理解されなければならない〕。(15)

常にそのままであるという理由によって、不変化の意味で真如である。顚倒の依事とはならないことによって、不顚倒という意味で実際である。すべての因相がないことによって、因相が消滅しているという意味で無因相である。究極的な智の対象であるから、聖智の領域であることによって、勝義である。聖法がそれを所縁として生起するから、聖法の因であることによって、法界である。この場合、界の意味は因という意味である。

安慧疏（本書四七頁五行、山口五〇頁三行、北京四八下四）

どのように同義語の意味は理解されなければならないかといえば、次〔の頌〕を示す。それらの語は譬喩的なものでない。それではどうかと云えば、真実の意味と一致するものである。

　不変化と、不顚倒と、その消滅と、聖智の領域ということによって、及び、聖法の因であること

によって、同義語の意味は順次〔理解されなければならない〕(15)

という。不変化の意味で真如であるという。無変化の意味でという意味である。そのまったく同じことを表すために、常にそのままであるという理由によって、と言う。常にいつでも無為であるから変化しないという意味である。不顚倒という意味で実際である〔という〕。〔実際の〕「実」とは、真実、不顚倒、という意味である。「際」とは究極であり、それを超えて知るべきこと（所知）は他には存在しないから、それゆえ実際（bhūta-koṭi）は真実の究極（bhūta-paryanta）と言われる。どうして真如が所知の究極（jñeya-paryanta）と言われるのかと云えば、所知障を浄化する智の行境だからである。不顚倒という意味でとは、増益もせず損減もしないという意味で、である。それにたいする理由を、顚倒の依事とはならないことによって、と言う。顚倒とは分別である。分別の所縁ではないから顚倒の依事ではない。因相が消滅しているという意味で無因相である。この場合、因相の存在しないことが「因相が消滅している」と言われる。そのまったく同じことを表すために、すべての因相がないことによって、と言う。空性は一切の有為無為の因相が空であるから、「因相がない」と言われる。すべての因相がないことによって因相がない。因相がないことがすなわち無因相である。聖智の領域であることによって、勝義であるという。出世間智は勝れている。そ〔の智〕の対象（義）が勝義である。そのまったく同じことを表すために、究極的な智の対象であるから、と言う。聖法の因であることによって、法界である。〔法界という語の〕「法」の語は、正見を初めとし正解脱智（samyag-vimukti-jñāna）を終わりとする諸々の聖法〔を指し〕、その因であるから「界」という。そのまったく同じことを明示するために、聖法がそれを所縁として生起するからと言う。自相と所造色とを保持するものという場合にも[99]この「界」という語は用いられるから、この場合、界の意味は因という意味である、と言う。例えば、金界とか銅界とか銀界というように。[100]他の経には別の同義語が説かれているが、このように適正に〔空性の同義語〕本来の意味によってこそ解説されなければならない。

（d1）空性の部類

本論（本書四八頁三行、長尾二四頁三行、北京五下四、玄奘・真諦一六頁）

どのように空性の部類は理解されなければならないか。

雑染にされたと、清浄にされたと、（16a）

というのがそれ（空性）の部類である。どういう場合に雑染にされ、どういう〔場合〕に清浄にされるのか。

それが垢を伴うのと、垢を伴わない〔場合〕とである。（16b）

垢を伴って存在するときには雑染にされ、垢を断じて〔存在する〕ときには清浄である。【問】もし垢を伴って存在した後に、垢を伴わなくなるのであれば、変化する性質があるものだから、どうして無

常ではないのか。【答】なぜなら、

水界や金や虚空の清浄さと同様に清浄であると考えられる。（16cd）

からである。偶来の垢が除去されることによって〔清浄となるの〕であって、その自性が変化するのではない。

安慧疏（本書四八頁一四行、山口五一頁六行、北京四九下一）

空性は所取・能取の存在しないことを本質とするから、区別〔があると〕は考えられないので尋ねる。あるいは、同義語の意味の直後に区別が理解されなければならないと〔第一二頌に考察の順序が〕説かれた。それゆえ、その説明の直後にどのように空性の部類は理解されなければならないかと尋ねるのである。というのは、虚妄分別は雑染である。それが断ぜられるとき清浄と言われる。しかし、雑染と清浄とのときに、空性以外に、雑染にされたりあるいは清浄にされたりする、別のものが存在するわけではない。それゆえ雑染と清浄とのときに、空性こそが雑染にされたり清浄にされるということを示そうとして、

雑染にされたと、清浄にされたと、（16a）

というのがそれ〔空性〕の部類であると言う。いつ雑染にされ、いつ垢を伴わなくなるのかが理解できないので、どういう場合に雑染にされ、どういう〔場合〕に清浄にされるのか、と尋ねる。

それが垢を伴うのと、垢を伴わない〔場合〕とである。（16b）

云々と〔答える〕。

所依が未だ転じていないと転じているとに依って、垢を伴って〔存在する空性〕と垢を断じて〔存在する空性〕とが立てられる。愚かな人々の、所取・能取にたいする執着と貪等の煩悩とによって汚染された相続には、無理解と誤解との過失のゆえに、空性は顕現しない。そういう人々に対しては「垢を伴って〔存在する空性〕」が立てられる。聖者たちの不顚倒なる心には、真実智のゆえに、間断なく、虚空のごとく塵がつかずに、空性は顕現する。そういう人々に対しては「垢を断じて〔存在する空性〕」と言われる。このように空性は雑染と清浄とに相対的であると見なければならない。本来明浄なものであるから、汚染された本質をもつものとして〔見るべき〕ではない。

【問】もし垢を伴って存在した後に云々という。なぜなら、変化がなければ状態の区別は認められないからであり、変化は生滅に結び付いているからである。それゆえに、変化する性質があるものだから、どうして無常ではないのか、と言う。【答】なぜなら、空性には、清浄の状態において、雑染の状態と〔状態の変化以外に〕別な変化はないからである。偶来の垢が除去されることによって、真実に止まる状態である〔空性〕が他の自性になることはない。なぜなら、

水界や金や虚空の清浄さと同様に清浄であると考えられる。（16ｃｄ）

からである。それゆえ〔空性は〕無常ではない。あたかも、水界や金や虚空が、それ（垢）を自性としないことのゆえに、また、垢を自性とするものでなくても、偶来の垢によって垢のあるものとなっているものが、偶来の垢が除去されるときに清浄であるように、別の自性となることなく清浄であるのとまったく同じである。それと同様に、空性も、自体が変化することはなくても、偶来の垢によって汚染され、それと離れることによって清浄になる。というのは、もし誰かが、まったく同じ物が、先には雑染の相を有し、後には清浄の自性を有する、と主張するなら、その人には、変化を本質とするものが消滅することは生じない。自性が変化するからである。しかしその両者が偶来的である場合には〔そうでは〕ない。それゆえそれ（空性）は変化の法性と抵触しない。

（ｄ２）　十六種の空性

本論（本書四九頁二一行、長尾二四頁一四行、北京五下八、玄奘・真諦一七頁）

さらに次のような十六種類の空性という部類がある。①内の空性、②外の空性、③内と外との空性、④大の空性、⑤空性の空性、⑥勝義の空性、⑦有為の空性、⑧無為の空性、⑨究極の空性、⑩無始無終の空性、⑪無失の空性、⑫本性の空性、⑬相の空性、⑭一切法の空性、⑮無の空性、⑯及び無の自性である空性である。そしてそれは要約すれば次のように理解しなければならない。

享受者と享受の対象とそれらの依身と依所との事物との空性がある。そしてそれが、何らかのものによって、何らかの仕方で、何かを目的として〔空であると〕見られるとき、それの空性がある。(17)

その中で、享受者の空性は内〔の六〕処に関する〔空性である〕。享受の対象の空性は外〔の六処に関する空性〕である。それらの依身とは、それら享受者と享受の対象との所依である身体である。それの空性が内と外との空性と言われる。依所なる事物とは器世間である。それの空性は広大さのゆえに大の空性と言われる。そしてそれは〔すなわち〕内処などは、何らかのものによって、〔すなわち〕空性の智によって空と見られる。それ〔空性の智〕の空性が空性の空性である。そして〔内処などが〕何らかの仕方で、〔すなわち〕勝義という行相をもって見られるような、そういう〔行相〕の空性が勝義の空性である。また、菩薩が何かを目的として行ずるとき、それの空性がある。

何を目的として行ずるのか。

二種の清浄を獲得することを目的として、である。(18a)

善なる有為と無為との〔獲得を目的として、である〕。

また常に有情を利益せんがために、である。(18b)

究極的に有情を利益することを目的として、である。

また輪廻を捨てないことを目的として、である。（18c）

なぜなら、始めなく終わりのない輪廻の空性を見ないならば、疲れ果てて輪廻を放棄するであろうから。

また善が尽きないように、である。（18d）

無余依涅槃においても〔善を〕消散させず投げ捨てない、その〔の善〕の空性である。

また種姓の浄化を目的として、である。（19a）

種姓とは、本質的なものであるから、本性である。

相好を獲得するために、である。（19b）

偉大なる人の〔三十二〕相、及び〔八十〕随形好を獲得するために、である。

仏法の浄化のために菩薩は行ずる。(19cd)

〔十〕力や〔四〕無畏や〔十八〕不共〔法〕等〔の仏法の浄化のために〕、である。まずは以上のような十四の空性が立てられることが知られるべきである。それではここにおける空性とは何か。

人と法との存在しないことがこの場合の空性である。その存在しないことの実在すること、それがそこにおける別の空性である。(20)

人と法との存在しないことが空性である。そしてその存在しないことが実在すること、それが前述のその享受者などにおけるもう一つの空性である。空性の相を説明するために最後に、⑮存在しないことという空性と⑯存在しないことの自性としての空性との二種の空性を立てるのである。順次、人と法との増益と、その空性の損減とを排除するためである。空性の部類は以上のように理解しなければならない。

安慧疏(本書五一頁七行、山口五二頁一八行、北京五〇上八)

部類の説明の節においてはすべての空性の部類が説かれなければならない。それゆえさらに次のような~部類がと言う。十六種類の空性というのは、物事の区別によって十六種類となる。しかし〔所取・能取の〕二が存在しないという本質においては区別はない。その十六種類の空性は『般若波羅蜜多

〔経〕』に内の空性、乃至、無の自性である空性と誦せられる。そしてそれは要約すれば次のように、

享受者と享受の対象とその依身と依所との事物の空性がある。(17ab)

等々と理解しなければならない。空性は共相である。一切法は〔所取・能取の〕二のないことを自体とするからである。別の仕方ではそ〔の空性〕の種々性を示すことができないので、それゆえ〔この頌は〕事物の種々性によってそ〔の空性〕の種々性を示すのである。

まず初めに享受者を観察すべきである。それに対する貪愛と執着とを捨てるためである。なぜならそれに対する貪愛と執着とは、正覚（buddhatva）と解脱とを獲得する障碍となるからである。その直後にその享受の対象を〔観察すべきである〕。その直後にその両者の所依である依身を〔観察すべきである〕。その直後にそれの所依である依身の依止である器世間を観察すべきである。〔器世間は〕享受者を援助するものであるから、〔享受者がそれを〕我所として貪愛し執着することを退けるためである。事物とはこの四種である。それの空性が事物の空性と言われる。

その中で、享受者の空性は内〔の六〕処に関する〔空性である〕という。それら〔内処〕は、眼〔根〕を初めとし、意〔根〕に至るまで〔の六内処〕である。それら以外には享受者はないから。眼などは対象を享受するために生起すると見られるので、世間は眼などを享受者であると誤って妄執する。それゆえ眼などの①〔内〕処の空性が享受者の空性と言われる。

享受の対象の空性は外〔の六処に関する空性〕であるという。色を初めとし、法に至るまで〔の六外

処〕である。それらは境なるものとして享受されるから享受の対象である。それゆえ②外処の空性が享受の対象の空性と言われる。

それら享受者と享受の対象は身体において相互に不離の関係にあるから、それらの依身は身体である。それの空性が③内と外との空性と言われる。

依所なる事物とは器世間である。〔器世間は〕あらゆる場所が有情の依所なる事物として知られるからである。それの空性は広大さのゆえに④大の空性と言われる。事物という語は〔頌の享受者等の語の〕一つ一つと結び合わされる。

このようにその瑜伽行者なる菩薩が、四種の所知の事物の空性を、有尋《うじん》の〔粗大な心のはたらきをもった〕如理作意《にょりさい》によって作意するとき、別に次のような相を捉えることが生ずる。何らかのものによって、〔すなわち〕空性の智によって、その内や外の処などは、空と見られる。そこに所取・能取への執着を有する〔分別が生じ〕、その空性の智によって見られた通りのそのままが勝義の行相をもつものであるとする分別が〔生ずる〕。瑜伽行地における錯乱の因であるその二種の分別を観察するために、順次、空性の空性と勝義の空性とが〔説かれる〕。〔ここには空性の〕智と行相とが省略されて説かれているのである。あるいは空性を対象とするからその智は空性と言われる。それ〔空性の智〕の所取・能取の存在に関する空性が⑤空性の空性である。そして内処等がその空性の智によって、何らかの仕方で、それがここにおける勝義であるというように見られるような、そういう行相に関する空性が⑥勝義の空性である。なぜか。なぜなら、勝義とは、遍計所執性に関して空である、ということだからである。

他にも次のような相を捉えることが〔生じ〕、空性の修習の障害となる。〔すなわち〕菩薩が何かを目的として空性を行ずるとき、それが存在すること〔有〕を自体とするものと増益される。それを観察するために、有為の空性を初めとし一切法の空性を終わりとする諸々の空性が説かれる。

何を目的として〔空性を〕行ずるのか。

二種の清浄を獲得することを目的として、である。（18ａ）

乃至、諸々の仏法の浄化のために空性を行ずる。空性を修習するという意味である。善なる有為と無為との〔獲得、つまり〕道と涅槃〔を獲得することを目的として行ずる〕。それらに順次、⑦有為の空性と⑧無為の空性とが関係づけられる。

また常に有情を利益せんがために、である。（18ｂ）

という。「あらゆる仕方で、あらゆる時に、わたしは有情の利益を為さねばならぬ」と〔思う〕、その〔思い〕の空性が⑨究極の空性である。

また輪廻を捨てないことを目的として、である。（18ｃ）

という。「有情のためにわたしは輪廻を放棄すべきでない」〔と思う〕。なぜなら、輪廻を放棄するとき、菩薩の菩提を得ないで声聞の菩提に安住することになるからである。そ〔の思い〕の空性が⑩無始無終の〔輪廻に関する〕空性である。しかし何のためにそれの空性が説かれるのかと云えば、それゆえ、始めなく終わりのない輪廻の空性を見ないならば、疲れ果てて輪廻を放棄するであろうからと言う。

また善が尽きないように、である。(18d)

という。「わたしは無余依涅槃においても善根を尽きさせない」というのである。消散させずとはこれ(善根)を投げ捨てないと言うのである。もしそうであればどのようにして無余依涅槃は成就するのか。有漏法の異熟身はなくなるが、他方、過去の諸仏世尊の無漏の存在の法身が、無余依涅槃においても断絶しないことによって、というのが定説である。それゆえそ〔の善根〕の空性が⑪無失の空性と言われる。

また種姓の浄化を目的として、である。(19a)

それ(種姓)の空性が⑫本性の空性である。それにたいする理由を種姓とは本性であると言う。それはなぜか〔と云えば〕、それゆえ本質的なものであるからと言う。本質的なものとは無始時来のものということである。偶発的でないものという意味である。無始の輪廻において、あるものは有心でありあるものは無心であるように、この場合も、ある六処は仏種姓であり、ある〔六処〕は声聞種姓である。

種姓は、〔有〕心と無心の区別と同様、始まりなしに順次に連続して到来したものであるから、偶然生起したものではない。他の人々は、すべての有情は如来種姓の者であるから、ここで種姓というのはそのように〔如来種姓と〕理解すべきであると言う。

　　相好を獲得するために、である。（19ｂ）

という。それゆえ、偉大なる人の〔三十二〕相、及び〔八十〕随形好の空性が⑬相の空性と言われる。

さらに、

　　仏法の浄化のために菩薩は行ずる。（19ｃｄ）

〔この頌の〕最後に「行ずる」と説かれるから、「二種の清浄を獲得することを目的として菩薩は行ずる（18ａ）」、「常に有情を利益せんがために菩薩は行ずる（18ｂ）」というようにすべての場合に〔「行ずる」の語を〕結びつけなければならない。どういう仏法かと〔云えば〕、それゆえ〔十〕力や〔四〕無畏や〔十八〕不共〔法〕等の〔仏法〕である。要するに「すべての仏法の獲得のためにわたしは努めなければならない」と〔考え〕て行ずる。それゆえ〔その行は〕観察《かんざつ》と言われる。それの空性が⑭一切法の空性と言われる。ここでの観察とはどういうものかと〔云えば〕、所知の〔事柄〕に対して智が妨げられずに生起することである。まずは以上のような十四の「内の空性」を初めとし、「一切法の空性」

を終わりとするものが立てられることが知られるべきである。

それではここの享受者等における空性とは何か、何が〔享受者等の〕本来の在りよう（svarūpam）であるかと〔云えば〕、それゆえ、

> 人と法との存在しないことがこの場合の空性である。その存在しないことの実在すること、それがそこにおけるもう一つの空性である。[20]

と言う。その前記の享受者などにおいて人と法との存在しないことが空性である。その存在しないことが実在することも空性である。その中、人と法との存在しないことが、存在しないことという空性である。その存在しないことの実在することが、存在しないことの自性としての空性[101]である。

それでは何のためにこれら（享受者等）について二種の空性が最後に立てられるのか〔と云えば〕、それゆえ、空性の相を説明するためにと言う。それでは何のために空性〔の相〕を説明するのか〔と云えば〕、それゆえ、順次、人と法との増益と、その空性の損減とを排除するためであると言う。人と法との増益を阻止するために存在しないことという空性を立てる。その空性の損減を阻止するために存在しないことの自性としての空性を〔立てる〕。もし存在しないことという空性が説かれないならば、遍計所執性である法と人とがただただ存在するということ（実有）になる。もし存在しないことの自性としての空性が説かれないならば、空性はただただ存在しないということ（虚無）になるであろう。そしてそれが存在しなければ、人と法とは、先と同様、ただただ存在するということ（実有）になる。

その場合、愚者たちが享受者と考える、異熟識を自性とする内処において、享受者である人と遍計所執の相のある眼等とが存在しないことと、その存在しないことが実在することとが、内処の空性である。愚者たちが享受の対象と考える、色等の表象である顕現を自性とする外処において、享受の対象である我所と遍計所執の相のある色等とが存在しないことと、その存在しないことが実在することとが、外処の空性である。それらの依身である身体において、享受者である人と愚者に遍計執された色等との依身が存在しないことと、その存在しないことが実在することとが、内・外処の空性である。器世間において〔その存在すると遍計執された〕有情世間の存在しないことと、そ〔の器世間の〕遍計執された自性の存在しないことと、その存在しないことが実在することとが大の空性である。空性の智と勝義の行相とにおいて、知者に遍計執される相の空性の智〔の存在しないこと〕と、行相を把握する人に勝義の行相の存在しないこと、及びその存在しないことが実在することが、順次、空性の空性と、勝義の空性である。次に、菩薩がそれを目的として行ずる所の、それら有為を初めとし仏の一切法に至るまでの菩薩の所行において、人と遍計執された相を有する諸法とが存在しないことと、その存在しないことが実在することとが、順次、有為の空性と、一切法の空性とである。なぜなら、有為には支配者である人も、あるいは使用者である〔人〕もなく、有為も愚者によって遍計執された自体としてはないからである。要約すれば、一切の分別への執着の対治のために、そしてまた一切の経の意趣を顕示するために、声聞とは共通しない菩薩のこれら十六種の空性は説かれたのである。

そしてここには、世尊によって、空性の境と、空性の自性と、空性の修習の目的とが示されているのである。その中、空性の境は享受者を初めとする対象、乃至、仏法に至るものである。またそれを説くのは空性が一切法に遍満していることを知らせるためである。空性の自性は、存在しないことという自性と、存在しないことが存在することという自性とである。また空性の自性を説くのは、増益と損減の対治としてすべての見から出離する当体であることを知らせるためである。空性の修習の目的は、「二種の清浄の獲得を目的とする（18a）」ことを初めとし、「仏法の獲得のために[102]」に至るまでである。またそれを説くのは、自他の色と法との身体の卓越した完成が空性の修習によって得られるということを知らせるためである。空性の部類は以上のように理解しなければならないという。垢を伴う状態においては雑染であり、垢を伴わない状態においては清浄であるという〔ような種類があり〕、及び、内の空性等の直前に述べた十六種の種類があるというように理解すべきである。

（e）空性の論証

本論（本書五五頁二三行、長尾二六頁一七行、北京六下八、玄奘・真諦二一頁）

どのように論証は理解されなければならないか。

もしそれが汚染されないならば、すべての衆生は解脱しているであろう。もしそれが浄化されないならば、努力が実りのないこととなろう。(21)

対治が生じていないときにも、もし諸法の空性が偶来の随煩悩によって汚染されないならば、汚染されることがないから、努力することなくすべての有情は解脱するであろう。あるいは対治が生じても浄

化されないならば、解脱のために努力することが実りのないことになるであろう。そしてそう考えるなら、

それは汚染されたものでなく、汚染されていないものでもなく、清浄なものでもなく、不浄なものでもない。（22ab）

どのようにして汚染されたものでもなく不浄なものでもないのか〔と云えば〕、本性として、

心は明浄なものだからである。（22c）

どのようにして汚染されていないものでもなく清浄なものでもないのか。

煩悩は偶来的なものだからである。（22d）

以上のようにして先に列挙された空性の部類が論証されたこととなる。

安慧疏（本書五六頁二行、山口五九頁一〇行、北京五四上三）

〔空性の〕部類の列挙（標挙、uddeśa）の直後にその論証が列挙されている。それゆえそ〔の部類〕を

説明（nirdeśa）した直後に、どのように論証は理解されなければならないかという問いがなされる。ここでは何が論証されるのか〔と云えば〕、偶来の煩悩によって汚染されることと、自性清浄なることとである。その中で汚染されることの論証に関して、

もしそれが汚染されないならば、すべての衆生は解脱しているであろう。（21ab）

と言う。解脱は雑染を断ずることである。そしてその雑染を断ずることは道の修習による。それについて、対治が生じていないときにも、もし諸法の空性が偶来の随煩悩によって〔という場合、「対治が生じていないときにも」の〕「も」の語によって、生じているときと同様に汚染されないならば〔ということを意図する〕。そうであれば、汚染されることがないから、努力することなくすべての有情は解脱するであろう。「努力することなく」とは、まったく対治なくして、である。しかし対治なくしては衆生に解脱はないから、凡夫の分位においては、真如に偶来の垢による汚染のあることを必ず認めなければならない。以上で空性の汚染された部類〔の存在〕が論証されたことになる。

次に清浄の部類を論証しようとして、

もしそれが浄化されないならば、努力が実りのないこととなろう。（21cd）

と言う。衆生の〔努力が実りのないこととなろう〕と続くのである。あるいは対治が生じても〔という

場合、「対治が生じても」の〕「も」の語によって、生じていないときと同様に浄化されないならば〔ということを意図する〕。そうであれば、解脱のために努力することが実りのないことになるであろう。対治を修習しても、その垢を離れることにはならないからであり、そして、垢を有する者が解脱することは道理でないからである。しかし解脱のために努力することが実りのないこととは認められない。それゆえ対治の修習によって偶来の随煩悩を離れることにより空性が浄化されることが認められなければならない。以上で空性の清浄の部類〔の存在〕が論証されたことになる。

この場合、〔衆生が〕雑染法を捉えることによって雑染となり、清浄法を捉えることによって清浄となるのであり、空性に直接、雑染や清浄〔の存在すること〕が認められるわけではない。法性は法に依存するからである。それゆえにこそ、

すべての衆生は解脱しているであろう。（21b）

と言う。この場合、衆生とはそれら（雑染と清浄）を摂受（upādānam）〔する者〕こそが説かれている。そうでなくしてもし空性が直ちに雑染あるいは清浄であるならば、それでは、衆生とどのように関係して、それによって空性が清浄であるから衆生が清浄であるとか、あるいは空性が雑染であるから〔衆生が〕雑染であると言われるのか。

また、凡夫の分位においては空性が汚染されて、聖者の分位においては清浄となるのであり、そのようにして次のことも成り立つこととなる。

それは汚染されたものでなく、汚染されていないものでもなく、清浄なものでもなく、不浄なものでもない。〔22ab〕

どうして汚染されたものでもなく不浄なものでもないのか〔と云えば〕、二種の否定によって本題〔空性が清浄であること〕が理解されるから、ただただ清浄〔だからである〕[103]。それに対して本性として、

心は明浄なものだからである。〔22c〕

という聖教を述べる。この場合「心」という語によって心の法性こそが語られている。心そのものは垢を相とするものだからである。

どうして汚染されていないものでもなく清浄なものでもないのか〔という〕そ〔の問い〕は何〔を意味するの〕か〔と云えば〕、〔「汚染されていないものでなく」「清浄なものでない」と〕二度否定することによって「汚染されている」ということこそを示すのである。そしてそれ〔空性〕は偶来の煩悩によって汚染されているのであって、本性として〔汚染されているの〕ではないということを表している。

また、このことに関しても、それ〔空性〕は偶来の随煩悩によって汚染される、という聖教がある。

【問】雑染と清浄とによって〔空性の〕二種の区別が説かれているのに、何のためにさらに〔第二二頌abに〕四種の区別が説かれるのか。【ある人々】ある人々は、〔空性が〕世間〔道〕と出世間道とは異なることを示すためである、と〔言う〕。というのは、世間道は、自地の垢によって汚染されている

が、その対治であるがゆえに下〔地の垢〕によっては〔汚染されてはい〕ない。出世間道は下・中品であれば不浄であるが、無漏であれば清浄である。しかし空性はそうではないからである。【他の人々】他の人々は、「汚染されたものでなく」と述べた上でさらに「不浄なものでない」と言うのは眼等と区別するためである、と〔言う〕。なぜなら、眼等は無覆無記なので汚染されたものではない。また、それらは有漏であるから本性清浄でないので清浄でもない。それ（空性・法性）は〔眼等と〕同様に汚染されたものでもないと言って清浄でないというのは、有漏善と区別するために言うのである。というのは、有漏善は輪廻に所属するから不汚染ではない。また好ましい異熟を有するものだから清浄である。法性はそうではない。なぜならそれ（法性）は染汚の分位においては染汚であり不浄だからである。以上のようにして雑染と清浄とによる先に列挙されたこの空性の部類〔の存在〕が論証されたこととなる。

（f）空性の要義

本論（本書五八頁四行、長尾二七頁一一行、北京七上五、玄奘・真諦二二頁）

ここ（『中辺論』）においては、空性の要義は、相と確定という点から理解すべきである。その中で相という点からは、存在しない相と、存在する相とから〔理解すべきである〕。さらに存在する相は、存在する・存在しないを離れた相と、一・異を離れた相とから〔理解すべきである〕。他方、確定〔によって〕は、同義語などによる確定によって、理解すべきである。その場合、これら四種のものの説明によって、空性の自相と、業の相と、雑染・清浄の相と、道理の相とが、〔順次〕分別と恐れと怠惰と疑惑をしずめるために明らかにされているのである。

『中辺分別〔論〕』第一〔章〕「相の洞察」〔終わる〕。

安慧疏（本書五八頁一五行、山口六一頁二一行、北京五五下三）

空性の要義は、相と確定とによって理解すべきである。その中で相によっては、存在しない相と、存在する相とによって〔理解すべきである〕という場合、「二の存在しないこと（13a）」と説かれているから、〔空性の要義を〕存在しない相によって〔理解すべきであり〕、「存在しないことが存在すること（13ab）」と説かれているから、存在する相によって〔理解すべきである〕。さらに存在する相は「存在することではなく、存在しないことでもない（13c）」と説かれているから、存在する・存在しないを離れた相と、一・異を離れた相とによって〔理解すべきである〕。そしてそれが空性の相である。「それゆえ虚妄分別と〝別であるとか同一であるとかの相はない（13d）〟」と説かれているからである。以上が相による〔空性の〕要義である。

確定によってはどのように要義を理解すべきかというそのことに関して、他方、確定〔によって〕は、同義語などによる確定によって、理解すべきである〔と言う〕。〔同義語など、とは〕同義語とその意味とその部類とその論証と、という意味である。これら四種のものの相の説明によって、四種の随煩悩の対治として、〔空性の〕自相と、業の相と、雑染・清浄の相と、道理の相とが明らかにされているのである。その場合、分別の対治として自相がある。それ（分別）は存在することと存在しないことと〔その〕両者と一・異とを把握することを本性とする。空性の相を聞いたとき勝解しない者には恐れが生じる。その対治として業の相がある。〔すなわち〕錯乱のないことと真如のための業と、不顛倒のための業と、すべての相を断ずるための業と、すべての出世間智の境に住するための業と、獲得すべき聖法の因となるための業とである。このように空性の本質と業とを聞くのみで満足し怠け心をいだく者たちの、怠け心を除くために部類の相がある。それ〔空性〕がどのようにして雑染やあるいは清浄となるかと疑う者の疑いを除くために道理の相がある。

『中辺分別〔論〕』第一〔章〕「相の洞察」の釈疏〔終わる〕。

［訳注］

（1）チベット訳には翻訳者による帰敬の語「聖者文殊師利法王子に帰命す」が冒頭に置かれている。（Cf. Ma, n. 10)

（2）ここでは『中辺分別論』という論が経と呼ばれている。これはこの論が頌で簡潔に説かれていることによるものと思われる。龍樹の根本中論頌も MĀDHYAMAKASŪTRAS とされている。Cf. Louis de la Vallée Poussin ed., *Mūlamadhyamakakārikās* の内表紙参照。sūtra は本来、ヴェーダの最後の段階において、祭式や実践徳目の全課程を平易に説明する際に極端な簡潔さが要求された結果採用された文体であった。木村俊彦訳『マクドネル・サンスクリット文学史』（山喜房佛書林、一九七五年）二五頁参照。安慧は『倶舎論疏』真実義の中でも世親を経作者 sūtrakāra と呼び、『倶舎論』を sūtra と呼んでいる（A23b10. *idaṃ tāvad avaibhāṣikīyam* (*AKBh*, 9, 23) iti sūtrakārāḥ.）。しかしチベット訳者は『倶舎論』を sūtra と呼ぶことが理解できなかったのかこの語を訳していない（Cf. Pek, To, 71b2 ; Der, Tho, 59b5-6）。

（3）この『註』（vṛtti, 'grel pa）は世親の注釈（bhāṣya）を指すものと考えられる。

（4）『摂大乗論』（所知相分）では、「聖教」（āgama）を説明して、世尊が『十地〔経〕』に「この三界に属するものはただ心のみである」と説かれているごときである、と述べ、その聖教の一例として出された十地経を注釈して無性は次のように言う。

十地〔経〕というのは、その中に菩薩の十地が説かれている経である。それは十地の説明という形をとった〔経〕である。すなわち、名・句・文の集合として顕現する表象をとり集めたものであり、聖者金剛蔵のゆえに、聞き手の心の相続中に所有される法門である。それ（法門）を述べることによって〔唯識ということが〕信ずるに足るものであることを示すのである。

sa bcu pa zhes bya ba ni mdo gang las byang chub sems dpa'i sa bcu bstan pa de sa bcu rnam par bzhag pa'i rnam pa ste, ming dang, tshig, dang, yi ge'i thogs su snang ba'i rnam par rig pa 'dus pa 'phags pa rdo rje'i snying po'i dbang gis nyan pa po'i sems kyi rgyud la yod pa'i chos kyi rnam grangs te, de rjod pas yid ches par rung ba nyid du ston to. (Pek. No. 5552, Li, 270b5-7;Der, No. 4051, Ri, 221a3-4)

十地經者、於彼經中宣説菩薩十種義。此卽安立十地行相。名句文身識所變現聚集爲體。謂彼聖者金剛藏識所變影像爲增上緣、聞者身中識上影現似彼法門。如是展轉傳來于今説名爲敎。（大正三一、四〇〇中一—五）

ここに引用した無性の「聖教」に対する注記は、本論で安慧が「論」の本質とは何かを述べた記述と軌を一にする（片野道雄『インド仏教における唯識思想の研究』文栄堂、一九七五年、七三頁注二参照）。安慧の「名・句・文の集合として顕現する表象」という語は、右に引用した無性釈の中にほぼ同様の形で認められる。また、安慧疏の「出世間智を得させる何らかの言葉（śabda）として顕現する表象が論である」は無性釈の「聞き手の心の相続中に所有される法門である（nyan pa po'i sems kyi rgyud la yod pa'i chos kyi rnam grangs）」に対応する。さらに無性は『摂大乗論』（入所知相分）では「名」を注釈して「名として顕現する表象にたいして〝名〟と仮説すると説かれる」と言う。（Der, Ri, 245b7 -246a1, ming du snang ba'i rnam rig la ming zhes nye bar 'dogs par byed ces bshad pa lta bu'o. 大正三一、四一六上八、此中似名顯現識等假說爲名）。したがって聖教や論とは、本来、名・句・文の集合として顕現する表象であり、何らかの語として顕現する表象であり、しかもそれは聞き手の心の相続中に所有される法門である、と言うのである。それではそのような言葉として顕現する表象であり、聞き手の心の中にもたらされる教えは、いかにして生ずるのか、という疑問が生ずる。その疑問に対して安慧は「聞かれるべき表象は、作者と語り伝えた人とにおける表象から生ずる」と答える。無性の「聖者金剛蔵のゆえに」という語もそのことを述べたものと思われる。玄奘はその意味を明示するために「金剛蔵の識の所変なる影像を増上縁と為して、聞者の身中の識の上に影現する」と注釈的に訳したのであろう。つまり玄奘は『十地経』の語り手である金剛蔵菩薩の識（表象、vijñapti）によって現し出された影像を強力な縁として、教えは聞き手の耳識の上に現れる、と言うのである。

（5）Cf. Louis de la Vallée Poussin, ed., *Mūlamadhyamakakārikās*, 3, 3-4.

（6）三乗に関する『中辺論』の立場は、例えば第四章「対治の修習」において、三十七菩提分が声聞乗における修習の通りに説かれ、その後に大乗の菩薩道においてさらにそれを無分別智によって修習されることが説かれるとする安慧の注釈から理解することができる。あるいは第五章「最上の乗」の冒頭において、声聞等と菩薩とに共通のものとして対治の修習と段階と果の獲得とを説き、共通でないものとして最上の乗を説くとする注釈からも理解し得る。そのような唯識説の立場を山口博士は「声聞乗を大乗中に摂在せしめて、以て仏教の大系を組織せんとする使命におかれて」いたものと述べる。山口訳序論五五頁参照。

（7）七つの事項とは本論冒頭の「論の綱要」を述べる頌中に説かれる七つの事項（artha）を指すと考えられる。

（8）この頌は Obermiller, E, tr., *History of Buddhism (Chos-hbyung) by Bu-ston* I. Part The Jewelry of Scripture, Heidelberg, 1931 (Reprint, 1964), p. 42 によれば『釈軌論』（Der. No. 4061, Śi, 123a2-3）からの引用とされ、*Prasannapadā*（*MMK*, 5, 2-3）にも引用される。Cf. Jong Cheol LEE（李鍾徹）, *The Tibetan Text of the Vyākhyāyukti of Vasubandhu*, Tokyo, 2001, p. 277, 15-18.『山口益仏教学文集　下』（春秋社、一九七三年）五〇三

—五〇四頁参照。接頭辞によって五根の意味が変えられることについてはPāṇini, VIII, 4, 18に対するVasuの注釈2232、及び丹治昭義訳註『中論釈　明らかなことばⅠ』（関西大学出版部、一九八八年）一〇三頁、注三一を参照。

(9) 御前に拝してに関する注釈はY本ではもう少し後のp. 5. 4-5に出るが、Ma本のp. 122の脚注41にMs及びそれに基づくBh/Tにはここに出されていることが記されているのに従う。

(10) *MAVṬ*, 85, 5-6には *viçuddhatathatā vā bodhiḥ* とある。

(11) チベット訳では「しかるべき（yang rung ba dag）仏と菩薩に敬礼すべきである」となっている。

(12) 法無我を「内作の士夫を離れていること」とする異論は何を意味するのであろうか。この場合の法無我の法が、チベット訳では諸法（chos rnams）と複数形になっていることから推測すると、あるいは五蘊のそれぞれにもそれらすべてにも我の存在しないことと解する異論が意図されていると考えられる。山口博士は月称の『四百論釈疏』に出る「内作の士夫」を説明して〝ものの内部から動き出そうとするもの〟〝それ自体として動き出すもの〟としての「我」であるとし、ウパニシャッド哲学における内制者（antaryāmin）やヴァイシェーシカ哲学やニヤーヤ学派のアートマンがそれに当たると言われる（『山口益仏教学文集　下』前掲、一二三頁）。そうだとすれば、ここで法無我を「一切法の存在しないこと」と解するのを中観学派の無見を指すものとし、「内作の士夫の存在しないこと」と解するのを、諸法には内作の士夫は存在しないが自性は存在すると考える説一切有部の見解を指すものと理解することができる。

(13) 五界の名は『瑜伽師地論』巻一三（聞所成地）三四五下七—九に挙げられる、有情界無量想、世界無量想、法界無量想、所調伏界無量想、調伏方便界無量想という「五無量想」の中に見られる。それらはその直前に聞所成地を略説して「五明処の名句文身の無量の差別に於いて、覚慧を先として聴聞領受し、読誦し、憶念し、また名身、句身、文身に依止する義の中に於いて無倒に解了する。是の如くなるのを名づけて聞所成地と為す」と述べて、五明処が順次説かれる中の内明処の説明中に見られる。同巻四六（菩薩地）五四八上一四—下一には、五無量が詳しく説明されている。さらに同巻七九（摂決択分菩薩地）七三六上一八―二〇（『解深密経』巻五（如来成所作事）七一〇下一八―二四に相当）には、如来の境界なる一切種五界差別として五界の名が列挙されている。

(14) Cf. *MAVṬ*, 5, 7-8. arthavivecane arthavivaraṇe.

(15) 「外〔処〕と内処との所依は身体である」(bāhyādhyātmikāyatanāśrayaḥ kāyaḥ) と言われ、外処の所依まで身体とされる意味は不明。

(16) Cf. *AKBh*, 328, 10. 櫻部・小谷『倶舎論の原典解明』七―八頁、小谷『チベット倶舎学の研究』（文栄堂、一九九五年）五七頁参照。

(17) 相がそれによって規定されるものとは別であるとする過ちについて、例えば有為法を規定する有為の三相の一つ「生」（生起）を常住とする聖化地部の説を批判して「常住なる別のものは無常なるものの相ではあり得ない」(na ca nityaṃ bhāvāntaram anityasya lakṣṇaṃ yujyate) と述べる *AKBh*, 137, 20 の語に対する *AKVy*, 294, 10-11 の「〔もし「生」（生起）という有為相が無常なる有為法とは別に常住なるものとして存在するとすれば、〕それは〔それによって〕規定されるものが生ずる前に存在するから、それは何の相であるか。また規定されるものが消滅したとき、〔それは〕何の〔相である〕か。ゆえに〔それは相では〕あり得ない。」(prāg utpatter hi lakṣyasya tad astīti kasya lakṣaṇam. vinaṣṭe ca lakṣye kasyeti na yujyate) という注釈が参考になる。

(18) チベット訳により補う。

(19) 以下第五章までの四章は本書には収めていない。

(20) °bhūmi、チベット訳にはない。

(21) *Cūlasuññata-sutta*, *MN*, 121 (III, 104, 28-29). Wogihara ed., *Bodhisattvabhūmi*, 47, 17. 向井亮「『瑜伽論』の空性説――『小空経』との関連において――」（『印度学仏教学研究』二二―二、一九七四年）三〇〇―三〇三頁。長尾雅人『中観と唯識』（岩波書店、一九七八年）五四二―五六〇頁。水尾寂芳「瑜伽行派における空性説の展開」（『待兼山論叢』（哲学篇）一七、一九八三年）、袴谷憲昭『本覚思想批判』（大蔵出版、一九八九年）四一―四四頁。

(22) 月称の *Prasannapadā* に引用される。Cf. Poussin ed., *Mūlamadhyamakakārikās*, 445, 3-4.

(23) 列挙と説明とについて、経量部では仏自ら列挙し説明している経が了義経とされる。『正理』四九五中二一―二二。彼上座言。諸有聖教、佛自標釋、名了義經。所餘契經、名不了義。

(24) 山口訳では「夫故に有垢なる故に、清浄なる水界の如くには解了すべきにはあらざるなり」とあり、水界は解了されるものとされている。しかしここは、虚妄分別中には空性が知覚されないことが、汚れを伴う汚水中には清浄なる水界が知覚されないことに譬えられていると考えられる。Fri 訳（p. 11）も St 訳（p. 13）もそのように訳している。因みに St は次のように訳している。And this is why [emptiness] cannot be perceived, like the clear water element [cannot be perceived], because it is accompanied by stain.

(25) チベット訳では、心心所と色と実体として存在するという見解、となっている。

(26) 山口訳（p. 15、空性は清浄の所縁あるものなり）も Fri 訳（p.12, the Non-Substantiality is based on purification）も viśuddhyālambana を Bahuvrīhi 複合語と解したもの。しかし本章の後半に「空性が清浄〔を求めるための〕の所縁として決定されるから śunyatāyā viśuddhyālambanatvena niścitatvāt」（山口訳 p.72、Y, 46, 11）と説かれ、「清浄にせられるための所縁が清浄所縁である viśodhyārtham ālambanaṃ viśuddhyālambanam」（山口訳 p.75、Y, 49, 6）と説かれることからして、Tatpuruṣa 複合語と解すべきものと考えられる。St（p.13）は epmtiness is the objective support of purity と訳して Tatpuruṣa 複合語と解している。

(27) Y, Bh/T, °*parīkṣa*°; Pandeya, °*pradarśana*°. Pek, brtag pa（rtag を訂正）, parīkṣa; Der, bstan pa, pradarśana. Fri（p. 13）は in order to examine と訳す。

(28) チベット訳にはこの後に「虚妄なる二として」（yang dag pa ma yin pa gnyis por）の語がある。

(29) 水界が認識されないことは注(24)参照。

(30) チベット訳により補う。

(31) abhiprāyatā. なぜ abhiprāya ではなく抽象名詞にされているのか不明。チベット訳は dgongs pa で抽象名詞とは解していないように見える。

（32）難解な文章。Fri（p. 16）はYの還元梵文に準じ、In the same manner, even the unconditioned , as substance of the Ultimate Essence is not non-substantial. It is, as a reality in itself, nonsubstantial as to duality which is named non-existence. と訳す。St（p. 17）は abhāva iti dvayarūpeṇa śūnyam（p. 17, 84）と還元し、Similarly, even what is unconditioned is not empty of the nature of real nature but is described as a non-existent insofar as it is empty of a nature that consists in the duality. と訳す。訳としては大差はないように見える。

（33）Yはチベット訳により補う。

（34）Yはチベット訳により補う。

（35）四煩悩の我愛の原語は通常 *Triṃś*, 6cd とその注釈にあるように ātmasneha であり、Bh/T はそうしている。しかし Ms はYの示す通り ātmatṛṣṇā である。

（36）**ākāro hy ālambanasyānityādirūpeṇa grahaṇaprakāraḥ.** この行相の説明は『倶舎論』（*AKBh*, 401, 18-19）にも同様になされているのが見られる。

sarveṣāṃ cittacaittānām ālambanagrahaṇaprakāra ākāra.

すべての心・心所の、所縁を捉える様相が行相である。（櫻部・小谷・本庄『智品・定品』五八頁参照。）

（37）チベット訳により補う。

（38）不浄観については *AKBh*, 338, 2ff を参照。櫻部・小谷『賢聖品』八一頁以下。

（39）十遍処の観察については *AKBh*, 457, 13ff を参照。櫻部・小谷・本庄『智品・定品』三四二頁以下。『瑜伽師地論』大正三〇、六四五中二八―下一一。*ASBh*, 127, 16-23.『雑集論』大正三一、七五九上二一―二九。

（40）vyāghrādiśrutyādiṣu. この譬喩が Dignāga の *Pramāṇasamuccaya*（Masaaki Hattori, The Pramāṇasamuccayavṛtti of Dignāga with Jinendrabuddhi's Commentary, Chapter V: anyāpohaparīkṣā, Tibetan Text with Sanskrit-Fragments『京都大学文学部研究紀要』二一、一九八二年、一四四―一四七頁）に出ること、及びその語が「虎がここに住ん

でいる」（vyāghro 'tra prativisati）を意味すること（Cf. *Yuktidīpikā*, 4. 10. 1. 1）については三穂野英彦氏が二〇〇三年度に広島大学に提出された学位論文「*Madhyāntavibhāga* 第一章相品における理論と実践」一四三頁注三六〇に依る。調伏天は「虎等は存在しなくても〝虎が来た〟と聞けば、勇者と知者等に戦意と恐怖等の生ずる如くである」と言う。（武田義雄『西蔵文唯識三十頌釈疏』丁字屋書店、一九三八年、一六四頁。山口益・野澤靜證『世親唯識の原典解明』法藏館、一九五三年、三六〇頁参照）

（41） **Y, 19, 18-19. vijñaptir api vijñaptyantaraparikalpitenātmanā śūnyeti.** 文意難解。**Y, 19, n. 7** には『唯識二十頌』第十頌d句の注釈中（Lévi, 6, 18-19）に平行句が見られることが注記されている。そこには **vijñaptimārtasyāpi vijñaptyantaraparikalpitenātmanā nairātmyapraveśāt**（表象のみであることも他の表象によって分別された自体としては無我であることを悟るからである）という語が見られる。

ここでは、凡夫は物事（諸法）の自性を所取能取として分別するが、そういう分別された自性という本質としてはそれらの物事は存在しないが、仏陀の認識対象であるような、表現を超えた本質としては物事は存在しないわけではないことが説明されている。つまり、唯識（表象のみ）という仏陀に獲得される心の境地は、物事がまったく存在しない境地として理解して到達される境地ではなく、他の表象によって分別された自体としては存在しないことを悟ることによって到達される境地であることが説明されている。

唯識の境地をその自性を所取能取として分別して理解する場合、その境地はその分別によって捉えられる。そのことがここには「表象も他の表象によって分別され」と説かれていると理解される。唯識の境地への悟入は、『二十頌』では仏陀によって獲得される唯識性への悟入が主題となって議論が展開され、『中辺論』では本章第六、七頌に説かれる「入無相方便相」において論じられる。ここではその境地への悟入よりも、本来「唯識」であるべき物事の本質が、凡夫においてはその識・表象が所取能取を離れたものと理解されないために迷いの境地が展開するに至る過程が、所取能取という「他の表象によって分別される」という語によって説明されているものと考えられる。それは『二十頌』では「一つの表象に対してもう一つの表象が対象となっていることになろう」という語で説明されている。梶山雄一「唯識二十論」（『大乗仏典15　世親論集』中央公論社、一九七六年）一六―一七頁参照。

Stc（p. 21, n. 97）は、安慧のこの「表象も他の表象によって分別される」という一文を、仏陀においては離れているが凡夫においては離れていない識・表象においては、識・表象は所取能取の分別を伴うだけでなく、その所取能取はさらに、nimitta-bhāga（相分）と darśana-bhāga（見分）の分別をも伴うことを述べるものとして理解しようとしているように見える。この一文を、それが相分と見分とに相当するか否かは確認し得ないが、所取能取がさらに所取と能取とに分別されることを述べることを示唆するStcの理解は、瑜伽行派の識の理論を解明する上で重要な示唆を与えるものとなるかも知れない。

本書の「第一部　虚妄分別の解明をめざして」でも述べたように、『中辺論』相品第三頌では、識の対象は対境と有情と自我と表象との四種とされている。ところが、対象が存在しないから識も存在しないと述べる第三頌後半句に対する注釈では、世親は四種の対象を、色等と五根と意〔根〕と六識とし、「自我と表象」とを「意根と六識」とに入れ換えている。自我と表象とは所取たるべきもの、他方、意根（染汚意、マナ識）と六識とは能取たるべきものである。世親が能取たるべきものを所取の中に入れた意図を考えるとき、「第一部　虚妄分別の解明をめざして」で考察したように、「表象と識」とを所取・能取の両義性を備えた概念として用いるのが瑜伽行派のその語の用法であることが、世親のその意図であったことが想定される。先述の所取能取がさらに所取と能取とに分別されることを述べることを示唆するStcの理解は、「表象と識」とを所取・能取の両義性を備えたものとして理解する瑜伽行派の識の理論ともよく符合するものと考えられる。

（42）この一文は意味が理解し難い。Stc（p. 33[17. 17]）は On the other hand if we assume (in the idea itself an objective part) which is different from it, how is its apprehension to be accounted for ? How is this splitting (of one idea into two parts) possible ? と訳す。Fri（p. 23）は Now if the differentiation [into things etc. is due] to the nature [of the consciousness] how then is the consciousness thereof possible ? How is there [such] a mutual differentiation ? と訳す。St（p. 23）は If its essential nature were different from this how would [the existence] of that consciousness be tenable ? と訳す。Mi（p. 148）は、［もし識が］それ（対境などとして顕現するもの）と異なるならば、どのように［対境などとして顕現するものは］その識に適合し、あるいはどのように互いに背反しているのであるか、と訳す。それは *Sākārasiddhiśāstra*（Jñānaśrīmitra, ed. by Anantalal Thakur, *Jñānaśrīmitranibandhāvali, Buddhist Philosophical Works of Jñānaśrīmitra*, Kashi Prasad Jayaswal Research Institute, Payna, 1959）中に回収された Skt 断片によって還元された *tadvyatiriktasvabhāvatve vā kathaṃ tadvijñānaṃ yujyeta, kathaṃ vā parasparato bhidyate* に基づくものである。その還元 Skt 中の vā はチベット訳にはなく、*tadvijñānaṃ* は複合語には訳されておらず、ここの文章と完全に一致するものではないかも知れないが、参考にすべきものと考えて *tadvijñānaṃ* の還元 Skt を採用した。Mi, St の訳が識と顕現との関係を述べたものとして理解して妥当であると考えられ、それを参考にして訳した。

（43） チベット訳により補う。

（44） tatra catuḥprakāre 'py anākāratvād vitathaptatibhāsatvāc ca yathāsaṃbhavaṃ grāhakatvābhāvaḥ. vijñaptyantaraparikalpitena cātmanā sarvasya śūnyatvād grāhyatvābhāvaḥ.

この文章はそのままに読めば「また、その四種〔の顕現〕には、可能性に応じて、行相がないから、また、真実でない顕現だから、能取たることはない。また、〔四種の顕現は〕すべて、他の表象によって分別された自体としては空であるから、所取たることはない」を意味すると解せられる。「可能性に応じて、行相がないから、また、真実でない顕現だから」をいかに読むかが意味を把握する要点となると考えられる。Stc（pp. 34-35）は「行相がないから」は「対境・有情」を指し、「真実でない顕現だから」は「自我と表象」とを指すものと解する。山口訳（p. 28）は明示しない。Stc は次のように訳す。

the cognizer part is evidently unreal, because from the four categories of ideas (which represent the totality of our mind) two are not cognizers at all, and two are wrong cognizers. (The categories of things inanimate which reduce to sensible qualities and the category of living bodies which reduce to sense-organs are exclusively objective, they are not cognizers; the categories of the Ego and of our sensations are wrong cognizers, since they project into the external world things which do not exist there at all). But the (immanent) cognized part of our consciousness also does not really exist, because (there can be no immanent object).

Stc は識（Stc は識 vijñāna を ideas と consciousness との二語で訳す）に所取分（cognized part）と能取分（cognizer part）とがあると理解する。そしてこの文章を、四種の顕現の内、対境・有情としての顕現はまったく能取ではなく、自我・表象としての顕現は真実でない能取だから、能取分は実在でなく、そして所取分は、内的対象が存在しないから、実在しない、ということを述べる語として訳している。St（p. 24）は次のように訳す。

Although, in this regard, there are four modes [of apperance], there is no apprehending subject because [the first two modes] are without aspect and because [the latter two] are false apperances, respectively. Furthermore, there is no apprehended object because all [four modes] are devoid of a nature that is imaginatively constracted by another appearance.

St 訳のほうが Stc 訳より原文に忠実な訳となっている。Fri（pp. 23-24）は両訳とは異なり grāhakatvābhāva（能取たることがない）を「識に能取たることがない」の意味に、grāhyatvābhāva（所取たることがない）を「識に所取たることがない」の意味に解して以下のように訳す。

In this respect [the consciousness] has no subject-nature even in these four models of appearance, because they are respectively without perception and of unreal appearance. And it has no object - nature because all the elements of existence are non-substantial in so far as they are of a mutually superimposed substance [i. e. in so far as they represent the phenomenal, superimposed aspect].

Mi（p. 151）は、「行相がないから」は「対象」を指し、「真実でない顕現だから」は「識」を指すものと解して次のように訳す。

その四種〔としての顕現〕のいずれのあり方においても、〔対象は〕行相（ākāra）ではないため、また〔識は〕非真実を伴って顕現するものであるため、それぞれに能取性はない。また、〔所取としての〕あらゆるものは、〔能取としての〕別の〔識〕によって構想された本質という点では空であるので、〔あらゆるもの、すなわち四種としての顕現には〕所取性はない。

これは四種の顕現の内、対境と有情とを「対象」、自我と表象とを「識」と解しての訳であると考えられる。それゆえSt訳と同趣旨のものであるが、St訳のほうが分かり易い。いまはSt訳を参考に訳した。なお「能取たること」「所取たること」については本書「第一部　虚妄分別の解明をめざして　三　3　諸仏にとっての所取・能取」の項参照。

(45) 調伏天は『三十頌』の復釈に「他なる諸々の因と縁とに従属するゆえに（rgyu dang rkyen gzhan dag gis dbang byas pas）依他起と呼ばれる。従属するとは、生ぜしめられる、成長させられる（avaropyate）、の意味である」と注釈する（武田前掲書一六六頁。山口・野澤前掲書三六二頁では「従属する」は「依られる」と訳す）。

(46) チベット訳（’dir）により補う。

(47) 本章第三頌参照。

(48) チベット訳は rnam rtog rnam par mi rtog ni。YとPとは akalpito vikalpo、Bh/T は vikalpaś cāvikalpaś ca と梵語化する。Fri（p. 27）は akalpito vikalpo と梵語化し、[The constructive Ideation is] not constructed: but [false] discriminative thought is constructed by other false discriminative thought. と訳す。St（p. 27, n. 133）は vikalpo nirvikalpo と梵語化し、Conceptual differenciation devoid of conceptual differenciation と訳す。

(49) 遍知すべき事態が遍計所執性であり、遍知して断ずべき事態が依他起性であり、遍知して証得すべき事態が円成実性であることは、*MAVBh*, 41, 2-3 に parikalpitasya parijñāne, paratantrasya parijñāne prahāṇe ca. pariniṣpannasya parijñāne prāpti-sākṣāt-karaṇe ca. と説かれる。長尾雅人訳『中辺分別論』（『大乗仏典15　世親論集』前掲）二七五頁参照。

（50）未来正生位とは未来の分位（未来世）の最後の位を指す。cf. *AKBh*, 86, 5-6. 櫻部『倶舎論の研究』三六一頁参照。

（51）『倶舎論』（*AKBh*, 101, 4）には現在の分位にある所縁縁が現在の分位にある識に機能を及ぼすことが次のように規定されている。
所縁縁は正滅〔位・現在の分位〕において〔作用をなす〕。現在の心・心所によって〔所縁として〕捉えられるからである（櫻部『倶舎論の研究』三九八頁）。

（52）『唯識三十頌』の安慧釈（*TBh*, 16, 18-20）には、対象物が所縁縁であり得るには、対象物がそれ自身の顕現を有する識を生ぜしめるもの（svābhāsavijñānajanaka）であり、原因（能作因、kāraṇa）であるという二つの性質を有することが必要とされることが述べられている（山口益・野澤静證『世親唯識の原典解明』法藏館、一九六五年二刷、一七二頁参照）。そうすれば、現在の識には既に対象物の顕現（行相）が備わっているから、対象物がさらにその顕現（行相）を生ぜしめることはないから、所縁縁とはならない、と瑜伽行派は言う。

（53）これは、先の注に引用した『倶舎論』（*AKBh*, 101, 4）の、現在の分位にある所縁縁が現在の分位にある識に機能を及ぼすとする規定が、認識対象の刹那滅の原理と矛盾することを指摘するものである。認識対象の刹那滅の原理に関しては『唯識二十頌』の世親釈（*TBh*, 8, 29-9, 3）に次のように述べられる。
「わたしはこれを知覚している」といって知覚を認識するときには、その対象は〔もはや〕見られない。なぜなら、〔そのように〕確認するのは意識によってであり、そのときには眼識は滅しているからである。どうしてそれ（滅した対象）が知覚されていると考えられようか。特に、対象が刹那滅である〔と考える〕場合には、そのときには〔もはや〕その色も味も滅しているのである。（山口・野澤前掲書九九頁参照）

（54）**Cf. Y, 19, 2. ātmātiśayo yatas tān nirākṛtya tair abhinnarūpaṃ vijñānaṃ gṛhyate.** 本質的卓越性とは、それあるがゆえに、それら（色等と眼等）を追いやって、それらと区別のつかない在り方をするものとして識が捉えられるとされるところのものを指す。

(55) 真実作意と勝解作意については拙著『チベット倶舎学の研究』(文栄堂、一九九五年)八五頁、前掲『法と行の思想としての仏教』二二八頁等参照。

(56) 安慧は『倶舎論』の注釈中(A39b2)にも「三者から成るもの」(tritaya)という語を用いている。しかしそこでは三者は動詞の示す抽象的概念(bhāva)と作用(kāritra)とその自体(svarūpa)とされる。

(57) *Abhisamayālaṃkāram*, V, 21. cf. Wogihara ed., *Abhisamayālaṃkārāloka* (Tokyo, 1973), 885, 17-18.『仏性論』巻四(大正三一、八一二中)。無一法可損　無一法可増　應見實如實　見實得解脱。

(58) 二十処が欲界であることは『倶舎論』世品第一頌cdを参照。山口・舟橋『世間品』三―四頁。

(59) 十七処が色界であることは『倶舎論』世品第二頌abを参照。山口・舟橋『世間品』八頁。

(60) 四種が無色界であることは『倶舎論』世品第三頌bを参照。山口・舟橋『世間品』一三頁。

(61) 『品類足論』巻七、七一七中六―七。欲界云何。謂欲貪隨増法。色界云何。謂貪隨増法。無色界云何。謂無色貪隨増法。

(62) 有部は対象を外界の実在と認め、心と心所とは所依(根、感覚器官)と所縁(対象)と時と実体(一つの心に一つの心所が相応する)と行相(対象の様態)とを同じくすると考える(五義平等)。唯識学派は対象を外界の実在とは認めず、識の表象と考え、心はその自体のみを把握し、心所がその特質(行相)を認識すると考える(四義平等)。それゆえ、もし心と心所とが、行相を同じくして対象を捉えるとすれば、心・心所の区別がつかなくなる、と言うのである。横山紘一『唯識仏教辞典』(春秋社、二〇一〇年)の「四義平等」の項、及び、深浦正文『唯識論解説』(第一書房、一九八五年)一七七―一七八頁参照。

(63) 『中阿含』「大拘羞羅経」大正一、七九一上二九―七九二中五。*MN* 43, *Mahāvedallasutta*. 本庄良文『倶舎論註ウパーイカーの研究　訳註篇上』(大蔵出版、二〇一四年)四一一―四一二頁[3064]参照。

(64) ここに説かれる二種の生起が『摂大乗論』(一・一九)に説かれる分別自性縁起と分別愛非愛縁起に相当することについては山口訳五五頁注一、長尾摂論上一五一頁注一参照。

(65) *TBh*, 18, 24-26. 山口・野澤訳二〇二頁参照。『摂大乗論』（一・三）にも同様の説明が見られる。長尾摂論上八一—八二頁参照。玄奘訳。一切有生雑染法品、於此攝藏爲果性故。又卽此識、於彼攝藏爲因性故。是故說名阿賴耶識。前掲拙著『摂大乗論講究』五〇—五一頁参照。

(66) アーラヤ識が一切法に内蔵されるという場合の「内蔵される」の意味の難解であることと、それをアーラヤ識が諸法の原因として「横たわっている」の意味と解することについては、前掲拙著『摂大乗論講究』五一頁参照。

(67) 『摂大乗論』（一・二七）諸法於識藏　識於法亦尓　更互爲果性　亦常爲因性。長尾摂論上一七二頁参照。前掲拙著『摂大乗論講究』一〇六頁参照。

(68) prakarṣagatam. Stc (p. 56), upward movement. Fri (p. 44), something superior.

(69) 想が対象の特殊性の把握であることはY, 31, 13-14 に strīpuruṣādivyavahāraprajñaptilakṣaṇo （prajñapti は小谷による補訂） yo 'rthaviśeṣas tadgrahaṇaṃ saṃjñā と説明される。『倶舎論』(I, 14cd) では saṃjñā nimittodgrahaṇātmikā と楽や苦などの対象の「相を把握すること」と規定される。

(70) 流転門は迷いの生存の生起を説明する縁起説であり、還滅門は悟りの現成を説明する縁起説である。山口益等著『仏教学序説』（平楽寺書店、一九六一年）八五頁等参照。

(71) この一文は理解し難い。おそらく、瑜伽行者が静慮中に出世間智を獲得し、その後に静慮より出た場合に、その出世間智の後に得られた清浄な世間智が行者に獲得されるが、それも真実見と呼ばれ、出世間智へと導くその加行の聞思修の世間智も真実見と呼ばれることを説明したものと思われる。しかしStc（p. 60, p. 038, n. 48）は、加行の聞思修の世間智を静慮から出た後に得られるものと理解しているようである。The Gnosis (or the knowledge of the Absolute Reality) is in the first line a supernatural (mystic) Intuition (of the Saint in a moment of transic vision when he has reached the Path of Illumination). But when the trance is over, he retains a subsequent conceptual knowledge of it, if it was (previously) prepared by learning, thought and profound meditation (while abiding in the Paths of Accumulating Merit and of Training). This is also called a knowledge of Absolute Reality,

(because it follows in the track of its direct intuition) (p.60). Mi, p.249, n.924 参照。

（72） bheda, チベット訳（bye brag can）により訳す。

（73） puṇya が欲界の善業を指し、āniñjya が上二界の善業を指すことについては *AK*, IV, 46. 舟橋『業品』二四七―二四八頁参照。

（74） 出離（niḥsaraṇa）が下位の地から離れることを意味することについては *AKBh*, 435, 10-14. 櫻部・小谷・本庄『智品・定品』二一八―二一九頁参照。

（75） *MAVBh* の「成長させるからとは、行が識に業の習気を置くからである」（ropaṇāt saṃskārair vijñāne karmavāsanayāḥ pratiṣṭhāpanāt. 'debs pa'i phyir ni 'du byed rnams kyis rnams par shes pa la las kyi bag chags 'jog pa'i phyir ro. 玄奘＝安立故者謂由諸行植本識中業熏習故。真諦＝安立者由諸行能安立業熏習於本識中故。）という注釈中の「置く」（pratiṣṭhāpana）の語が「成長させる」（ropaṇa）の同義語であることを示す。「置く」が「成長させる」の同義語であることは次に示す『雑集論』の語によっても確認される。

その中、布施など〔の波羅蜜多〕を成長させるとは、他の相続中に〔布施などの波羅蜜多〕を置くことである。その中、布施波羅蜜多は財施であり、その他の五は無畏施であり、すべては法施である。他の相続中に〔それらを〕成長させるからである。

tatra dānādīnāṃ ropaṇā yā parasaṃtāne pratiṣṭhāpanā. tatra* ḍānapāramitāmiṣadāṇam, tadanyāḥ pañcābhayadānaṃ, sarvāḥ saddharmadānaṃ parasaṃtāne ropaṇāt. (*ASBh*, 111, 12-14, *Tatia, tadatra, corrected acc. to Tib and Chinese)

de la sbyin pa la sogs pa skyes pa ni gzhan gyi sems kyi rgyud la 'jog pa'o. de la sbyin pa'i pha rol tu phyin pa ni zang zing gi sbyin pa'o. de ma yin pa gzhan lnga ni mi 'jigs pa'i sbyin pa'o. thams cad ni dam pa'i chos kyi sbyin pa ste, gzhan gyi sems kyi rgyud la bskye pa'i phyir ro (Der, No. 4054, Li, 247b3-5)

種植差別者謂於他相續中建立施等波羅蜜多。此中施波羅蜜多是財施。餘五波羅蜜多是無畏施。一切六是法施。

皆於他相續中種植。（大正三一、巻一一、七五〇中二四―二五）

ここには「置く」が「成長させる」と同義語であることが説明されている。すなわち、布施は財施の波羅蜜多を他の相続中に置き、持戒等の五は無畏施の波羅蜜多を他の相続中に置き、六波羅蜜多すべては法施を他の相続中に置く。それはそれらが他の相続中にそれら三施を成長させるからである。つまり、菩薩が波羅蜜多を行じて他者の中にそれらを置く（建立する）のは、他者の中に波羅蜜多を成長させるからである。ここには他者の中に波羅蜜多が成長させられるべく存在していることが前提とされている。ropaṇa には成長させる（to cause to grow）と置く（to fix upon, cast at）の意味があるが、ここでは前者の意味で用いられている。チベット訳の skyes pa, bskye pa は前者の意味に解したものと思われるが「新たに生じさせる」ことを意味する可能性もあって紛らわしい。漢訳の安立、種植は後者の意味に解したものと思われる。

『雑集論』の漢訳者玄奘は『瑜伽師地論』摂決択分においては「種植長養」の語を用いている。当該箇所はサンスクリット原典を入手し得ないため、その原語を確認できないが、チベット訳を参照し得る。以下に漢訳と共に示す。

問何縁色蘊説名爲色。答於彼彼方處種植長養義及變礙義故名色。（大正三〇、巻五六、六〇八下二〇―二一）

chi'i phyir gzugs la gzugs zhes bya zhe na, smraqs pa, yul de dang der skye ba'i don dang, rung ba'i don gyis so. (Der, No. 4038, Shi, 76b5)

問う。どういう理由で色蘊は「色」と言われるのか。答える。それぞれの境において「種植長養する」という意味と「変礙する」という意味とのゆえに「色」と呼ばれる。

（76）Stc（p.62）は pratiṣṭhāpana を depositing と訳し、この一文を Depositing is (here) a syononimous expression for "developing". Depositing (with reference to seed of a new life is here) applied to the first moment of the development of the seed in this new section. (It cannot refere to the creation of an unpreceded seed). と訳す。その注（p.040, n.62）では pratiṣṭhāpana を throwing と訳し、the "throwing" of the seed must be understood as the beginning of its development. と説明する。Fri（p.48）は It means the augmentation from the very beginning of the seeds [of a new birth] in the vijñāna-santāna, the "stream of life", the "stream of consciousness". と訳す。St（p.46）は "establishment" in this context refers to the augmentation of that 'seed' in the continuum of consciousness from the very beginning. と訳す。三者の訳は安慧の意が新熏説を否定することにあることを示している。

（77）種子の起因に関して唯識論師の間に三説があるとされる。ここの一文は種子が新たに熏習されることを否定しており、安慧が所謂「本有《ほんう》説《せつ》」の立場にあることを示すものと思われる。しかし安慧の『唯識三十頌釈』にたいする復釈の著者調伏天（Vinītadeva）は三説を挙げつつも、安慧は自己の考えを明瞭には述べていないと言う。（武田前掲書四〇頁。山口・野澤前掲書三頁参照）

『成唯識論』（大正三一、八上二〇—下一八）には三説について周知のように以下のように述べられている。すなわち護月《ごがつ》は「一切種子皆本性有。不従熏生。由熏習力但可増長」と述べ、種子は有情に先天的に備わったもので、熏習はそれを成長させるに過ぎないと主張した（本有説）とされる。難陀《なんだ》は「種子皆熏故生。所熏能熏倶有無始。故諸種子無始成就」と述べ、種子はすべて新たに熏習されると主張した（新熏説）とされる。護法は「種子各有二種。一者本有。……二者始起」と述べて、種子には本有と新熏との二種があると主張した（新旧合生説）とされる。深浦正文『唯識学研究』下巻（永田文昌堂、一九五四年第一刷、一九八二年第六刷）三九七—四〇〇頁参照。山部能宜「種子の本有と新熏の問題について」（『日本仏教学会年報』第五四号、一九八九年）四三—五八頁参照。

ツォンカパは『クンシカンテル』の中で「習気の置き方には三通り〔の考え方〕がある。自ずから備わっている〔とする考え方〕と、過去に存在しなかったものを生ずる〔とする考え方〕と、その両方を認める〔考え方〕とである」と述べている。ツォンカパのこの考えは『摂大乗論』に対する著者不明のチベット訳にのみ存する注釈書『秘義分別摂疏』（Pek. No. 5553）の記述に基づいている。ツルティム・ケサン、小谷信千代共訳『アーラヤ識とマナ識の研究』（文栄堂、一九八六年第一刷、一九九四年第二刷）六六頁参照。山部能宜「種子の本有と新熏の問題について（Ⅱ）」（『仏教学研究』第四七号、一九九一年）九三—一一二頁参照。

なお安慧の学問の系統に関しては、慈恩大師基の『成唯識論述記』では徳慧の弟子とされ、ターラナータの『仏教史』では徳慧の師であるとされる。本有説を説く護月は『中辺分別論』の注釈を造ったとされるので、安慧はかれに近い系統の人であったかも知れない。

(78) Y のように *tadbhāvitaviśeṣena* と還元するときには、tat の指示するものについて疑問が生ずる。チベット訳 de la を tat と還元すれば、それはその文章中の後続の tat と同一物を指すはずであり、名色を指すことになる。そう考えて Fri（p.49）も St（p.47）も［nāmarūpa］と訳している。しかし習気が熏習されるのは通常はアーラヤ識である。山口訳（p.56）はその tat をアーラヤ識と解し、後続の tat を名色として別のものと解している。同一文章中の同じ指示代名詞をそれぞれ別のものを指示する語とするのは正しくない。それゆえ de la を tat ではなく tatra と還元してアーラヤ識を指すものとすべきだと考える。

(79) Stc（p.63, 30-36）は abhinnam（区別がつかない）を「名と色との区別がつかない」を意味すると解する。Fri（p.49, 27-31）と St（p.47, n. 264）は「自体と名色の区別がつかない」を意味すると解する。

(80) 『婆沙論』巻二四、一二〇上。化生有情諸根頓起。云何可説名色縁六處。但應説識縁生六處。

(81) 〔 〕内はチベット訳による補足。

(82) 意処、チベット訳には欠ける。

(83) Y は *taccakṣurādyāśritānāṃ* と還元し「彼眼等に能依するもの」と訳すが、Stc（p.64, 14-15）と St（pp.47-48）は「それ（所依）に依存する眼などのもの」と訳し、チベット訳（mig la sogs pa de la brten pa rnams）もそれを支持する。それゆえ Stc, St に準じて Bh/T により Y を *tadāśritānāṃ cakṣurādīnāṃ* と訂正する。

(84) 直前に滅した六識の内のどれか（無間滅識）が意根になるという伝統的な教義学を踏まえたものであろう。AK, I, 17ab. 櫻部『倶舎論の研究』一六八頁。『摂大乗論』（一・六）等参照。

(85) この一文は意味が取り難い。殊に indriyavikārasādṛśyaṃ spṛśati tadākāratayeti sparśa ucyate の意味が難解であ

る。Stc 訳（p. 64, 39-41）も Fri 訳（p. 50, 31-33）も意味が不明確で参考にならない。チベット訳では「根の変化の行相に似たものを触知するから触と言われる」（dbang po'i 'gyur ba gang yin pa de'i rnam pa dang 'dra bar reg par byed pas reg pa zhes bya ste）となっている。『三十頌』安慧釈（*TBh*, 20, 5-10）にも次に示すように同様の説明が見られる。そこでは「根の変化に似ることによって、根に触れるから、あるいは根に触れられるから、触と言われる」と説かれており、その意味は比較的理解し易いように思われる。その注釈を参考にして本訳では〔　〕内に行相の語を補った。山口・野澤訳二二四頁参照。

tasmin sati tatsamakālam evendriyasya sukhaduḥkhādivedanānukūlo yo vikāras tena sadṛśo viṣayasya sukhādivedanīyākāraparicchedo yaḥ sa sparśaḥ. indriyaṃ punar yena viśeṣena sukha duḥkhādihetutvaṃ pratipadyate sa tasya vikāraḥ. sparśaḥ punar indriyavikārasādṛśyenendriyaṃ spṛśyatīndriyeṇa vā spṛśyata iti sparśa ucyate. ata eva viṣayavikāraparicchedātmako 'pīndriya- vikāraparicch eda uktaḥ. vedanāsaṃniśrayatvam asya karma.

そ〔の根・境・識の和合が〕あるとき、それとまったく同時に、根が楽や苦などの受に適応するように変化するが、そ〔の変化〕に似た、境にたいする順楽受等の行相の判別が〔生ずる〕。それが触である。また、根は、ある特定の状態によって楽や苦など〔の受〕の原因となるが、それがそ〔の根〕の変化である。また、触は根の変化に似ることによって、根に触れるから、あるいは根に触れられるから、触と言われる。まさしくそれゆえに、境の変化の判別を本質とするが、「根の変化の判別」と言われる。受の所依となることがそ〔の触〕の作用である。

（86）この一文は意味が把握し難い。輪廻転生を、業の習気という有情の可能態としての静的な衆同分の状態から動的な現実の状態に一瞬一瞬転ずることとして説明しようとしているようにも考えられる。Stc（p. 66）訳：Living means moving. It moves towards an evanescent state from a homogeneous (equally evanescent) condition. Fri（p. 52）訳：The world is called “jagat” Universal Motion because it moves. This means in reality that it [i. e. the world, phenomenal existence] moves on from a common universal condition towards momentariness. St（p. 50）

訳：Since it is inmotion (gacchati), it is [described as] the moving, [i. e. the world]) jagat；what is meant is：it progresses from an homogeneous condition to a momentary condition. Mi（p. 278, n. 1094）は、衆同分の状態を中有の状態、刹那の領域を三界において刹那相続をしつつ有情が苦しむ状態を指すものとする推測をしている。それが妥当かも知れない。

(87) Y, parivarta. 理解し難い語である。山口訳は「繰復」、Fri (p.53), repitition, St (p. 50), repetitive、チベット訳は go bas nor ba で「考え方が逆転すること」とする。Stc（p.67）は viparyāsa を想定し（p.044, n.98）て、opposing it（to the sequel）と訳す。Mi（p.280, n. 1103）は三つの分類根拠が反復されるの意に解している。

(88) *AN*, III, 54. Ratto kho brāhmaṇa rāgena abhibhūto pariyādinnacitto attavyābādhyāya pi ceteti paravyābādhyāya pi ceteti ubhayavyābādhāya pi ceteti cetasikam pi dukkhaṃ domanassaṃ patisaṃvedeti.

(89) 阿羅漢はその生涯が終われば直ちに無余依涅槃を悟るので、その生涯は最後生、最後身と言われる。渇愛を断ち切った者に輪廻が尽きることは櫻部建『阿含の仏教』（文栄堂、二〇〇二年）一二六頁等を参照。

(90) P.32, n. 7は「二種」は「三種」であるべきと言う。しかしここには、因は煩悩と業との二種に配当され、果は生の一種に配当されるから、雑染が三種になることが述べられているのであるから、そうではない。

(91) 先（Y, 37, 16ff）に「統合するから世間は苦悩する」ことが注釈されたときに、自体は名色によって統合されることが説かれた。その際に、それゆえ胎生の場合には「識を縁として名色あり」と言われるが、化生の場合には識を縁とするのは六処であって名色でないことが付記されていた。ここではその化生の場合に有情の自体を統合するものが六処であることが説かれている。

(92) *AKBh*, 134, 14ffには十二の支分が前際と後際と中際に配当されることが説明される。

(93) Stc（p.70）はthat the process of phenomenal lifeという語を補っている。

(94) Stc（p.70）はone continuous beginningless runという語を補っている。

(95) Stc（p.72）はIts detailed explanation has the aim to facilitate comprehension. Its succinct formulation has the

aim to assist memory. Both therefore have been here given と訳す。

（96） bhāvapratyaya、山口訳は「有（bhāva の語）の後接辞」。Stc（p.77）が Owing to the requirements of prosody (the abstract term śūnyatā meaning the "foundation" of the Relative i. e. the Absolute) appears here (in the stanza) without the generalizing abstract suffix (tā) と訳すのを参考にした。

（97）「そうでなければ」以下の一文難解。Stc（p.77）は If this were not the case, the duality would exist（and there would be no Monisim）と訳す。Fri（p.62）は Otherwise, if the Non-Substantiality, [i. e. the Monistic Essence] should not be the [sole] reality of that [duality], duality would be real in itself と訳す。St（p. 58）は otherwise, because its non-existence would not exist as an [empty] existent と訳す。

（98） この一文は難解。山口は「二の無を空性の相なりとのみ説示するときは、兎角の無の如く二無の独在相のみ解了せられ、〔空性は〕苦性の如く法性の事相たるべからず」と訳す。Stc（p. 77）は Absolute (without adding the words "and the reality of this unreality") it would mean the non-existence of two things, as e. g. the non-existence of two horns on the head of a hare ; it could not follow (that the unreality of one thing *eo ipso* means the reality of the other), as e. g. the unreality of the phenomenal world *eo ipso* means the reality of the Absolute と訳す。ここでは Fri 訳（p.62-63）And [because of this nihilistic standpoint] the unreality of phenomenal existence would be understood to be an independent, non-relative fact, just like the unreality of the horns of a hare. [In this case the Non-Substantiality could not have] the character of Dharmatā, Ultimate Essence of things existing. It could not be compared then, e. g., to the duḥkhatā, the nature of pain [which depends on substratum of painful phenomena] を参考にして訳した。

（99） svalakṣaṇopādāyarūpadhāraṇe. この合成語を山口訳は svalakṣaṇopādāya rūpadhāraṇe と途中で区切り、「自相に因りて形体を執る処にも」とする。しかし区切りの前後の二語は、チベット訳（rgyur byas pa'i gzugs）が示すように upādāyarūpa（所造色）という合成語であり区切るべきでない。Fri（p. 69）は山口訳と同様に訳すが、Stc （p.83, p.050, n.68），St（p.64, n.365）は拙訳と同様に訳す。

（100）金界は、本質的に金を他の物質と区別する自相を保持する因であり、現実的に金を現実的な存在として保持する因である。

（101）第十六番目の空を述べる「その存在しないことの実在することが、存在しないことの自性としての空性」（tadābhāvasya sadbhāvo 'bhāvasvabhāvaśūnyatā）の語は難解。山口訳は「彼無性の有性は無性自性空なり」と逐語訳するのみ。長尾訳はその「無性自性空」に相当する語を「無を本質とする空」と訳す。Stc（p. 96）は The ultimate Reality (subjacent) to this nonexistence (constitutes the last, 16th mode) of the Absolute and is called Reality of Unreality. と訳す。Fri（p. 77）は The real back ground of the Unreality is [called] the Non-Substantiality as "Monistic Essence" of "phenomenal existence". と訳す。St（p.73）は The actual existence of that non-existence is [equivalent to] the emptiness of own-being of non-existence と訳す。abhāvasvabhāva という合成語を長尾訳のように Bahuvrīhi と解して「無を本質とする」と訳すとき、その場合の空性は無であることになる。それでは第十五番目の空性である無の空性（abhāvaśūnyatā）と同じことになる。Stc はその合成語を the Absolute and is called Reality of Unreality と訳し、Fri は as "Monistic Essence" of "phenomenal existence" と訳し、St は own-being of non-existence と訳し、共に Tatpuruṣa と解している。このほうが妥当だと思われる。

（102）Y は *buddhadharmāṇām prāptaya* と還元し、Bh/T は *śuddhaye buddhadharmāṇām* と還元する。Tib は Y と一致する。文意は Bh/T のように解して支障はないであろう。

（103）Y, *pratiṣedhadvayena* prakṛtagamakatvāt. Bh/T, *śuddhidvayasya* prakṛtagamakatvāt. P, *dvayaśuddhyā* prakṛtagamakatvāt. この一文は難解。山口訳は「二の遮遣を以て本性を了解せしむる義よりすれば」とし、*pratiṣedha* を遮遣と訳し、*prakṛta* を本性と訳す。Fri（p.82）は It is pure since the two kinds of purity explain its [pure] nature と訳し、*dvayaśuddhi* を二種の清浄の意と理解し、*prakṛta* を山口訳と同様に本性の意味と理解している。*śuddhi* には acquittal, subtraction の意味があり遮遣と訳し得るが、この文脈では清浄の意味においてのみ使用されており、

この一語のみを別の意味に解するのは不自然。*prakṛta* は *prakṛti* ではなく本性を意味せず、original subject を意味すると思われる。Stc（p.102）は The meaning which follows from the general trend of this section is purity simply, through the double characteristic it only is emphasized と訳し、*dvayaśuddhi* を二種の清浄の意と解し、*prakṛtagamakatvāt* も本節で話題となっていること、と解している。St（p. 78）は It is definitely pure because this is made clear through the use of the double negative と訳す。拙訳は St 訳に近い。

おわりに

『大乗荘厳経論』の安慧釈のチベット訳を読み始めて間もなく、自分に仏教用語の基礎知識が欠けていることを思い知らされることがしばしばあった。その折に山口益先生が、中観論書の講読中に恩師ルイ・ドラヴァレー・プーサン教授の「『倶舎論』の理解に比例して仏教はわかるようになるものである」と話された言葉を何度か話題にされたことを思い出した。それが『倶舎論』を学び始めるきっかけとなった。櫻部建先生にお願いして『倶舎論』の輪読会を開いていただき、それから今日に至るまで、唯識学のかたわら倶舎学の勉強に励んできた。輪読会の成果を出版したことが機縁となったのか、ウィーン国立科学研究所長のシュタインケルナー教授から、新たに発見された安慧の『倶舎論疏』のサンスクリット貝葉写本の校訂作業を委嘱されることとなった。そのようなわけで、ここ十年ほどは、『倶舎論』と『中辺論』との両方で安慧の注釈を読むことが毎日の生活となった。

本書を公刊したいと思い至るについては、数年前に大谷大学のショバ・ラニ・ダシュ准教授が『中辺論』の講読の授業に出席してくださったことが一つのきっかけとなっている。モンゴルから同朋大学に留学中の花栄さんも出席してくださった。両氏は、日本人学生とは異なり、疑問を率直に質問され、そのために授業は極めて活気づけられ刺激的なものになった。近年は、ダシュ准教授と花栄博士はそれぞれご自分の仕事のために授業には出席できなくなり、わたしも定年を迎え、その授業は勉強会に形を変え、参加してくださる方の顔ぶれも変わったが、今もなお活発な質疑の場として継続されている。

本書の第一部は、その場で発せられた質疑に答えるために準備した原稿を参加者と共に検討し、それを再検討して作成した試論である（その一部は「虚妄分別の自相の解明を目指して」として『三友健容博士古稀記念論文集　智慧のともしび　アビダルマ佛教の展開』山喜房佛書林、二〇一六年に掲載）。この試論には勉強会でよく尋ねられた唯識思想の基礎概念をできるだけ理解し易く説明することに心がけ、さらに安慧の唯識思想を理解するための方法論を提示することを試みた。安慧の『倶舎論疏』と『中辺論疏』には共通する難解さがある。それは本論の中にも述べたように、かれの並外れた博識さに起因するように思われる。自らの学識を基準にして注釈がなされるために、その説明はあまりにも簡潔にすまされ、知識に乏しい自分には『中辺論』の意図を理解できずに戸惑うことがしばしばであった。その暗中模索の中で手を差し伸べてくれたのが、調伏天の『三十論疏』と『観所縁論疏』であった。安慧の唯識論疏を読む上で、調伏天の注釈を注意深く読むことが一つの方法となると思われる。本書を公刊して広く読まれることを願う所以である。第二部は、勉強会に提出した試訳を参加者と共に検討し、繰り返し訳し直して作成した拙訳である。ダシュ准教授を初め勉強会に出席して議論を共にしてくださった参会者の方々にお礼を申し上げます。

本書第三部に収めたサンスクリット校訂テキストの貝葉写本との対校及び校正の作業をしてくださった、佛教大学大学院博士後期課程在学中の韓国人留学生の金俊佑氏、龍谷大学大学院修士課程在学中の北山祐誓氏、大谷大学大学院修士課程を修了された垣崎淳子氏はその勉強会のメンバーである。諸氏には面倒な仕事に協力していただいたことに心よりお礼を申し上げます。出版に際しては、法藏館の戸城三千代編集長と拙著編集担当の伊藤正明氏と丸山貴久氏には、原稿に慎重に目を通していただき数々のご助言をいただいたことに深くお礼を申し上げます。先にも述べたように、唯識思想はこれから発展が期待される研究分野である。読者諸氏の真摯なるご批判ご鞭撻をいただきたくお願い申し上げます。

小谷　信千代

二〇一六年六月二日

索　引

（主要なところのみを掲出した）

I　日本語索引

あ行——

か行——

た行——

な行——

は行——

ま行——

や行――

ら行――

II　ローマ字索引

第三部　校訂テキスト

安慧（Sthiramati, ca. 510-570）[1]の『中辺分別論釈疏』（Madhyāntavibhāgaṭīkā）の梵文写本は，1928年にレヴィ教授（Sylvain Lévi）によってカトゥマンドゥで存在が確認され，同時期にツッチ教授（Giuseppe Tucci）によっても確認された。かれらがそれぞれに確認した写本は，その校訂出版を照らし合わせれば，いずれも各葉に三分の一ほどの欠損があり，同一のものであると思われる。その写本は，レヴィ教授の委託を受けた山口益博士によって校訂作業が始められ，その成果は五回にわたって『大谷学報』に発表され，後に未発表分をも加えて1934年に初めて全章の写本が一書に纏めて刊行された。

ツッチ教授もバッタチャルヤ教授（Vidhushekhara Bhattacharya）と共に校訂作業を進め，1932年に第１章（相品）の校訂本を出版しているが，山口本の出版のゆえにか第２章以降の出版はなされなかった。その後，1971年に山口本の校訂ミスを修正することを主旨としてパンディヤ教授（Ramachandra Pandeya）による校訂本が出された。しかしパンディヤ教授による校訂と思われる箇所は，山口本の本文と注記とを逐一逆転させただけのものであったり，あるいは写本を見ていない可能性のあることが指摘されるような，信頼性のない作品とされている[2]。

上記の校訂本以外に，写本の校訂作業に参考できるものとしては，1988年にドゥ・ヨング（J. W. de Jong）の指導の下に博士論文として提出されたスタンレイ博士（Richard Stanley）の*A Study of the Madhyāntavibhāga-bhāṣya-ṭīkā*がある。本論は『中辺分別論』（以下『中辺論』と略称）安慧疏全章の英訳を主旨とする力作であるが，山口本に対する多数の修正が脚注に示されている。修正に際して長尾雅人博士から提供された山口本の底本となった写本を参照されたことがその謝辞の中に述

べられており，英訳ともども信頼し得るものと思われる。2003年には三穂野英彦氏によって「*Madhyāntavibhāga* 第一章相品における理論と実践」と題する博士論文が広島大学の桂紹隆博士の許に提出された。その附録の中に『中辺論』安慧疏第一章「虚妄分別」の節に対する氏の校訂が示されている。2007年には松岡寛子氏によって「スティラマティ著『中辺分別論釈疏』〈帰敬偈〉のテクスト校訂及び和訳」が広島大学の『比較論理学研究』第４号に掲載されている。

［凡　例］

一　***MAVBh*, 17, 1.** は長尾校訂本（G. M. Nagao ed., *Madhyāntavibhāga-bhāṣya,* Tokyo, 1964）の17頁１行目から始まることを示す。

二　***MAVṬ*, 1, 1.** は山口校訂本（S. Yamaguchi ed., Sthiramati ; *Madhyānta-vibhāgaṭīkā, Exposition systématique de Yogācāravijñaptivāda,* Tokyo, 1966）の１頁１行目から始まることを示す。

三　*MAVṬ* 文中の斜体文字は山口博士による還元梵語であることを示す。

四　*MAVṬ* 文中の下線は *MAVBh* の語の注釈であることを示す。

五　記号 |（ダンダ）はピリオドに相当し，'（ハーフダンダ）はコンマに相当する。

六　太字はその語が本頌の語であること，及び本頌の語を注釈することを示す。

七　(c. Saṃgrahalakṣaṇa）等として付した細目は山口校訂本を踏襲したもので原文にはない。

八　(1b）は写本（Ms）の第１葉裏面であることを示す。

［略　号］

AKBh　P. Pradhan ed., *Abhidharma-kośabhāṣya of Vasubandhu*, K. P. Jayaswal Research Institute, Patna, 1967.

AKVy　U. Wogihara ed., Sphuṭa-arthā Abhidharmakośa-vyākhyā, Tokyo, 1971

Bh/T　V. Bhattacharya & G. Tucchi ed., *Madhyāntavibhāgasūtrabhāṣyaṭīkā of Sthiramati*, Part I, Luzac & London, 1932.

Errata　山口益編『漢蔵対照弁中辺論』（鈴木学術財団，1966年）所収。

Fri D. L. Friedmann, *Sthiramati: Madhyāntavibhāgaṭīkā, Analysis of the Middle Path and the Extrems,* Utrecht, 1937.

Ma Matuoka Edition：松岡寛子「スティラマティ著『中辺分別論釈疏』〈帰敬偈〉のテクスト校訂及び和訳（『比較論理学研究』第4号，2007年）

MAVBh *Madhyāntavibhāga-bhāṣya.*

MAVṬ, *Madhyāntavibhāga-ṭīkā.*

Mi Mihono Edition：三穂野英彦「*Madhyāntavibhāga* 第一章相品における理論と実践」附録（広島大学博士論文，2003年）

Ms Manuscript of *MAVṬ* used by Yamaguchi.

MVy 榊亮三郎『翻訳名義大集』鈴木学術財団，再刊1962年。

N G. M. Nagao ed., *Madhyāntavibhāga-bhāṣya*, Tokyo, 1964.

NC Nagao Comparison：長尾雅人「『中辺分別論安慧釈』の梵写本との照合」（『鈴木学術財団研究年報』15，東京，1978年）。

P R. Pandeya ed., *Madhyānta-vibhāga-śāstra, Containing the Kārikās of Maitreya, Bhāṣya of Vasubandhu and Ṭīkā by Sthiramati,* Delhi, 1971.

St Richard Stanley, *A STUDY OF THE MADHYĀNTAVIBHĀGA-BHĀṢYA-ṬĪKĀ* (The Austrarian National University, 1988).

Stc Th. Stcherbasky, *Madhyānata-vibhanga Discourse on Discrimination between Middle and Extremes ascribed to Bodhisattva Maitreya and commented by Vasubandhu and Sthiramati ;* Bibliotheca Buddhica 30 ; Neudruck der Ausgabe, 1936, Biblio Verlag, Osnabrück, 1970.

T *Triṃśikā-vijñaptimātrasiddhi (Vasubandhu). See TBh.*

TBh S. Lévi ed., *Vijñaptimātrasiddhi, Deux Traités de Vasubandhu, Viṃśatikā accompagnée d'une Explication en Prose et Triṃśikā avec le commentaire de Sthiramati,* Paris ; Librairie Ancienne Honoré Chapion, 1925.

Y S. Yamaguchi ed., Sthiramati ; *Madhyāntavibhāgaṭīkā, Exposition systématique de Yogācāravijñaptivāda,* Tokyo, 1966.

Tib チベット訳

MAVBh, 17, 1.

Madhyāntavibhāgabhāṣya

namo buddhāya |

(Abhyarcana)

śāstrasyāsya praṇetāram abhyarhya sugatātmajam |
vaktāraṃ cāsmadādibhyo yatiṣye 'rthavivecane ||

MAVṬ, 1, 1.[3]

Madhyāntavibhāgaṭīkā

(Abhyarcana)

(1b) *prāyaḥ śiṣṭā*[4] *gurum abhimatadevatāṃ cābhyarhya*[5] *karmasu pravartanta ity ayam apy svayaṃ śiṣṭakramānuva*rtī[6] madhyāntavibhāgasūtrabhāṣyaṃ cikīrṣus[7] tatpraṇetur vaktuś ca pūjāṃ *kṛtvā tadarthavibhāgāya pravṛtta*[8] *iti pradarśayann āha* '

śāstrasyāsya praṇetātam

ityādi ' evaṃ kṛtvā ko guṇaḥ prāpyate[9] */ guṇavato hitakāriṇaś ca pūjayatāṃ*[10] *puṇyam upacīyate / puṇyāny upacitāni*[11] *samārabdhavato vighnavināya*[12]kair anupahatān alpena prayāsena samāpayantīti |

atha vā *praṇetruktasya vaktṛvivṛtasya ca samādānaṃ kathayatā praṇetṛvaktrayoś ca sūtravṛttyoś*[13] *ca gauravotpādanārtham /*

śāstrasyāsya praṇetāram

iti sarvam[14] *uktam /*

tatra praṇetruktatvanirdeśāt[15] *sūtre gaurava*[16]m utpadyate | asya kārikāśāstrasyāryamaitreyaḥ praṇetā ' sa caikaj*ātipratibaddhatvāt sarvabodhisattvābhijñādhāraṇīpratisaṃvitsamādhīndriyakṣāntivimokṣaiḥ paramapāramitāprāptaḥ*[17] *sarvabodhisattvabhūmiṣu*[18] *ca niravaśeṣaprahīṇāvaraṇaḥ*[19] */*

vaktṛsamādānadvāreṇa vṛttyāṃ[20] gauravam utpadyate | vaktā punar atrācāryāsaṅgas tasmāc chru*tvācāryabhadantavasubandhuḥ*[21] *etadbhāṣyam akarot*[22] */ tayor api prajñāprakarṣayogād*[23] *aviparītapratipattidhāraṇopadeśa-*

samarthatvād[24] *atra sūtrārtho 'vipaīta*[25] *upadiṣṭa iti bhāṣye*[26] *gauravam utpadyate / evaṃ ye pudgalapramāṇa*kās[27] teṣāṃ sūta*vṛttyor*[28] gauravotpattiḥ /

ye ca dharmapratisāriṇas[29] *teṣāṃ sūtravṛttyoḥ śubhārthe 'vabodhaḥ / jāte ca niścaye 'yaṃ praṇetṛvaktravabodhenāpi prabhāvito, na tu tarkāgamamātreṇeti*[30] *praṇetṛvaktṛgauravotpattiḥ /*

*i*dam idānīṃ *vaktavyaṃ kīdṛ*grūpaṃ śāstraṃ kiṃ *ceti*[31] *' nāmapadavyañjanakāyapratibhāsā*[32] *vijñaptayaḥ śāstram / atha vā lokottarajñānaprāpakaśabdaviśeṣapratibhāsā*[33] *vijñaptayaḥ śāstram / kathaṃ vi*jñaptayaḥ praṇīyanta ucyante vā | *praṇetṛvaktṛ*vijñaptipra*bhavatvāt śravaṇavijña*ptīnāṃ[34] nā*tra doṣaḥ*[35] */ śiṣ*yaśāsanāc chāstram / *śiṣyaśāsanaṃ*[36] *hi śīlasamādhiprajñāviśeṣotpādanāt kāyavāṅmanāṃsy asamyakkarmaṇo nivartayati samyakkarmaṇi pravartayati ca*[37] */*

atha vā śāstralakṣaṇopapatteḥ[38] *śāstram / (tac ca) śāstralakṣaṇaṃ*[39] *yad upadeśo bhāsamāno ('bhyastaḥ savāsana) kleśa*prahāṇāya[40] (āpadyate) nirantaradīrghavi*vidhatīvraduḥkhabhūtāyāś ca durgater bhavāc ca saṃtrāyate / tasmāt kleśaripuśāsanād*[41] *durgatibhavasaṃtārāc*[42] *ca* (2a) *śās*tralakṣaṇam | etac ca dvayam api sarvasmin mahāyāne sarvasmiṃś ca tadvyākhyāne vidyate nānyatreti | ata[43] etac chāstram | āha ca |

> yac chāsti ca kleśaripūn aśeṣān saṃtrāyate durgatito bhavāc ca |
> tac chāsanāt (trāṇa)guṇāc ca śāstram *etad dvayaṃ cānyamateṣu nāsti*[44] ||

*asyeti / triyānadvāreṇa saptavastusaṃ*grahasya kleśajñeyāvaraṇaprahāṇaprāpakasya madhyāntavibhāgakārikāśāstrasya hṛdi sthitatvād asyeti pratyakṣopadeśaḥ /

praṇetāram iti kartāram | yady apy ayaṃ dhātuḥ prāpaṇārthas *tathāpi praśabdayogāt viśeṣārthako*[45] *draṣṭavyaḥ | uktaṃ hi*

> *upasargeṇa dhātvartho balād anyaḥ*[46] *pratīyate*[47] |
> gaṅgāsalilamādhuryaṃ sāgareṇa yathāmbhasā[48] ||

abhyarthety abhyarcya | abhitaḥ purataḥ sākṣād iva sthitam arhitvār-cayitvā kāyavāṅmanobhiḥ[49] |

sugatātmajam iti | suṣṭhu *gataḥ savāsanakleśāvaraṇāj*[50] *jñeyāvaraṇāc cāpratiṣṭhitaṃ nirvāṇam iti sugataḥ / sa ca sa*rvasavāsanāvaraṇaprahīṇaḥ[51] sarvathāsarvadharmāvabodhasvarūpaḥ sarvavibhūtyāśrayabhūtaḥ | cintāmaṇiratnavad acintyaprabhāvavigrahaḥ sarvasattvānām anābhogena sarvā*rtha(ca)raṇasamartho*[52] *nirvikalpakajñānaviśeṣātmakaḥ sugataḥ* | *tasyātmaiva viśuddhatathatā*[53] / *tajja*nitatvān nirvikalpasya jñānasya tasmāt tasmiṃ vā jātaḥ sugatātmajaḥ |

atha vā sugatātmanā jāta iti sugatātmajaḥ | yathoktaṃ sūtrāntare jāto bhavati ta*thāgatavaṃśe tadātmakadharmapratilambheneti*[54] / *evaṃ sati bodhisattvasya daśamabhūmau*[55] *pratiṣṭhitasya* sarvākāraṃ jñeyavastu kara-[56]talastham ivāmalakaṃ tanvaṃśukāvacchāditalocanasyevābhāsam[57] āyāti | bhagavataḥ punar apanītalocanāvaraṇasyevety ayaṃ viśeṣaḥ |

atra hi sugatātmaja*tvena*[58] *tasyaiva śāstrapraṇetur*[59] *adhigamasaṃpat*[60] *pradarśitā lābhasatkāranirapekṣ*asya śāstrapraṇetṛtvena karuṇāsaṃpat prajñāsaṃpac ca |

vaktāram iti vyākhyānasya kartāram | abhyarhyeti saṃbadhyate sugatātmajam[61] ity apīty apare | sa punar āryāsaṅgaḥ | tatrāryamaitreyādhiṣṭhānād dharma*srotasā*[62] *abhimukhībhūtam*[63] *idaṃ śāstram*[64] *uktam* |

ceti samuccaye pādapūraṇe 'dhikavacane vā | anyān api buddhabodhisattvān arcayitvā na kevalaṃ praṇetāraṃ vaktāraṃ ceti |

kebhyo vaktāram | asmadādibhya iti vayam ādir yeṣāṃ te 'smadādayas tebhyo 'smadādibhyaḥ | anenā*tmano 'mṛṣā*[65] *upadeśo bhāṣamāno*[66] *nirdiṣṭaḥ* /

śāstrasya praṇetāraṃ (2b)vaktāraṃ cābhyarhya kiṃ kariṣyasīty āha yatiṣye 'rthavivecane ' yatnam ārapsyate[67] 'rthavivecane 'rthavivaraṇe pṛthagbhāvakaraṇe vā | iyaṃ ca nimittārthā saptamī | arthavivecananimittam ity arthaḥ ||

***MAVBh*, 17, 5.**

(Śāstraśarīra)

tatrāditaḥ śāstraśarīraṃ vyavasthāpyate |

lakṣaṇaṃ hy āvṛtis tattvaṃ pratipakṣasya bhāvanā |
tatra ca sthā phalaprāptir yānānuttaryam eva ca ‖

ity ete saptārthā hy asmiṃ cchāstre upadiśyante | yaduta lakṣaṇam āvaraṇaṃ tattvaṃ pratipakṣasya bhāvanā | tasyām eva ca pratipakṣabhāvanāyām avasthā phalaprāptiś ca yānānuttaryaṃ ca ' saptamo 'rthaḥ |

***MAVṬ*, 5, 10.**

arthaḥ punar atra śāstraśarīram ' ity ete saptārthā hy asmiñ śāstra upadiśyanta[68] *iti vacanāt / kimartham idaṃ śā*straṃ praṇītam | buddhānāṃ bhagavatāṃ samyagnirvikalpajñānotpādanārtham[69] | dharmanairātmyadeśanayā[70] nirvikalpajñānotpādāt tadabhyāsāc ca niḥśeṣasavāsanakleśajñeyāvaraṇaprahāṇam[71] *avāpyate / ayaṃ punar dharmanairātmyasya virodhavādo yat* sarvadharmanāstitvaṃ[72] *dharmanairātmyam*[73] *' antarvyāpārapuruṣarahitatā*[74] *ca dharma*nairātmyam ity atas tatpratiṣedhena yathābhūtanairātmyapratipādanārthaṃ[75] śāstrārambhaḥ |

lakṣaṇāvaraṇādiṣv apratipannavipratipannānāṃ samyagavabodhotpādanād apratipattivi*pratipattyapanayanārtham*[76] *ity anye /*

*atha vā pañcākārajñeye lokadhātusattvadharmavineyo*pāyadhātvātmake pratyekam anantaraprabhedatvād durvijñeyam iti bodhisattvānāṃ yaś cittasaṃkocas tadapanayanārtham āha |

lakṣaṇaṃ hy āvṛtis[77] **tattvam**

iti | tatrāditaḥ śāstraśarīraṃ vyava*sthāpyata*[78] *iti / tatreti tacchāstrārthavivecane*[79] *śāstre vā / ādita iti prathamata eva / śāstraṃ vivaraṇam / taccharī*raṃ saṃkṣepaḥ piṇḍārtho[80] vā | āśrayārthena vā śarīram | yathā hi bāhyādhyātmikāyatanāśrayaḥ kāyaḥ śarīram ity ucyate | evaṃ yān arthān niśritya śāstraṃ pravartate te 'rthās tasya śarīram | te ca *saptārthā*

***lakṣaṇā**dayaḥ* / *vyavasthāpyata iti prajñapyata ākhyāyata ity arthaḥ*[81] /
*nanu śāstrāvabodhenai*va taccharīraṃ[82] vijñāsyata iti nirarthakam ādau tadvyavasthāpanam | na nirarthakaṃ śiṣyānugrahārthatvād | gatārtho hi śiṣyaḥ sukhaṃ vistaram ucyamānaṃ pratipadyate | dṛṣṭabhūminiḥsaṅgāśvadhāvanavat[83] *nānyatheti* /

ete saptārthā hy asmiñ śāstra upadiśyanta[84] *iti śāstraśarīra*samāptyarthaḥ[85] | eta iti ye lakṣaṇādaya uddiṣṭāḥ | sapteti saṃkhyā paryantādhigamārtham upādānam | arthyanta ity arthā adhigamyanta iti yāvat | asmiñ śāstra iti madhyāntavibhāgasaṃjñake | *upadiśyanta ity ākhyāyante viniścīyante vā*[86] / *yaduteti*[87] *tadarthapratipādananipātaḥ* / ***lakṣaṇam*** *iti* / lakṣyate[88] 'neneti lakṣaṇam | tac ca dvividhaṃ saṃkleśalakṣaṇaṃ vyavadānalakṣaṇaṃ ca | tatra saṃkleśalakṣaṇaṃ navavidham |

abhūtaparikalpo 'sti (1a)

ity ārabhya yāvat

saptadhā 'bhūtakalpanād (11d)

iti | śeṣeṇārdhena vyavadānala*kṣaṇam ākhyātam* /

yadi lakṣyate[89] *'neneti lakṣaṇam ity evaṃ sati lakṣaṇasya saṃkleśavyavadānabhedo bhaved iti naitad e*(3a)vam | svabhāva eva hi bhāvānāṃ lakṣaṇam | tadyathā pṛthivīdhātuḥ khakkhaṭalakṣano[90] na ca khakkhaṭatvāt[91] pṛthivīdhātuḥ pṛthag astīti | atha vā lakṣyate tad iti lakṣaṇam | evaṃ hi saṃkleśo vyavadānaṃ ca saṃkleśavyava*dānātmatvena lakṣyata iti lakṣaṇam / atha vā dvayoḥ saṃkleśavyavadānayor lakṣaṇaṃ dvividhaṃ svalakṣaṇaṃ ca sāmānyalakṣaṇaṃ ca* /

āvaraṇam iti | āvṛṇoti kuśalān dharmān[92] ' āvriyante (v)ānena[93] kuśalā dharmā[94] utpattivibandhād ity āvaraṇam | tat punas tripañcāśatprakāram | **tattvam** iti | tad evedaṃ tat ' tasya bhāvas tattva*m aviparyāsa ity arthaḥ* / *tac punar*[95] *daśavidham*[96] / *vipakṣaprahāṇārthaḥ*[97] *pakṣaḥ* ***pratipakṣaḥ*** / *sa mārgaḥ / tadabhyāso* ***bhāvanā*** | **avasthā**[98] tasyaiva santānenotpattiviśeṣaḥ | sā punar ekonaviṃśatiprakārā[99] gotrāvasthādikā | phalasya lābhaḥ **phalap-**

rāptiḥ[100] | tat punaḥ pañcadaśaprakāraṃ vipāka*phalādīni* / ***yānānuttaryam*** *iti yāty aneneti yānaṃ*[101] / *yānaṃ ca tad ānuttaryaṃ ceti* yānānuttaryam | tat punas trividhaṃ pratipattyānuttaryādi | saptamo 'rtha[102] iti niyamārtham anukramārthaṃ cāha | etāvanta evātrārthā[103] nirdiśyante nāto 'nya[104] iti |

anukramaḥ punar ayaṃ lo*kottarajñānānukūlārtham / tathā hi bodhisattvenādhimukticaryābhūmisthitena śīlapratiṣṭhitena prathamaṃ saṃkle*śavyavadānakuśalena bhavitavyam | tataḥ kuśalānāṃ dharmāṇāṃ yasya yad āvaraṇaṃ tasya taj jñeyam | tasyāprahāṇād vimukter asaṃbhavād avijñātaṃ[105] ca prahātuṃ na śakyate doṣādarśanāt | *tatas tadāvaraṇād yenālambanena cittaṃ vimucyate tat tattvaṃ veditavyam / tatas tenālambanena tadāvaraṇasya*[106] *ye*na prayogeṇa kṣayo bhavati sā pratipakṣabhāvanā jñeyā | tatas tasyāṃ pratipakṣabhāvanāyāṃ vipakṣahānyā pratipakṣavṛddhyā[107] cāvasthā jñeyā gotrāvasthādikā | tato lokottaradha*rmābhimukhīkaraṇaṃ*[108] *phalāni* | *srotaāpannaphalādīni jñeyāni*[109] / *sarvam apy etat sottarāc chrāvakādibhiḥ sādhāraṇaṃ*[110] bodhisattvānāṃ | yathoktaṃ sūtre sa pravrajitaḥ śrāvakaśikṣācāragocarasamudācāram api śikṣate | pratyekabuddhaśikṣācāragocarasamudācāram api śikṣate | bodhisattvaśikṣācāragocara*samudācāram api śikṣata iti*[111] / *bodhisattvānāṃ tv ānuttaryam*[112] *asādhāraṇam ' saptamo 'rtha ānuttaryam*[113] /

anyas tv āha | saṃkleśavyavadānalakṣaṇe kauśalotpādanārtham ādau lakṣaṇam | tatra yaḥ saṃkleśas tad āvaraṇaṃ | yad vyavadānaṃ tat tattvam | āvaraṇaprahāṇaṃ ca tattvādhigamād bhavatīty ata āvaraṇatattve[114] | tatprahā*ṇopāyapradarśanārthaṃ tataḥ saparivārapratipakṣo mārgaḥ / tasya mārgasyādimadhyānteṣu mṛdumadhyādhimātrapra*(3,b)bhedapradarśanārthaṃ[115] tatrāvasthā | avasthā cānurūpaṃ phalam[116] āvahatīti tadanantaraṃ phalam[117] | etac ca sarvaṃ bodhisattvasya śrāvakādisādhāraṇam ity asādhāraṇamahāyānanayaprakāśanārthaṃ yānānuttaryam iti |

anye tv āhuḥ[118] / *sadasallakṣaṇajñāpanārthaṃ prathamato lakṣaṇam ākhyātam / lakṣaṇaṃ jñātvāvaraṇaṃ prahātavyaṃ tattvaṃ ca sākṣāt*karta-

vyam iti tadanantaram āvaraṇatattve[119] / tayoś ca prahāṇasākṣātkaraṇayor ayam upāya iti pratipakṣabhāvanā | tasyāś ca tāratamyam avasthāviśeṣaḥ | tatkṛtaṃ[120] ca prahāṇaṃ phalam | ta*danantaraṃ yānānuttaryam iti prakāśanārtham ayam anukrama iti /*

*aparo 'pi manyate[121] / sattvasya sadasaddharmasaṃmohasyāpavādasa*māropaprahāṇārthaṃ lakṣaṇanirdeśaḥ | prahīṇasaṃmohasyāvaraṇakauśalārtham āvaraṇam | tenāvṛtaṃ tattvam iti tattvakauśalārthaṃ tadanantaraṃ tattvam | tattvaprativedhabhāvanayā*varaṇaprahāṇaṃ[122] bhavatīti tattvānantaraṃ pratipakṣabhāvanā / tatprabhedakauśalārtham avasthā / avasthayā phalaṃ prabhāvita*m ity avasthānantaraṃ phalaṃ tatkauśalotpādanārtham | sarvam etan mahāyānam āgamyeti yānānuttaryam ante[123] nirdiṣṭam |

MAVBh, 17, 13.

(Lakṣaṇapariccheda
1. Abhūtaparikalpa
a. Sadasallakṣaṇa)

tatra lakṣaṇam ārabhyāha |

abhūtaparikalpo 'sti dvayaṃ tatra na vidyate |
śūnyatā vidyate tv atra tasyām api sa vidyate || (1)

tatrābhūtaparikalpo grāhyagrāhakavikalpaḥ | dvayaṃ grāhyaṃ grāhakañ ca | śūnyatā tasyābhūtaparikalpasya grāhyagrāhakabhāvena virahitatā | tasyām api sa vidyata ity abhūtaparikalpaḥ | evaṃ yad yatra nāsti tat tena śūnyam iti yathābhūtaṃ samanupaśyati | yat punar atrāvaśiṣṭaṃ bhavati tat sad ihāstīti yathābhūtaṃ prajānātīty aviparītaṃ śūnyatālakṣaṇam udbhāvitaṃ bhavati |

na śūnyaṃ nāpi cāśūnyaṃ tasmāt sarvaṃ vidhīyate |
sattvāt asattvāt sattvāc ca madhyamā pratipac ca sā || (2)

na śūnyaṃ śūnyatayā cābhūtaparikalpena ca | na cāśūnyaṃ dvayena

grāhyeṇa grāhakeṇa ca | sarvaṃ saṃskṛtaṃ cābhūtaparikalpākhyam | asaṃskṛtaṃ ca śūnyatākhyam | vidhīyate nirdiśyate | sattvād abhūtaparikalpasya ' asattvād dvayasya ' sattvāc ca śūnyatāyā abhūtaparikalpe ' tasyāṃ cābhūtaparikalpasya | sā ca madhyamā pratipat ' yat sarvaṃ naikāntena śūnyaṃ naikāntenāśūnyam | evam ayaṃ pāṭhaḥ prajñāpāramitādiṣv anulomito bhavati "sarvam idaṃ na śūnyaṃ nāpi cāśūnyam" iti |

***MAVṬ*, 10, 1.**

tatra lakṣaṇam ārabhyāha

abhūtaparikalpo 'sti dvayaṃ tatra na vidya*te /*

***śūnyatā vidyate tv atra tasyām api sa vidyate //* (1)**

iti / tatreti lakṣaṇāvaraṇādisaptabhāvanirdiṣṭeṣu[124] *la*kṣaṇam adhikṛtyoddiśyāha[125] |

abhūtaparikalpa[126] (1a)

ityādi | yathoddeśas tathā nirdeśa iti kṛtvā ' lakṣaṇaṃ ca prāg uddiṣṭam atas tasyaiva śeṣebhyo nirdeśaḥ prāg ārabhyate |

kecid viru*ndhanti*[127] *sarvadharmāḥ sarvathā niḥsvabhāvāḥ śaśaviṣāṇavad ity ataḥ sarvāpavādapratiṣedhārtham āha*

***abhūta*parikalpo 'stī (1a)**

(ti) | svabhāvata iti vākyaśeṣaḥ | nanv evaṃ sūtravirodhaḥ sarvadharmāḥ śūnyā iti sūtre[128] vacanāt | nāsti virodhaḥ ' yasmād

dvayaṃ tatra na vidyate (1b) |

abhūtaparikalpo hi grāhyagrāhaka*svarūparahitaḥ śūnya ucyate na tu sarvathā svabhāvo nāsti*[129] | *ato na sūtravirodhaḥ* | *yady evaṃ dva*yaṃ śaśaviṣāṇavat sarvathā nāsti ' abhūtaparikalpaś ca paramārthataḥ svabhāvato 'sty evaṃ śūnyatābhāvaprasaṅgaḥ | naitad evam | yasmāc

chūnyatā vidyate tv atra (1c) |

iyam eva hi śūnyatā yā grāhyagrāhakarahitatā *'bhūtaparikalpa iti na śūnyatā nāstitvaṃ bhavati / yady advayā śūnyatā sā cābhūtaparikalpe 'sti*

[130]*kasmād vayam a*muktāḥ ' vidyamānā ca kasmān na gṛhyata [131]iti saṃśayāpanayanārthaṃ

tasyām api sa vidyata (1d)

ity āha | yasmāc chūnyatāyām apy abhūtaparikalpo vidyate tasmād bhavanto na muktāḥ | ata eva ca samalatvān na *prasannābdhātuvad* [132]*grahaṇaṃ yuktam* |

atha vā cittacaittebhyo 'nyatra rūpādayo dravyatvena santīti [133]*yad darśanaṃ tadpratiṣedhārtham āha* |

(4,a)**abhūtaparikalpo 'stī (1a)**

(ti | sa [134]evāsti) dravyata(ḥ) | nāsti rūpaṃ tadvyatiriktam | [135](nāsti) dravyata iti | kiṃ kāraṇaṃ ' yasmād

dvayaṃ tatra na vidyate (1b) |

na hy abhūtaparikalpaḥ kasyacid grāhako nāpi kenacid gṛhyate ' kiṃ tarhi ' grāhyagrāhakarahi[136]*taṃ bhāvamātram eva / yato vijñānād* [137]*bahī rūpādayo na gṛhyante svapnādivad ' vijñānaṃ rūpādyā*bhāsam utpadyate | na ca yady asya kāraṇaṃ tadabhāve tasyotpattir yujyate | tasmān nirālambanam eva svapnādāv iva | anyatrāpi svabījaparipākād arthābhāsaṃ vijñānam utpadyata ity [138]avaseyam | grāhy*ābhāve grāhakasyābhāvād grāhye 'sati* [139]*grāhako bhāvituṃ na yujyate / tasmān na rūpam abhūtaparikalpāt pṛthag asti* |

yadi tarhi grāhyābhāvas tena viśuddhyālambanābhāvān [140]mokṣābhāvaḥ | naitad evam ' yasmāc

chūnyatā vidyate tv atra (1c) |

tuśabdo yasmādarthaḥ | śūnyatā hi viśuddhyālambanaṃ [141]' sā ca grāhya*grāhakarahitatā 'bhūtaparikalpe 'stīti na mokṣābhāvaḥ / yady abhūtaparikalpe 'sti sā vi*dyamānā kimarthaṃ na gṛhyate | abhūtaparikalpāvṛtatvān na gṛhyata [142]ākāśanairmalyavat ' na tv asattvād iti pratipādayann āha

tasyām api sa vidyata (1d)

iti || atha vā sarvāpa*vādapratiṣedhātham āha*

***abhūtaparikalpo 'sti* (1a) |**

*iti / na sarvam asan nāpi sadātmakaṃ vijñānapa*riṇāmātmanā astīti kṛtvā |

ye tu manyante yathaiva rūpādayaḥ prakhyāyante tathaivābhūtaparikal-[143]pāt svabhāvataḥ pṛthag vidyanta iti tān praty āhābhūtasamāropaprati*ṣedhārthaṃ*

***dvayaṃ tatra na vidyate* (1b) |**

iti / abhūtaparikalpamātraṃ vidyata ity abhiprāyaḥ / kaiśacid[144] *dvayor*[145] *a*bhāvo vandhyāputravad ucchedarūpo[146] gṛhyate | anyair antarvyāpārapuruṣarahitatā dharmāṇāṃ śūnyatety ucyate | ataḥ śūnyatāpavādapratiṣedhārthaṃ bhūtanairātmyakhyāpanārthaṃ *cāha*

***śūnyatā vidyate tv atra* (1c) |**

*iti / yady abhūtaparikalpe śūnyātāsty evaṃ sati sarvaprāṇinām aprayatnena mokṣapra*saṅgaḥ | nāsty etat | yasmāt

tasyām api sa vidyate (1d) |

na hy aviśodhitāyāṃ śūnyatāyāṃ[147] mokṣo 'sti saṃkliṣṭā[148] ca mahatā yatnena viśodhyata iti nāsty ayatnena mokṣaḥ | atha vā lakṣaṇaṃ saṃ*kleśavyavadānalakṣaṇād uktād*[149] *anyan nāstīty ataḥ saṃkleśavyavadānalakṣaṇapradarśanārtham*[150] *āha /*

***abhūtapari*(4,b)kalpo 'sti (1a)**

iti vistaraḥ | abhūtaparikalpasvabhāvaḥ saṃkleśo bhrāntilakṣaṇatvāt | katham etaj jñātavyaṃ bhrāntilakṣaṇam iti | yena

dvayaṃ tatra na vidyate (1b) |

svātmany avidyamānena grāhyagrāhakākāreṇa prakhyān*ād bhrāntisvarūpeṇa jñāyate / idānīṃ vyavadānasvarūpaparīkṣārtham*[151] *āha*

***śūnyatā vidyate tv atra* (1c)**

iti / śūnyatāsvabhāvaṃ vyavadānaṃ[152] *dva*yābhāvasvabhāvatvāt | atra ca śūnyatāprabhāvitatvān mārganirodhayor api grahaṇaṃ veditavyam | saṃkleśapakṣād eva vyavadānapakṣo mārgayitavyo na punaḥ pṛthak tattvam[153] asyāstīti parīkṣārtham[154] / *āha atreti / yadi dvayaṃ nāsti kathaṃ tad astīti*

lokabhrāntir[155] *iti pṛṣṭam / ataś cāha*

***tasyām api sa vidyate* (1d)**

iti / *grāhyagrāhaka*vikalpo[156] hastyādyākāraśūnyamāyāyām iva hastyākārādayaḥ | abhūtam asmin dvayaṃ parikalpyate 'nena vety abhūtaparikalpaḥ | abhūtavacanena ca yathātra[157] parikalpyate grā*hyagrāhakatvena tathā nāstīti pradarśayati / parikalpavacanena tv artho yathā parikalpyate tathārtho na vidyata iti pradarśa*yati | evam asya grāhyagrāhakavinirmuktaṃ lakṣaṇaṃ paridīpitaṃ bhavati |

kaḥ punar asau | atītānāgatavartamānā hetuphalabhūtās traidhātukā anādikālikā nirvāṇaparyavasānāḥ *saṃsārānurūpāś cittacaittā*[158] *aviśeṣeṇābhūtaparikalpaḥ / viśeṣeṇa*[159] *tu grāhyagrāhakavikalpaḥ / tatra grā*hyavikalpo[160] 'rthasattvapratibhāsaṃ vijñānam | grāhakavikalpa ātmavijñaptipratibhāsam | dvayaṃ grāhyaṃ grāhakaṃ ca | tatra grāhyaṃ rūpādi | grāhakaṃ cakṣurvijñānādi | grāhyagrāhakabhāve*na virahitatā*[161] *viviktatā hy abhūtaparikalpasya śūnyatā* ' *na tu abhūtaparikalpo 'py abhāvaḥ / yathā śūnyā rajju*ḥ sarpatvabhāvenātatsvabhāvatvāt[162] sarvakālaṃ śūnyā na tu rajjusvabhāvena[163] ' tathehāpi | tasyām api sa vidyata ity abhūtaparikalpaḥ | evaṃ hy āgantukāvaraṇopakliṣṭatvāt tadagrahaṇam[164] uktam[165] *abdhātvādivad iti*[166] */ evaṃ yad yatra*[167] *nāsti tat tena śūnyam iti (yathābhūtaṃ)*[168] *samanupaśyatīti / kiṃ kasmin nāsti / abhūtaparika*lpe dvayam ' ato 'bhūtaparikalpaṃ dvayena śūnyaṃ paśyati | yat punar atrāvaśiṣṭaṃ[169] tat sat | kiṃ punar ihāvaśiṣṭam[170] | abhūtaparikalpaḥ śūnyatā ca | tadubhayam ihāstīty anadhyāropānapavādena paśyan *yathābhūtaṃ*[171] *prajānāti / tatrābhūtaparikalpe 'dvayadarśanād anadhyāropaḥ / abhūtaparikalpasya śūnyatā*(5a)yāś cāstitvadarśanād anapavādaḥ | aviparītaṃ śūnyatālakṣaṇam udbhāvitaṃ bhavati[172] | yac chūnyaṃ tasya sadbhāvāt ' yena śūnyaṃ tasya tatrābhāvāt | sarvabhāve sarvābhāve vā[173] nāviparītaṃ śūnyatālakṣaṇam ' śūnyatāyā evābhāvaprasaṅgāt | na *śūnyasaṃjñāyām asatyāṃ śūnyatā yogyā*[174] */ dharmatāyā hi bhāvāyattatvād anityatvādivat / dvayam astīti śūnya*tābhāvaḥ |

yadi śaśaviṣāṇakalpam eva[175] dvayam ' kathaṃ tenābhūtaparikalpasya śūnyatāsaṃbhavaḥ ' anyena hy anyasya śūnyatā dṛṣṭā ' yathā bhikṣubhir vihārasya[176] |

naitad evam ' yathā[177] rajjur māyā vā svātmany avidyamānena sarpākār*eṇa puruṣādinā vā[178] prabhāsate / tatra kasyacid grāhanivartanārthaṃ sarpapuruṣādinā* śūnyety[179] ucyate[180] | evam abhūtaparikalpo ’pi svātmany avidyamānena grāhyagrāhakākāreṇa prakhyāyamāno bālānāṃ tadgrahābhiniveśatyājanārthaṃ[181] dvayena śūnya ity[182] ucyate |

na śūnyaṃ nāpi cāśūnyam[183] (2a)

iti / kimartham asau śloka[184] ārabdha iti ' ***sarvaṃ*** *saṃskṛtam asaṃskṛtaṃ ca dvayavirahitam eveti[185] jñā*panārtham | evaṃ hy[186] ekāntapratikṣepeṇa sarvam idaṃ na śūnyaṃ nāpi cāśunyam[187] iti prajñāpāramitāpāṭhābhiprāyatāviṣkṛtā[188] bhavati | anyathā hi[189] pūrvāparaviruddham etat syāt | kiṃca madhyamāprati*patprakāśanārtham[190] / anyathaikāntikaśūnyataivāśūnyānto vā syāt /*

*a*pavādasamāropapratiṣedhopasaṃhārārthaṃ vāsyāraṃbhaḥ |

hetupratyayapratibaddhātmalābhatvād abhūtaparikalpaḥ[191] saṃskṛtam | śūnyatā punas tannirapekṣatvād asaṃskṛtam | vidhīyate prajñāpāramitā*dimadhye paṭhyate / sattvād abhūtaparikalpasya[192] ' na saṃskṛtaṃ śūnyam abhūtaparikalpātmanā[193] / asattvād dvayasya[194]* ' grāhyagrāhakātmanā śūnyam | śūnyatāyās tu sattvam[195] abhūtaparikalpe taddharmateti kṛtvā ' śūnyatāyām apy abhūtaparikalpo dharmirūpeṇa vidyate | evam asaṃskṛtam api dharmatārūpeṇa na śūnyam ' *abhāvasaṃjñakena dvayena svarūpaśūnyam /*

madhyamā pratipac ca se[196] **(2d)**

ti / ratnakūṭādimadhye[197] (yat paṭhyate)[198] ’stīti kāśyapāyam eko ’ntaḥ | nāstīty ayaṃ dvitīyo ’ntaḥ | yad etayor dvayor antayor madhyam iyam ucyate kāśyapa madhyamā pratipad dharmāṇāṃ bhūtapratyavekṣeti sā madhyamā pratipad evam anuloma*kṛtā[199] / sarvam iti saṃskṛtam asaṃskṛtaṃ ca / naikāntena śūnyam ity abhūtaparikalpasya tacchūnyatāyāś ca sadbhāvāt /*

*nā*py ekāntenāśūnyaṃ dvayasyābhāvāt[200] | sarvanāstitve sarvāstitve[201] vānta eva syāt ' na madhyamā pratipat |

(b. Svalakṣaṇa)

MAVBh, 18, 18.

evam abhūtaparikalpasya sallakṣaṇam asallakṣaṇaṃ ca khyāpayitvā svalakṣaṇaṃ khyāpayati |

arthasattvātmavijñaptipratibhāsaṃ prajāyate |

vijñānaṃ nāsti cāsyārthas tadabhāvāt tad apy asat || (3)

tatrārthapratibhāsaṃ yad rūpādibhāvena pratibhāsate | sattvapratibhāsaṃ yat pañcendriyatvena svaparasantānayor | ātmapratibhāsaṃ kliṣṭaṃ manaḥ | ātmamohādisaṃprayogāt | vijñaptipratibhāsaṃ ṣaḍ vijñānāni | nāsti cāsyārtha iti | arthasattvapratibhāsasyānākāratvāt | ātmavijñaptipratibhāsasya ca vitathapratibhāsatvāt | tadabhāvāt tad apy asad iti | yat tadgrāhyaṃ rūpādipañcendriyaṃ manaḥ ṣaḍvijñānasaṃjñakaṃ caturvidhaṃ tasya grāhyasyārthasyābhāvāt[202] tad api grāhakaṃ vijñānam asat |

abhūtaparikalpatvaṃ siddham asya bhavaty ataḥ |

na tathā sarvathā 'bhāvāt (4abc)

yasmān na tathāsya bhāvo yathā pratibhāsa utpadyate | na ca sarvathābhāvo bhrāntimātrasyotpādāt | kimarthaṃ punas tasyābhāva eva neṣyate | yasmāt

tatkṣayān muktir iṣyate || (4d)

anyathā na bandho na mokṣaḥ prasidhyed iti saṃkleśavyavadānāpavādadoṣaḥ syāt |

MAVṬ, 16, 5.

evam abhūtaparikalpasya sallakṣaṇam asallakṣaṇaṃ ca khyāpayitveti[203] | sattvena[204] lakṣyata iti *sattvam eva sallakṣaṇam / **abhūtaparikalpo 'stīty** tenābhūtaparikalpasya*[205] *sattvaṃ*[206] *pradarśayatīty arthaḥ / eva*(5b)m asattvena

lakṣyata ity asattvam evāsallakṣaṇam | tat punar yad[207] grāhyagrāhakabhāvenāsattvam | yasmād abhūtaparikalpe dvayaṃ nāsti ' tasmād abhūtaparikalpo 'pi dvayātmanā nāstīty uktaṃ bhavati ‖

(idānīṃ) svalakṣaṇaṃ khyāpayatīti ' ko *viśeṣo 'sti sallakṣaṇasvalakṣaṇayoḥ ' sallakṣaṇaṃ hi sāmānyam ' svalakṣaṇaṃ tu viśeṣaḥ / yadi svalakṣaṇaṃ noktaṃ syāt*[208] kiṃ syāt[209] ' śarīram abhūtaparikalpasya noktaṃ syāt ' atas taccharīrapratipādanārtham ucyate

arthasattvātmavijñaptipratibhāsaṃ prajāyate |

vijñānaṃ nāsti cāsyārthas tadabhāvāt tad apy asat ‖ (3)

iti | atha vā grāhyagrāhakara*hitam abhūtaparikalpamātram evāsty*[210] *ity uddiṣṭam | tasyām abhūtaparikalpamātratāyām indriyaviṣayavijñānaṃ yathā vyavasthitaṃ na jñā*yate[211] ' abhūtaparikalpapratibhāsabhedena tadvyavashitijñāpanārtham[212] abhūtaparikalpasya svalakṣaṇaṃ khyāpayati

arthasattvātmavijñaptipratibhāsam (3ab)

iti vistaraḥ |

atha vā **'bhūtaparikalpo 'stī**ty anena tatsa*ttvamātraṃ jñāyate ' na tu tatsvabhāvaḥ ' dvayābhāve 'pi*[213] *yad grāhyagrāhakābhiniveśakāraṇaṃ* (*tad*) *na jñāyate ' dva*yaṃ ca nāstīti yataḥ pratīyate tad api noktam ity atas tatpratipādanārtham āha

arthasattvātmavijñaptipratibhāsam (3ab)

iti vistaraḥ | tatra vijñānasvabhāvo 'bhūtaparikalpaḥ | tac ca vijñānaṃ sasaṃprayogam (atra)[214] *abhipretam ' pradhānena tu vijñānaṃ gṛhītam / sa eva grāhyagrāhakābhiniveśo 'rthasattvādipratibhāsani*bandhanaḥ |

nāsti cāsyārthas tadabhāvāt tad apy asad (3cd)

iti ' dvayābhāvakāraṇam | tatrārthasattvapratibhāsam ālayavijñānaṃ sasaṃprayogam ' tac ca vipākatvād avyākṛtam eva | ātmapratibhāsaṃ kliṣṭaṃ manaḥ sasaṃprayogam ' *tac ca nivṛtāvyākṛtaṃ kleśasaṃprayuktatvād uktam / vijñaptipratibhāsaṃ kuśalākuśalāvyākṛtaṃ sasaṃ*prayogaṃ cakṣurvijñānādiṣaṭkaṃ | tad etāny arthasattvātmavijñaptipratibhāsāny aṣṭau

vijñānāni sasaṃprayogāni samudayasatyasaṃgṛhītāt sahakāripratyayāpekṣād ālayavijñānād yathāsaṃbhavaṃ *pañcagatiṣu prabhavanti / kaścit kuśalākuśalāvyākṛtadharmavāsanāpariṇāmaviśeṣo 'sty ā*layavijñānasya yadādhipatyena parasparabhinnābhāsaṃ vijñānaṃ prajāyate |

katham asaty arthādau vijñānaṃ tadābhāsam utpadyate ' na hi puruṣe 'sati sthāṇuḥ[215] puruṣābhāso bhavati[216] |

naiṣa doṣaḥ ' arthādyābhāsaṃ[217] hi vi*jñānaṃ bālā vijñānāt pṛthagarthāstitvam abhiniviśante*[218] *taimirikasya keśoṇḍukādivat / tasmāt tadabhi*niveśatyājanārtham ucyate ' vijñānam evedam arthādyābhāsam[219] utpadyate ' taimirikānām iva keśoṇḍukādyābhāsaṃ vināpy arthasattvādineti[220] | evaṃ cāṣṭavijñānavastukaḥ paratantro 'bhūtaparikalpa ity uktaṃ[221] bhavati |

rūpā*dibhāveneti* ' *yad rūpaśabdagandharasasparśadharmarūpeṇa pratibhāsate tadākārotpattitām upādāya*[222] / (6a) sattvapratibhāsaṃ yat pañcendriyatvena[223] svaparasaṃtānayoḥ | pratibhāsata[224] ity adhikṛtam | adhikasaktisthānatvāt pañcasv indriyeṣu sattvākhyā[225] | tais teṣu vā sajjata[226] iti sattvaḥ | tadākārotpattitām upādāya vijñānaṃ tadābhā*sam iti / ātmapratibhāsaṃ kliṣṭaṃ mana / ātmamohādisaṃprayogād*[227] *iti / kliṣṭasya manasa ātmamohe*nātmadṛṣṭyā ātmatṛṣṇayā[228] 'smimānena ca nityaṃ saṃprayuktatvāt ' teṣāṃ cātmālambanatvād[229] yuktam ātmapratibhāsatvaṃ kliṣṭasya manasaḥ | vijñaptipratibhāsaṃ[230] ṣaḍ vijñānānīti | viṣayagrāhakarūpeṇa prakhyānā*t tadākārotpattitām upādāya vijñaptipratibhāsam / nāsti cāsyārtha ity ākāracatuṣṭayasyeti*[231] */ arthasattva*pratibhāsasyānākāratvāt ' ātmavijñaptipratibhāsasya ca vitathapratibhāsatvād iti ' arthasattvapratibhāsayor grāhyarūpeṇa prakhyānād vitathapratibhāsatvāsaṃbhavād anākāratvam evārthābhāve kāraṇam[232] | *na tv anyayor grāhakarūpeṇa prakhyānād anākāratvam*[233] ' *vitathapratibhāsatvam evārthābhāve* kāraṇam uktam[234] | ākāro hy ālambanasyānityādirūpeṇa grahaṇaprakāraḥ ' sa cānayor nāsti ' grāhyarūpeṇa prakhyānād (|) ato 'nākāratvād agrāhakatvād[235] ity arthaḥ | ālambanasaṃvedanaṃ vā ākāraḥ | tac ca tayor nā*stīty anālambanatvād anākāratvaṃ*[236] /

*yady ubhayam apy anākāraṃ parasparabhinnaṃ ca svarūpaṃ rūpādivac cakṣu*rādivac caivaṃ sati lokaśāstraprasiddhebhyo rūpādibhyaś cakṣurādibhyaś ca vijñānasya ko ’sāv ātmātiśayo yatas tān nirākṛtya tair abhinnarūpaṃ vijñānaṃ gṛhyate |

tadvyatiriktasyārthasyāsaṃbhavāt | etad evaṃ vyavasthā*pyate ' tathā* [237] *hi bhinnārthasvarūpam asann api cittasaṃtānapratiniyamena svabījāt pratyekam upāttaṃ* [238] *bhinnārthādipratibhā*saṃ vijñānaṃ prasūyate | tathā hi pretāḥ pūyapurīṣamūtrādipūrṇāḥ sarito [239] daṇḍapāṇibhir [240] ubhayataḥ puruṣaiḥ saṃrakṣyamāṇāḥ paśyanti | manuṣyādayaḥ [241] punaḥ svacchaśītalodakaparipūrṇā nirvibandhā ity u*palabhante / yoginaś cāśubhamanasikārādyabhyastā nirantaraṃ bhūmīṃ* [242] *kaṅkālapūrṇāṃ paśyanti / tathā pṛthi*vyādikṛtsneṣu sarvaṃ pṛthivyādibhir vyāptaṃ paśyanti | na cārthapratibaddhātmalābhasyārtham antareṇārthasvarūpād vā bhinnākārasya vijñānasya prasūtir [243] yuktā | tasmāt tadartham [244] antareṇa sarvam arthasattvādinirbhāsaṃ vijñā*nam eva prasūyata iti niścīyate /*

*grāhyābhāve dvayor ātmavijñaptipratibhāsayor grāhakākāreṇa prakhyānād vitatthapra*tibhāsatvam | atha vā yathā vijñānenārthaḥ parikalpyate tathārthasyābhāvo vyāghrādiśrutyādiṣv iva vitathālambanatvād [245] vitathapratibhāsatā | tathā hi vijñaptir api vijñaptyantaraparikalpitenātmanā [246] śūnyeti *siddhāntaḥ /*

ataś cārthasattvapratibhāsasyevātmavijñaptipratibhāsasyāpy [247] *arthābhāvaḥ / arthābhāvāt tad api vi*(6b)jñānam [248] asat | vijānātīti vijñānam | (tac ca) grāhyābhāve vijñātṛtvenāpy ayuktam [249] | tasmād arthābhāvād vijñātṛtvena vijñānam asan, na tv arthasattvātmavijñaptipratibhāsatayā ' tadasattve hi sarvathā ’bhāvaprasaṅgaḥ ' tadvyatirekeṇa vijñānasva*bhāvānabhidhānāt* [250] */*

tadbhinnasvabhāve sati kathaṃ tadvijñānaṃ [251] *yujyeta ' kathaṃ vā parasparato bhidyate* [252] */*

*evaṃ grāhya*grāhakābhāvāt tatpratibhāsavijñānasadbhāvāc ca yat pūrvaṃ pratijñātam

abhūtaparikalpo 'sti dvayaṃ tatra na vidyate (1ab)

iti tat prasiddham iti pradarśayann āha '

abhūtaparikalpatvaṃ siddham asya bhavaty ataḥ (4ab)

abhūtaparikalpatva*ṃ ca tasya caturvijñānasya*[253] *siddham* / ***ata*** *ity anantaroktāt tadhetor arthā*bhāvāt tad apy asad iti | punar apy abhūtaparikalpāstitvaprasādhanārthaṃ dvayābhāvaprasādhanārthaṃ cāha '

na tathā sarvathābhāvād (4c)

ityādi | atha vā **ata** iti vakṣyamāṇād dhetoḥ | tam eva pradarśayann āha '

na ta*thā sarvathābhāvād* (4c)

iti /

*na tathāstitvān na ca sarvathā nāstitvāt / tad grāhyagrāhakapratibhāsam utpa*dyate | tatra catuḥprakāre 'py[254] anākāratvād vitathaptatibhāsatvāc[255] ca yathāsaṃbhavaṃ grāhakatvābhāvaḥ | vijñaptyantaraparikalpitena cātmanā sarvasya śūnyatvād[256] grāhyatvābhāvaḥ | na ca sarvathābhāvo bhrā*ntimātrasyotpādād*[257] *ity ātmatvenābhāvam api yadākāreṇa pratibhāsate*[258] *sā bhrāntir ucyate māyāvat / mātra*śabdas tadadhikavyavacchedārthaḥ | etad uktaṃ bhavati ' bhrāntivijñānasya sadbhāvān na sarvathābhāva iti |

kimarthaṃ punas tasya bhrāntivijñānasyābhāva eva neṣyate grāhyagrāhakābhāvavat[259] | na hi kenacit ta*syāstitvaṃ kalpayituṃ śakyate ' sarvavijñānaviṣayātikrāntatvād ity abhipretam iti cet ' yasmāt*

***tatkṣayān*[260] *mukti*r iṣyate (4d)**

ato 'syābhāva eva neṣyate | kin tarhi | saṃkleśavyavadānapakṣasāmarthyāt tadastitvam[261] anumīyate | anyatheti yadi tasya sarvathābhāva eveṣyate ' na bandho na mokṣa iti ' bhrāntimātre 'py asati sa*ṃkleśābhāvād bandho 'pi nāsti ' pūrvaṃbaddhād mucyata iti kṛtvā muktir api na syāt* /

atha vā kathaṃ[262] yathā prakhyātis tathā[263] bhāvo neṣyate[264] ' sarvathā vābhāva iti parābhiprāyavyudāsārtham āha '

tatkṣayān[265] muktir iṣyate (4d)

tasmiṃś cāparikṣīṇe bandha ity arthād[266] uktaṃ bhavati ' anyathā hi na

bandho na mokṣa iti saṃkleśa*vyavadānāpavādadoṣaḥ syāt*[267] / *yathā grāhyagrāhakatvena bhrāntir udbhāsitāpi yadi tathā syāt para*mārthataḥ[268] ' evaṃ sati nityaḥ saṃkleśaḥ syāt ' tathā ca nirvāṇābhāvaḥ | evaṃ bhrāntimātrasyāpy abhāve saṃkleśābhāvo nityaṃ ca vyavadānaṃ prasajyeta | evaṃ cobhayathāpi mokṣārthināṃ vyartho yatnaḥ syāt | at*o 'vaśyam abhūtaparikalpabhāvo 'bhyupagantavyo dvayābhāvaś ca* //

(c. Saṃgrahalakṣaṇa)

***MAVBh*, 19, 13.**

evam abhūtaparikalpasya svalakṣaṇaṃ khyāpayitvā saṃgrahalakṣaṇaṃ khyāpayati | abhūtaparikalpamātre sati yathā trayāṇāṃ svabhāvānāṃ saṃgraho bhavati |

kalpitaḥ paratantraś ca pariniṣpanna eva ca |
arthād abhūtakalpāc ca dvayābhāvāc ca deśitaḥ ‖ (5)

arthaḥ parikalpitaḥ svabhāvaḥ | abhūtaparikalpaḥ paratantraḥ svabhāvaḥ | grāhyagrāhakābhāvaḥ pariniṣpannaḥ svabhāvaḥ |

***MAVṬ*, 22, 1.**

saṃgrahalakṣaṇaṃ khyāpayatīti[269] *saṃgraha eva lakṣaṇaṃ / atha vā yena saṃgraho lakṣyate tat saṃgrahalakṣaṇam / tac ca kimartham uktam iti ' atra hi*(7a) grāhyagrāhakarahitam abhūtaparikalpamātram evāstīty uktam | sūtrāntareṣu punas trayaḥ svabhāvāḥ paṭhyante | ataḥ sūtrāntarair avirodhapradarśanārthaṃ teṣām[270] iha saṃgraha ucyate | ata eva vṛttikāra āha ' abhūtaparikalpamā*tre satīti*[271] *vistareṇa /*

kalpitaḥ paratantraś ca pariniṣpanna eva ca /
arthād abhūtakalpāc ca dvayābhāvāc ca deśitaḥ // **(5)**

iti / grāhyaṃ grāhakaṃ ca svabhāvaśūnyatvād abhūtam apy astitvena[272] parikalpyata iti[273] parikalpita ucyate[274] | sa punar dravyato 'sann api vyavahārato 'stīti svabhāva ucyate | paratantraḥ paravaśaḥ ' hetupratyayapratibad-

dhajanmakatvāt | *āha*

akalpitaḥ[275] *pratyayotpanno 'nabhilāpyaś ca sarvathā /*

*paratantrasvabhāvo hi śuddhalaukika*gocaraḥ ||

yā 'bhūtaparikalpasya dvayarahitatā sa pariniṣpannaḥ svabhāvaḥ ' tasyāsaṃskṛtatvān nirvikāratvena pariniṣpannatvāt | āha ca

kalpitena svabhāvena tasya yā 'tyantaśūnyatā |

svabhāvaḥ parini*ṣpanno 'vikalpajñānagocaraḥ //*

arthād[276] *ity arthādhipatyād uktam* | evam abhūtaparikalpād **dvayābhāvāc ceti** vaktavyam |

arthaḥ parikalpitaḥ[277] svabhāva[278] ity artho 'tra rūpādayaś cakṣurādaya ātmā vijñaptayaś[279] ca | sa ca kalpitena svabhāvenābhūtaparikalpe nāstīti ' asaṃ[280] pari*kalpitasvabhāva ucyate / āha ca*

akalpito vikalpo[281] *hi vikalpāntarakalpitaḥ /*

svabhāvo nāsty asau tasya vikalpāntarakalpitaḥ |

abhūtaparikalpaḥ paratantraḥ svabhāva[282] iti ' parair hetupratyayais tantryate janyate na tu svayaṃ bhavatīti paratantraḥ |

grāhyagrāhakābhāvaḥ pariniṣpannaḥ svabhāva iti ' *nirvikārapariniṣpattyāviparītapariniṣpattyā ca pariniṣpannatvāt pariniṣpanna ucyate / atra hy abhūtaparikalpasya* dvayarahitatā grāhyagrāhakābhāva uktaḥ ' na tu dvayasyābhāvamātram |

evaṃ cābhūtaparikalpa eva hetupratyayapāratantryāt paratantraḥ | sa eva grāhyagrāhakarūpeṇa svātmany avidyamānena prakhyānāt parikalpitaḥ | *sa eva grāhyagrāhakarahitatvāt pariniṣpannaḥ / evam abhūtaparikalpe trayaḥ svabhāvāḥ saṃgṛhītāḥ / evaṃ kṛtvābhūtaparikalpa*sya parijñeyam ' parijñāya prahātavyam ' parijñāya sākṣātkartavyaṃ ca vastu saṃdarśitaṃ[283] bhavati ||

(d. Asallakṣaṇānupraveśopāyalakṣaṇa)

***MAVBh*, 19, 21.**

idānīṃ tasminn evābhūtaparikalpe 'sallakṣaṇānupraveśopāyalakṣaṇaṃ paridīpayati |

upalabdhiṃ samāśritya nopalabdhiḥ prajāyate |

nopalabdhiṃ samāśritya nopalabdhiḥ prajāyate ‖ (6)

vijñaptimātropalabdhiṃ niśrityārthānupalabdhir jāyate | arthānupalabdhiṃ niśritya vijñaptimātrasyāpy anupalabdhir jāyate | evam asallakṣaṇaṃ grāhyagrāhakayoḥ praviśati |

upalabdhes tataḥ siddhā nopalabdhisvabhāvatā | (7ab)

upalabhyārthābhāva upalabdhyayogāt |

tasmāc ca samatā jñeyā nopalambhopalambhayoḥ ‖ (7cd)

upalabdher upalabdhitvenāsiddhatvāt | abhūtārthapratibhāsatayā tūpalabdhir ity ucyate 'nupalabdhisvabhāvāpi satī |

***MAVṬ*, 23, 18.**

aparijñātāsallakṣaṇo[(284)] hy abhūtaparikalpaḥ kleśakarmajanmasaṃkleśāya saṃvartate[(285)] | ato 'sallakṣaṇaparijñānārthaṃ tadupāyaṃ *pradarśayaṃś*[(286)] *cāha* /

***upalabdhiṃ samāśritya* (6a)**

iti vistaraḥ / abhūtaparikalpe tal lakṣyate, abhūtaparikalpo ve[(287)]ti/ grāhyagrāhakayor asattvam evāsallakṣaṇam | tatrānupraveśas tadavabodhaḥ | tasyopāyo yatas tadasallakṣaṇam anupraviśati | sa punar dharmadhātoḥ[(288)] sarvatragārthaprativedhaprayoganiśrayaviśeṣaḥ[(289)] kuśalo dvividhaḥ | ta*dupalakṣaṇārthaṃ sa śloka uktaḥ* /

vijñaptimātropalabdhiṃ[(290)] *niśrityārthānupalabdhir jāyata*[(291)] *iti* ' *idaṃ vijñaptimātra*[(292)](7b)m ālambanārtharahitam ' svabījaparipākād rūpādyābhāsaṃ vijñānaṃ[(293)] pravartate ' na tu rūpādiko 'rtho 'stīty evaṃ grāhakopalabdhiṃ niśritya grāhyānupalabdhiṃ praviśati |

evaṃ hy anena vicārayitavyam | utpadyamānam utpannaṃ vā vijñānaṃ viṣayam ālambeta | ta*trotpadyamānaṃ viṣayam ālambituṃ na yujyate*

' *utpadyamānasyāsattvāt / notpannam api, viṣayapratibhāsātmanotpannatvāt*[294] | na ca viṣayapratibhāsātmanotpattiṃ muktvā vijñānasyānyā kriyā 'sti ' yāṃ kriyāṃ[295] kurvat vijñānaṃ viṣayam ālambata ity ucyate |

yadi vālambanasya vartamāna eva vijñāne vyāpāro notpadyamāne[296] ' evam ālambanapratyayo[297] na *vijñānotpādakaḥ ' tatparikalpo nirarthakaḥ / vartamānālambanagrahaṇe kṣaṇabhaṅgabādho*[298] *bhavati / na* cātmātiśayābhāve pūrvavad[299] vijñānenālambanagrahaṇaṃ yujyate | athālambanagrahaṇakāle[300] tasyātmātiśaya iṣyate ' evam apy ātmātiśayasyānyata eva darśanād anyad evotpannam ālambanaṃ gṛhṇātīti prasajyate |

*anyo manyate ' nirudhyamāno 'rtha evotpadyamānasya vijñānasyālambanapratyayaḥ / sa ca svākārapratibhā*savijñānakāraṇatvena[301] śeṣebhyaḥ pratyayebhyo viśiṣyata iti | tenāpi rūpādiparamāṇavaḥ tatsamūho vālambanatvena parikalpyate |

ubhayathāpi cālambanābhāvaḥ | sarvam eva hi vijñānaṃ ghaṭapaṭ*ādipratibhāsam utpadyate ' na tu paramāṇupratibhāsam / na cārthākārasya anyapratibhāsasya vijñānasyānyad ālambanam asti*[302]*/ cakṣu*rādīnām apy ālambanatvaprasaṅga iti |

yo 'py anyo[303] manyate ' samuditāḥ paramāṇava ālambanaṃ na pratyekaṃ ' tasyāpy ayam aparihāraḥ | samuditā api hi te pratyekam evālambanatveneṣyante ' na tatsamudā*yena / tatra paramāṇūnāṃ pratyekapratibhāsaṃ vijñānaṃ*[304] *notpadyate ' tathā hi tatsamudāyapratibhāsam*[305] */ tasmān na paramāṇū*nām ālambanatvaṃ saṃbhavati |

nāpi paramāṇusamūha ālambanaṃ prajñaptisataḥ kāraṇatvāsaṃbhavāt | vijñānakāraṇaṃ hi samanantarādipratyayavad ālambanapratyayo 'pīṣyate | tasmān na nirudhyamāno 'py ālambana*pratyayaḥ*[306] *saṃbhavati / atha ca niruddha evālambanam*[307] *' evaṃ saty atīto 'nāgataś ca*[308] *viṣayaḥ syāt / svapnādau tu vijñānam a*nālambanam iti siddham |

nānālambanaṃ svapnādivijñānaṃ nimittālambanatvād iti kecit[309] ' nimittaṃ punar arthapratibimbaṃ viprayuktasaṃskārasvabhāvam | na hi

svapnādāv asaty arthe tannimittaṃ yujyate ' mukhādyabhāve tatpratibimbāsiddhivat[310] | *utpadyamānam utpannaṃ vā vijñānaṃ na nimittālambanam*[311] *' abhāvasya nirodhasya*[312] *ca pūrvoktatvāt / vijñānam ev*ārthapratibhāsatvād arthapratibimbam ' ato na viprayuktasaṃskārātmakaṃ nimittaṃ yujyate | avaśyaṃ cārthākāraṃ vijñānam abhyupagantavyam | anākāre hi tasmin grāhyagrāhakaniyama eva na syāt |

anyas tu apratighaṃ rūpam eva svapne yo(8a) gināṃ cāśubhādāv ālambanaṃ[313] manyate | tasyāpi varṇasaṃsthānādyātmakatvād apratighatvaṃ manomātraviṣayatvaṃ[314] ca virudhyate | na cāvijñaptimātrād anyad apratighaṃ rūpaṃ[315] śāstre varṇyate ' tasmāt kalpanāmātram eva |

aparas tv anubhūt*ārthaviṣayaṃ svapnavijñānam*[316] *evecchati ' jātyandhasvapnasya nīlādirūpāgrahaṇatvāt / na jātyandhaḥ svapne* rūpaṃ na gṛhṇāti ' avyutpannasaṃketatvāt tu nāmato na jānāty ato nānyasyācaṣṭe | yadi cānubhūtasyaiva svapne darśanam evaṃ jātyandhasyāpi rūpadarśanaṃ kiṃ neṣyate | tenāpi pūrvajanmasu rūpam upalabdham eva | na ca vartamāna*janmany upalabdham eva svapne pratibhāsate ' na hy atītānāgata*vartamānānubhave suptasya jāgrataś ca kaścid viśeṣo 'sti | tasmāt parikalpamātram evaitad anubhūtārthaviṣayaṃ svapna(vi)jñānam[317] iti | atītasya cābhāvān nirviṣayaṃ[318] vijñānam eva svapne 'rthābhāsam utpadyata iti niścayaḥ | *evaṃ vijñaptimātropalabdhyā*[319] *viṣayānupalabdhir*[320] *bhāvyate /*

arthānupalabdhiṃ niśri[321]tya vijñaptimātrasyāpy anupalabdhir jāyata iti | yathā na vijñānād bahiḥ parikalpitaṃ grāhyam astīti vijñaptimātratābalena grāhyābhāvaṃ[322] praviśati tathā grāhyābhāvabalena vijñaptimātrasyāpy abhāvaṃ pra*tipadyate / grāhyam eva hy apekṣya tadgrāhakaṃ vyavasthāpyate / grāhyābhāve grāhakāsambhavā*[323]t|

evam asallakṣaṇaṃ grāhyagrāhakayoḥ[324] parikalpitarūpayoḥ praviśati ' nābhūtaparikalpasyeti darśitaṃ bhavati |

kimarthaṃ punaḥ prathamata eva vijñaptimātrasyaivābhāvaṃ na vibhāvayati[325] | grāhyapra*tibaddhatvād dhi grāhakasyopalabhyārthābhāve suk-*

haṃ praveśaḥ syād ālambanasvabhāvavināśāt / anyathā vastuno 'pavādam[326] eva kuryāt ' grāhyagrāhakayoḥ parasparanirapekṣatvāt | imāṃ ca grāhyagrāhakavikalpātītāṃ jñānabhūmiṃ sambhāreṣu nirantaraṃ pravartamānaḥ prathamakalpāsaṃkhyeyaparisamāptau praviśati | *tathā hi vijñaptimātram idaṃ niśritya*[327] *rūpādyabhāvabhāvayato lokottaramārgasya prathamasvabhāva* uṣmagatākhyaḥ saparivāraḥ samādhir āmukhībhavati | tasyānantaraṃ mūrdhākhyaḥ | tasyānantaram aśeṣagrāhyānupalambhād grāhakānupalambhānukūlaḥ kṣāntyākhyaḥ samādhiḥ | tasyānantaram arthānupalabdhiṃ niśritya vijñaptimātra*syāpy*[328] *anupalabdhiṃ bhāvayan laukikāgradharmākhyaḥ*[329] *prajñādisahitaḥ saparivāraḥ samādhir āmukhībhavati / tada*nantaraṃ darśanamārgaḥ | tatraiva ca sarvatragadharmadhātvadhigamāt prathamāṃ bhūmiṃ praviśatīti | ayaṃ ca tattvamanaskāro nādhimuktimanaskāro 'pramāṇādivat |

upalabdher anupalabdhisvabhāvatvam iti pradarśayann āha '

upala*bdhes tataḥ siddhā nopalabdhisvabhāvatā / *(7ab)

iti / atha vā yat pūrvaṃ pratijñātam abhūtaparikalpe dvayaṃ nāstīti tad anenākā(8b)reṇa pratyātmavedyatvāt siddham iti pradarśayann āha '

upalabdhes tataḥ siddhā nopalabdhisvabhāvatā | (7ab)

iti | **tata** iti ' upalabhyārthābhāva[330] upalabdhyabhāvāt | **upalabdhir** iti bhāvakartṛkaraṇānām[331] anyatamat[332] parikalpyate | etat tritaya*m api karmābhāvān*[333] *na yujyate /*

***upalabdhes tataḥ siddhā nopalabdhisvabhāvatā*[334] */* (7ab)**

ata eva vṛttikāra[335] *āha ' upa*labhyārthābhāva[336] upalabdhyayogād iti |

tasmāc ca samatā jñeyā nopalambhopalambhayoḥ || (7cd)

yasmād upalabdhir anupalabdhisvabhāvā tasmāt samatā | tulyatā jñeyā ' arthānupalambhasya vijñaptimātratopalambhasya cāsattvā*viśeṣatāt*[337] */ upalambhānupalambhaśabdayoḥ*[338] *parasparaviruddhatvam apanayanārtham āha ' abhūtārthapratibhāsata*yā tūpalabdhir ity ucyate ' na tu tayā kiṃcid upalabhyate arthābhāvād iti | ataḥ paramārthato 'nupalabdhisvabhāvāpi[339]

satīti nāsti virodhaḥ |

apara āha ' yaś ca bālānām asaty arthe ’rthopalambhaḥ ' yaś *cāryāṇām arthānupalambhaḥ ' tayor dvayor lakṣaṇatulyatvāt samatā jñeyā ' sarpabhrāntyanupalabdhivat / ata* eva bravīti ' abhūtārthapratibhāsatayā tūpalabdhir[340] ity ucyate ' ’nupalabdhisvabhāvāpi[341] satīti | sarpabhrāntyanupalabdhivyapadeśavad iti |

anyaḥ punar āha ' yaś ca bālānāṃ grāhakopalambhaḥ ' yaś cāryāṇām arthā*bhāvād grāhakānupalambhaḥ ' tayor dvayor upalambhānupalambhayor ubhayato ’pi samatā jñeyā grāhye ’sati ' grāhakā*bhāvāviśeṣāt | ata evāha ' abhūtārthapratibhāsatayeti vistaraḥ |

kecit tu manyante ' samāropāpavādapratipakṣeṇāha '

tasmāc ca samatā jñeyā nopalambhopalambhayoḥ | (7cd)

iti | arthābhāvād upalabdher upa*labdhisvabhāvenābhāvāt*[342] *svarūpeṇa tadabhāva ucyate / upalambha upalabdhisvabhāvo nāpanīyate ' nāpy anupalabdhisva*bhāvaḥ[343] prakṣipyate | kiṃ tarhi ' samam etad ubhayaṃ nirvikalpatayā | tasmān nopalambhopalambhayoḥ samāropāpavādanirapekṣeṇa pratyātmasamatā[344] jñeyeti ' āha ca |

nāpaneyam ataḥ kiṃcit prakṣepta*vyaṃ na kiṃcana /*
draṣṭavyaṃ bhūtato bhūtaṃ bhūtadarśī vimucyate[345] *//*

*yady evaṃ kathaṃ vijñaptir upala*bdhir ity ucyate / abhūtārthapratibhāsatayā loke śāstre ca tathā pratītatvād anupalabdhisvabhāvāpi[346] satīti ||

(e. Prabhedalakṣaṇa)

***MAVBh*, 20, 11.**

tasyaivedānīm abhūtaparikalpasya prabhedalakṣaṇaṃ khyāpayati |

abhūtaparikalpaś ca cittacaittās tridhātukāḥ | (8ab)

kāmarūpārūpyāvacarabhedena |

MAVṬ, 29, 12.

prabhedalakṣaṇaṃ khyāpayatīti[347] kāmarūpārūpyadhātvātmakatvam abhūtaparikalpasya prabhedo nānāprakāratā[348] | *prabheda eva lakṣaṇam iti prabhedalakṣaṇam ' anena prabhedenābhūtaparikalpasya lakṣaṇāt / prabhedalakṣaṇaṃ ca kimartham ākhyā*pyate ' abhūtaparikalpamātre[349] kāmarūpadhātvor ayogāt | yo 'yaṃ dhātubhedena[350] vipakṣapratipakṣabhedād āryapudgalādibhedaḥ sa na prāpnotīti mahāñ chāsanopaplavaḥ prasajyata ity āśaṅkāvyudāsārthaṃ prabhe*dalakṣaṇam ākhyātam* |

atha vā yatra yo vitarkavicārayoḥ sator evābhūtaparikalpo 'sti na tv anyatheti manyate ' tatas tadapanayanā (9a) rhaṃ prabhedalakṣaṇam ucyate |

abhūtaparikalpaś[351] ca cittacaittās tridhātukāḥ | (8ab)

na tu yatraiva vitarkavicārav[352] iti | yathā rūpaṃ[353] bhūtāni[354] bhautikaṃ ca ' evam abhūtaparikalpo 'pi cittaṃ caittāś ca na kevalaṃ cittam eva | te ca tridhātukasvabhāvāḥ | kā*marūpārūpyāvacarabhedena*[355]*tridhātukāḥ / tatra ye tasmād abhūtaparikalpān narakādyākārā vi*[356]*ṃ*śatiprakārāḥ pravartante sa kāmadhātuḥ | ye saptadaśaprakārā brahmakāyikādyākārās te rūpadhātuḥ | ya ākāśānantyāyatanādyākārāś catuḥ prakārās ta ārūpyadhātuḥ |

anyaḥ punar āha ' aprahīṇakāmarāgā *avibhūtarūpyasaṃjñāś ca kāmāvacaraḥ kāmadhātuḥ ' prahīṇakāmarāgā avibhūtarūpyasaṃjñāś ca* rūpāvacarā rūpadhātuḥ | prahīṇakāmarūparāgā vibhūtarūpyasaṃjñāś[357] cārūpyāvacarā ārūpyadhātuḥ |

kāmarāgānuśayitāḥ kāmadhātuḥ ' rūparāgānuśayitā rūpadhātuḥ ' ārūpyarāgānuśa*yitā ārūpyadhātur ity anye /*

satatavikṣepāś caitasikaduḥkhaprakārāśrayabhūtāḥ[358] *kāmadhātuḥ ' sa*māhitā vigatacaitasikaduḥkhaprakārā rūpadhātuḥ ' samāhitāḥ prahīṇasukhaduḥkhaprakārā ārūpyadhātur ity apare '

aprahīṇagaṃdharasatadvijñānābhāsāḥ kāmadhātuḥ ' prahīṇagaṃdharasatadvi*jñānābhāsā rūpadhātuḥ ' prahīṇapañcadaśadhātvābhāsā ārūpyad-*

hātur ity apare /

*teṣu sa*rveṣu vyākhyāneṣu katame ta ity avaśyaṃ pūrvavyākhyānoktā eva vaktavyā iti sākāṃkṣāṇy evaitāni vyākhyāni | abhūtaparikalpādhikāre punar abhūtaparikalpagrahaṇam anupalabdhyantaritatvād[359] iti ||

(f. Paryāyalakṣaṇa)

***MAVBh*, 20, 16.**

paryāyalakṣaṇaṃ ca khyāpayati |

tatrārthadṛṣṭir vijñānaṃ tadviśeṣe tu caitasāḥ || (8cd)

tatrārthamātre dṛṣṭir vijñānam | arthaviśeṣe dṛṣṭiś caitasā vedanādayaḥ |

***MAVṬ*, 31, 3.**

*paryāyalakṣaṇaṃ ceti ' cittacaittaviśeṣapradarśanenābhūtaparikalpa-pa*ryāyalakṣaṇaṃ[360] khyāpayati | kathaṃ kṛtvā ' abhūtaparikalpyavastunaḥ[361] svabhāvaviśeṣaparikalpanayā cittacaittānāṃ pravṛttatvāt | arthasvarūpaviśeṣadṛṣṭiś cittacaittā[362] abhūtaparikalpaś ceti paryāyā*ntarbhūtāḥ*[363] */ na tv arthe viśeṣo 'sti*[364] */*

tatrārthamātre dṛṣṭir[365] *vijñānam iti ' mātraśabdo viśeṣāpanayane*nāgṛhītaviśeṣā[366] vastusvarūpamātropalabdhir ity arthaḥ | arthaviśeṣe dṛṣṭiś[367] caitasā vedanādaya iti ' tena tena viśeṣarūpeṇa tatrābhipravṛtteḥ[368] | tatrāhlādakaparitāpakatvaviśeṣo yas tasya *vastunaḥ*[369] *yat saumanasyādisthānaṃ tadgrahaṇaṃ vedanā / strīpuruṣādivyavahāraprajñaptilakṣaṇo*[370] *yo 'rthaviśeṣa*s tadgrahaṇaṃ saṃjñā | evam anye 'pi yathāyogaṃ yojyāḥ | evaṃ caiṣām āśrayālambanakāladravyasamatābhiḥ saṃprayuktatvaṃ na tv ākārasamatayāpi vijñānāviśeṣaprasaṅgāt |

cittaviśeṣā eva caitasā i*hābhipretā iti kecij jānanti ' tad eva vijñānaṃ tādṛśasvarūpādinā vicitrapratibhāsam utpadyate mayū*(9b)racandrikavat | kathaṃ ekaṃ vicitraṃ ca ' naikaṃ[371] hi lakṣaṇaṃ loke vicitram iṣyate ' mā bhūd ekam anekasvabhāvam iti | syād eṣa doṣo yadi dharmasvabhāvaḥ

parinișpannaḥ syāt | bhrāntimātre tu naiṣa doṣaḥ '

na tathā sarvathā*bhāvāt* (4c)

iti vacanāt /

naitad evam ' sūtravacanavirodhāt ' yā vedanā yā saṃjñā yac cittaṃ yad vijñānaṃ ca saṃsṛṣṭā amī dharmā na visaṃsṛṣṭā iti ' saṃsargaś ca nāma satāṃ yugapac ca bhavatīti ' yo hi dharmasvabhāvam aparinișpannam icchati tasyaitat sūtram asminn arthe 'jñāpakam iti ||

(g. Pravṛttilakṣaṇa)

MAVBh, 20, 21.

pravṛttilakṣaṇaṃ ca khyāpayati |

ekaṃ pratyayavijñānaṃ dvitīyam aupabhogikam |

upabhogaparicchedaprerakās tatra caitasāḥ || (9)

ālayavijñānam anyeṣāṃ vijñānānāṃ pratyayatvāt pratyayavijñānam | tatpratyayaṃ pravṛttivijñānam aupabhogikam | upabhogo vedanā | paricchedaḥ saṃjñā | prerakāḥ saṃskārā vijñānasya cetanāmanaskārādayaḥ |

MAVṬ, 32, 9.

abhūtaparikalpamātre 'nyasya cābhāve hetuphala*prabhedo*[372] *na vijñāyata*[373] *iti tatpratipādanārthaṃ pravṛttilakṣaṇaṃ ca khyāpayati ' anena hetu*phalabhāvenābhūtaparikalpa[374] iti lakṣaṇam ' pravṛttir[375] eva lakṣaṇaṃ pravṛttilakṣaṇam ' pravṛttiḥ punar dvidhā ' kṣaṇaparamparāpravṛttir yadādhipatyena pratyutpanna upabhogasaṃkleśaḥ ' janmāntarapravṛttiś ca ya*dādhipatyenāyatyāṃ kleśakarmajanmasaṃkleśaḥ / iha kṣaṇaparaṃparāpravṛttiḥ* pravṛttilakṣaṇam uktam | janmāntarapravṛttiṃ saṃkleśalakṣaṇatvena khyāpayiṣyati '

ekaṃ pratyayavijñānam (9a)

iti vistaraḥ | tatra **ekam** ity ālayavijñānam[376] ' śeṣāṇāṃ saptānāṃ vijñānānāṃ hetupratyayabhāve*na hetur iti pratyayavijñānam /*

dvitīyam aupabhogikam | **(9b)**

*iti ' vijñānam ity anuvartate ' tatphala*m iti vākyaśeṣaḥ | tat punaḥ saptavidhaṃ pravṛttivijñānam upabhogaprayojanatvād aupabhogikam |

upabhogaparicchedaprerakās tatra caitasāḥ ‖ **(9cd)**

iti ' tatra vijñāne ye caitasās te 'pi tatphala*m iti saṃbandhaḥ / vijñānaikayogakṣematvāt*[377] */*

*ālayavijñānam anyeṣāṃ vijñānānāṃ pratyayatvāt pra*tyayavijñānam iti ' ālīyante sarve sāsravā dharmās[378] tatra phalabhāvena tac ca teṣu hetubhāvenety ālayaḥ[379] | sattvabhājanalokavijñāpanāt tannirbhāsatayā vijñānam | tac caikāntavipākatvād avyākṛta*m / sarveṣāṃ sāsravāṇāṃ dharmāṇāṃ bījam anubadhyate anyeṣāṃ ca pravṛttivijñānānāṃ hetupratyayo bhavatīti pratyaya*vijñānam | tatpratyayaṃ pravṛttivijñānam aupabhogikam iti ' tasmād ālayavijñānāt pratyetīti ' tatpratyayam utpadyata ity arthaḥ | katham utpadyate ' pravṛttivijñānaṃ hy ālayavijñānāt pravartamānam anutpannasya tajjāt*īyasya pravṛttivijñānasyotpādakaṃ bījam ālayavijñāne paripoṣayati*[380] */ tasmāt paripuṣṭabījāt*[381] *pariṇāmaviśeṣalābhāt* punas tajjātīyaṃ pravṛttivijñānam utpadyata ity evaṃ tatpratyayaṃ pravṛttivijñānaṃ[382] bhavati |

nanu cālayavijñānam[383] apy aupabhogikaṃ pravṛttivijñānaṃ ca pratyayavijñānaṃ prasajyate ' aduḥkhāsukhavedanopabhogāśrayatvād *ālayavijñāne ca vāsanābhāvanāt / na pratyayabhāvavyatirekeṇānyā vāsanābhāvanāsti / yathoktam abhi*(10a)dharmasūtragāthāyāṃ

sarvadharmā hi ālīnā vijñāne teṣu tat tathā |
anyonyaṃ phalabhāvena[384] hetubhāvena sarvadā[385] ‖

(iti) ' na prasajyate ' (kiṃ kāraṇam)[386] ' tadvedanāyā durupalakṣyatvāt[387] na tad aupabhogikatvena lakṣyate pravṛttivijñānavat | prakarṣaga*taṃ vā jñeyaṃ sūryavat / tathā hy upabhogatrividhavedanāśrayatvaṃ*[388] *pravṛttivijñānasyaiva na tv ālayavijñā*nasyeti ' hetupratyayaś cātra vivakṣito na pratyayamātram ' tathā hi kuśalākuśaladharmādhipatyād ālayavijñānaṃ vipākaniṣyan-

daphalavāsanāṃ[389] parigṛhnāti ' avyākṛtadharmādhipatyāc ca niṣyandaphalavāsanām[390] eveti ' ata *ālayavijñānaṃ niravaśeṣāṇāṃ sāsravadharmāṇāṃ hetupratyayaḥ ' pravṛttivijñānam tv ā*layavijñānasyādhipatipratyayo na hetupratyaya iti ' nāsti pravṛttivijñānasya pratyayatvaprasaṅgaḥ[391] |

upabhogo vedaneti[392] ' triprakārāpy upabhujyata ity upabhogaḥ ' anubhūyata ity arthaḥ | bhava*rasasārasarūpā vedanā ' tasmād bālās tatsaṃvedanārthaṃ viṣayam abhiniveśante*[393] | *na kevalaṃ ve*danā 'rthopalabdhir apy upabhoga ity anye | tac ca na ' upabhogo vedaneti bhāṣyavirodhāt | arthopalabdhiś ca na vijñānād anyeti na tasyāś caitasatvaṃ yujyate[394] | veditaparicchedaḥ saṃjñā[395] sukhādiviśeṣodgra*haṇātmakatvāt / upabhoge saṃjñāyāṃ ca prerakāḥ saṃskārā vijñānasya cetanāmanaskārādayaḥ*[396] |

*a*tha vā upabhogo vedaneti[397] ' yathāsvam ālambanānubhavanāt sukhādivedanīyakarmānubhavanāc ca[398] | evaṃ tu viṣayakarmaṇor upabhuktir vedanety upabhogaḥ | viṣayacihnaṃ vyavahāranimittaṃ paricchinnaṃ *karotīti paricchedaḥ saṃjñā / vijñānālambanāntare prerakāḥ*[399] *saṃskāraḥ*[400] */ tataś cetanādyādhipatyād vijñānam āla*mbanāntaraṃ bhajate ' ādiśabdena cchandādayo gṛhyante[401] | uktā yato[402] yādṛśī yadarthā ca pravṛttir iti ||

(h. Saṃkleśalakṣaṇa)

***MAVBh*, 21, 7.**

saṃkleśalakṣaṇaṃ ca khyāpayati |

chādanād ropaṇāc caiva nayanāt saṃparigrahāt |

pūraṇāt triparicchedād upabhogāc ca karṣaṇāt || (10)

nibandhanād ābhimukhyād duḥkhanāt kliśyate jagat | (11ab)

tatra cchādanād avidyayā yathābhūtadarśanavibandhanāt | ropaṇāt saṃskārair vijñāne karmavāsanāyāḥ pratiṣṭhāpanāt | nayanād vijñānenopapattisthānasaṃprāpaṇāt | saṃparigrahān nāmarūpeṇātmabhāvasya | pūraṇāt ṣaḍāyatanena | triparicchedāt sparśena | upabhogād vedanayā | karṣaṇāt tṛṣṇayā karmākṣiptasya punarbhavasya | nibandhanād upādānair vijñāna-

syopapattyanukūleṣu[403] kāmādiṣu | ābhimukhyād bhavena kṛtasya karmaṇaḥ punarbhave vipākadānāyābhimukhīkaraṇāt | duḥkhanāj jātyā jarāmaraṇena ca parikliśyate jagat | so 'yaṃ

tredhā dvedhā ca saṃkleśaḥ saptadhā 'bhūtakalpanāt ‖ (11cd)

tredhā saṃkleśaḥ | kleśasaṃkleśaḥ karmasaṃkleśaḥ janmasaṃkleśaś ca | tatra kleśasamkleśo 'vidyātṛṣṇopādānāni | karmasaṃkleśaḥ saṃskārā bhavaś ca | janmasaṃkleśaḥ śeṣāṇy aṅgāni | dvedhā saṃkleśaḥ | hetusaṃkleśaḥ phalasaṃkleśaś ca | tatra hetusaṃkleśaḥ kleśakarmasvabhāvair aṅgaiḥ phalasaṃkleśaś ca śeṣaiḥ | saptadhā saṃkleśaḥ saptavidho hetuḥ | viparyāsahetuḥ | ākṣepahetuḥ | upanayahetuḥ | parigrahahetuḥ | upabhogahetuḥ | ākarṣaṇahetuḥ | udvegahetuś ca | tatra viparyāsahetur avidyā | ākṣepahetuḥ saṃskārāḥ | upanayahetur vijñānam | parigrahahetur nāmarūpaṣaḍāyatane | upabhogahetuḥ sparśavedane | ākarṣaṇahetus tṛṣṇopādānabhavāḥ | udvegahetur jātijarāmaraṇe | sarvaś caiṣa saṃkleśo 'bhūtaparikalpāt pravartata iti |

***MAVṬ*, 35, 5.**

saṃkleśalakṣaṇaṃ ca khyāpayatīti[404] kleśakarmajanmasaṃkleśā yathā pravartamānā jagataḥ parikle*śāya bhavanti tat saṃkleśalakṣaṇam / tac cāsato 'py ātmano 'bhūtaparikalpamātrāt*[405] *saṃsāraḥ* prajāyata iti pradarśanārthaṃ khyāpyate |

chādanād ropaṇāc caiva nayanāt saṃparigrahāt | (10ab)

iti vistaraḥ | so 'yaṃ pravṛttipakṣam adhikṛtya[406] dvādaśāṅgaḥ pratītyasamutpādo darśitaḥ | tatra **chādanāt kliśyate jagad** ity anta*vacanaṃ sarveṇa saṃbadhyate / kena chādanāt kathaṃ vā chādanāt kliśyata iti ' ata āha ' avidyayā yathābhūtadarśa*navibandhād[407] iti ' avidyayā[408] hy adarśanātmakatvād bhūtadarśanaviṣaye[409] pracchādite[410] bhūtadarśanaṃ notpadyate ' ato bhūtadarśanotpattivibandhanād avidyā bhūtadarśanavibandhaḥ | bhūtadarśanaṃ punaḥ prādhānyena lokotta*raprajñā / tatpṛṣṭhodbhavāt*

tatpṛṣṭhalabdhā[411] *tadavagamāc ca tatprayogaśrutacintābhāvanā*[412](10b)mayī bhūtadarśanam ity ucyate[413] | bhūtadarśanavibandhād avidyā saṃskārāṇāṃ pratyaya ity evaṃ chādanād avidyayā kliśyate jagad iti |

ropaṇāt kliśyate jagad iti saṃbadhyate[414] | kena ropaṇāt kva kasya vety ata āha ' saṃskārair vijñāne karmavāsanā*yā* *iti / tatra saṃskārā yat kāyikaṃ karma vācikaṃ mānasaṃ ca puṇyāpuṇyāniñjyasvarūpam / tat punarbhavam abhisaṃskarotīti saṃskāraḥ / aropitaṃ ropa*yatīty[415] arthaḥ | tad eva ca saṃskāraśabdenocyate na tu sarvam | tac cāvidyādhipatyāt punarbhavam ākṣeptuṃ[416] samarthaṃ bhavati na sattāmātreṇeti | avidyāpratyayāḥ saṃskārā ity ucyate[417] ' tathā hi tāny anutpannavidyasya punarbhavaṃ saṃskurvanti ' notpannnavidyasya ' na cādhipatyamātreṇaiv*āvidyā saṃskārāṇāṃ pratyaya ucyate ' sāmānyapratyayena samuttāne 'pi / tathā hy avidyā*[418] *sarvakleśasaṃprayuktatvād yathā* samutthānakleśānāṃ sāmānyapratyayas[419] tathā tatsamutthānāṃ[420] cetanānām api ' (puṇyānām api)[421] saṃskārāṇāṃ bhavabhogabhedaprārthanānvayānāṃ samutthāne tatsahabhūr avidyā[422] sāmānyapratyayaḥ | āniñjyānām[423] api tadbhūminiḥsaraṇadṛṣṭisamutthānānāṃ tatsahabhūr avidyā[424] sāmānya*pratyaya iti saṃskārāṇāṃ pratyaya ucyate*[425] */*

vijñāna[426] *ity atrālayavijñānam abhipretam ' na tu pravṛttivijñānam / vyuparamapravṛttivijñānasyopa*pattisthānanayanāsambhavāt[427] kuśalakliṣṭayoś ca samavadhānābhāvāt saṃskārais tatra karmavāsanāyāḥ[428] pratiṣṭhāpanābhāvāt | karmavāsanāyā iti kā punar iyaṃ karmavāsanā nāma | anāgatasya janmano bījaṃ hetubhāvaḥ | tad[429] yathā vrīhi*phalaṃ bhūmibhasmapurīṣādipratyayaviśeṣam apekṣya pariṇāmād aṅkurotpattihetubhāvo bījam iti / pratiṣṭhāpanād iti ropaṇam eva* paryāyāntareṇācaṣṭe | pratiṣṭhāpanaṃ[430] punar atra vijñānasaṃtāne tatprathamatas tadbījasyāpyāyanam | na hi kasyacit sāsravasya[431] dharmasyānāsravasya vāpūrvaṃ bījam ādhīyate | evaṃ saṃskārair vijñāne punarbhava*bījādhānāt kliśyate jagat*[432] */*

nayanāt kliśyate jagad[433] *iti kena nayanāt kva kasya v*eti na vijñāyata ity

āha ' vijñānenopapattisthānasaṃprāpaṇād[434] iti | karmaparibhāvitena vijñānena saṃtānena vṛttyā[435] cyutisthānād upapattisthāne punarbhavabījabhūtāyā vāsanāyāḥ prāpa*ṇaṃ nayanam / tathā ca sati na pratisaṃdhivijñānaṃ saṃskārapratyayam*[436] */ pūrvakālabhavavijñānam e*va saṃskārapratyayam iti pradarśitaṃ bhavati | na hi vinaṣṭāt kāraṇāt kāryotpattir yujyate ' ārūpyasamāpattilābhino hi yatraiva cyavaṃte[437] tatraivopapadyanta[438] iti katham ārūpyeṣūpapattisthānaprāpa*ṇam iti tad yathāsaṃbhavaṃ*[439] *veditavyam ' nāmarūpavat /*

saṃparigrahāt kliśyate jagad[440] *iti kena sampari*grahāt[441] kasya vety ata āha ' nāmarūpenātmabhāvasyeti ' nāmarūpaṃ hi pañca skandhāḥ | te ca pratisaṃdhim upādāya kalalārbudapeśīghanapraśākhāvasthā[442] anutpannaṣaḍāyatanā vijñānapratyayan nāmarūpam iti | *evaṃ tatra bhāvanāviśeṣeṇa*[443] *hy antareṣu nikāyasabhāgeṣu tad viśiṣṭaṃ sidhyati / tasmiṃ*(11a)ś cotpanne[444] manuṣyatiryagādinikāyasabhāgabhedād[445] ātmabhāvo bhidyata iti nāmarūpeṇātmabhāvaḥ parigṛhīta ity ucyate | atha vā āmaraṇāt[446] sarvam evātmabhāvaṃ parigṛhṇāti tatprathamataḥ[447] sarvasya hetubhāvena vyavasthānād[448] iti | a*tha vā 'bhinno*[449] *'pi nāmarūpeṇātmabhāvaḥ parigṛhīta iti tat pṛthaktvena darśayati yathā sarvaṃ saṃskṛtaṃ pañcabhi*ḥ skandhaiḥ saṃgṛhītam iti | aupapādukānān tu vijñānapratyayaṃ ṣaḍāyatanam eveti | ato vijñānapratyayaṃ nāmarūpaṃ yathāsaṃbhavaṃ veditavyam |

pūraṇāt kliśyata[450] iti kena pūraṇāt kasya veti[451] ' ṣaḍāyatanena nāmarūpasaṃgṛhītaṃ *śarīram / nāmarūpāvasthāyāṃ hi śarīram aparipūrṇam ucyate / cakṣurādyāyatanābhāvāt / asti* ca tasyām avasthāyāṃ kāyāyatanaṃ manaāyatanaṃ[452] ca tad apy aparipūrṇam eva | āśritāśrayaparipūryabhāvāt | ṣaḍāyatanāvasthāyāṃ punaś cakṣurādyabhinirvṛttita āśrayaḥ[453] paripūrṇo bhavati | kāyāyata*naṃ ca paripūrṇaṃ bhavati tadāśritānāṃ cakṣurādīnāṃ*[454] *paripūrṇatvāt / kathaṃ taccakṣurādyāśritaḥ*[455] | tatpratibaddhavṛttitvāt | manaāyatanam api ṣaḍvijñānasaṃgṛhītaṃ tadānīṃ niravaśeṣāśrayaparipūritaḥ[456] paripūrṇaṃ bhavati | aṅgapratyaṅgaparipūritaś[457] ca

ṣaḍāyatanāvasthāyāṃ evam āśrayaparipūrit*aś* [458] *ṣaḍāyatanena kliśyate jagad ity ucyate /*

triparicchedāt kliśyate [459] *jagad iti saṃbadhyate / trayam hīndri*yaviṣaya-vijñānasaṃnipāte [460] | indriyasya sukhādivedanotpattyanukūlo yas triprakāro vikāras tat [461] praricchedaḥ sparśaḥ | ata eva [462] yam indriyavikārasādṛśyaṃ spṛśati tadākāratayeti sparśa ucyate | a*tha vā ṣaḍāyatanapratyayaḥ sparśa indriyasya sukhādivedanānukūlaṃ triprakāraṃ* [463] *vikāraṃ prasūte /*

[464] upabhogād vedanayeti ' vedanā hi tṛṣṇayopabhujyate | āsvādyata ity arthaḥ | [465] puṇyādikarmopabhogād vā vedanopabhogaḥ | atha vopabhogo 'tra vedanāyā anubhavaḥ ' sukhādiṣu cānubhūya*māneṣu tatra sukhādiparipo-ṣaṇād anurāgapratighamohaiḥ kliśyate jagat /*

karṣaṇād [466] *iti karṣaṇā*t kena kasya veti na vijñāyata ity ata āha ' tṛṣṇayā karmākṣiptasya punarbhavasyeti | saṃskārair [467] vijñāne (punarbhava)bījapa-ripoṣaṇenākṣiptasya [468] punarbhavasyodakakalpayā [469] tṛṣṇayā sarvagatiṣv aviśe-ṣeṇātmabhāvābhilāṣ*ād ārdrīkaraṇena* [470] *yaḥ punarbhavam utpattav upayuṅk-ta utpattiṃ cāvasthāpayati tat* karṣaṇam |

nibandhanāt [471] | kena nibandhanāt kva kasya veti praśnāvakāśe svayam evāha ' upādānair vijñānasyopapattyanukūleṣu [472] kāmādiṣv [473] iti | (abhiniveśac)-chandarāgalakṣaṇaiś caturbhir upādānaiḥ karmākṣiptaṃ vijñānam upapat-tyanukūleṣu [474] kāma*dṛṣṭiśīlavratātmavādeṣu nibadhyate* [475] *'vasthāpyate ca / vijñānaṃ hi cchandarāgavaśāt tatra varta*(11b)te |

ābhimukhyād ity atrāpi parapraśnāvakāśe svayam evāha ' bhavena kṛtasya karmaṇaḥ punarbhave vipākadānāyābhimukhīkaraṇād [476] iti | yathā nibandhanaṃ vijñānasya pūrvakṛtaṃ karma paunarbhavikaṃ vāsanāvas-thaṃ vipākaphalam [477] iti pravṛtti[478]*lābhena bhavaḥ sadbhūta ākṣiptabhavaś ca niṣpattaye 'bhimukhībhavati / evaṃ bhavenābhimukhīkaraṇāt kliśyate* [479] *jagat /*

[480] *duḥ*khanāj jātyā jarāmaraṇena ca kiṃ kliśyate ' jagad [481] iti ' evaṃ bhavāt punarbhavābhinirvṛttau satyām ādita eva garbhādhāne śukraśoṇite [482] vijñā-

nasaṃmūrcchanāt kliśyate | tathā mātur āmāśayapakvāśayayor antarāle parivartan*āt kliśyate / tathā ca mātur bhojanacaryayoḥ saṃkaṭaviṣamayor aparihārād*[483] *api kliśyate / tathā saṃbādhe*nāśucinā[484] mārgeṇa nirgacchatīti[485] kliśyate jagat[486] | jātaṃ punar jarayā khālityapālityādilakṣaṇayā maraṇena ca nāmarūpabhedalakṣaṇena priyābhyāṃ yauvanajīvitābhyāṃ[487] bhraśyamānaṃ kliśyate jagad iti |

pragacchatīti[488] *jagat* | *nikāyasabhāgāvasthāyāḥ*[489] *kṣaṇikāvasthāṃ*[490] *gacchatīty arthaḥ / kliśyata* iti jātijarāvyādhimaraṇādibhis traidhātuke kṣaṇaparamparayā 'javaṃjavībhāvena ca pīḍyata ity arthaḥ |

kliśyata iti na vyavadāyata ity apare |

evam ayaṃ saṃkleśalakṣaṇo dvādaśāṅgaḥ pratītyasamutpādaś ***chādanād****ityādinaikadaśaprakārārthena vyavadānavipakṣo bhavati*[491] */ avidyādi*kramaḥ pūrvapūrvasyottarottarāvāhanāt[492] |

katividhaḥ punar anena dvādaśāṅgena pratītyasamutpādena samāsataḥ saṃkleśaḥ pradarśita ity ata evedam ucyate ' so 'yaṃ dvādaśāṅgaḥ pratītyasamutpādaḥ

tredhā[493] ***dvedhā***[494] ***ca saṃkleśaḥ***[495] ***saptadhā*** **(11cd)**

iti ' ***ca****śabdaḥ*[496] *samuccayaḥ parivartaś cety arthaḥ / kleśa eva saṃkleśa iti kleśa*saṃkleśaḥ | evaṃ karmajanmasaṃkleśau | kleśo hi pravartamānaḥ svaparātmanor[497] vyābādhakatvāt saṃkleśaḥ | yathoktaṃ sūtre[498] 'pi rakto rāgaparīta ātmavyābādhāyāpi cetayate ' paravyābādhāyāpi cetayate ' ubha*yavyābādhāyāpi cetayate ' evaṃ dveṣo mohaś cāpi veditavya*[499] *iti /*

karmajanmasaṃkleśayoḥ pravartanād[500] *api saṃkleśaḥ* | tathā[501] hi kleśādhipatyena karma janmākṣipati ' dṛṣṭasatyasya saty api karmaṇi punarbhavākṣepābhāvāt ' kleśasamudācāreṇa punarbhavabījasya bhavīkaraṇāt ' kliṣṭacittasya ca punarbhavapratisaṃdhibaṃdhāj janma*saṃkleśakāraṇatvam eva / tato 'rhataḥ pratisaṃdhibaṃdhābhāvaḥ kliṣṭacittābhāvāt /*

*karma ca śubhā*śubhaṃ ' tadātve[502] kāyacittayor āyāsanimittatvād āyatyāṃ ca vipākadānāt saṃkleśaḥ ' janmāpi sarvopadravāspadatvāt saṃkleśa

iti |

tredhā saṃkleśaḥ ' hetor dvidhābhedāt ' kleśasaṃkleśo 'vidyātṛṣṇopā-[503]dānānīti ' *tritayam api kleśātmakatvāt ' karmasaṃkleśaḥ saṃskārā bhavaś ceti ' dvayam api karmātmaka*(12a)tvāt | ayan tu viśeṣaḥ | svarūpāvasthaṃ karma [504]saṃskārāḥ ' bījāvasthaṃ bhava iti | janmasaṃkleśaḥ śeṣāṇy aṅgānīti ' vijñānanāmarūpaṣaḍāyatanasparśavedanājātijarāmaraṇāni ' eṣāṃ janmasaṃgṛhītatvāt |

dvedhā saṃkleśaḥ ' het*or abhedāt* ' [505]*hetusaṃkleśaḥ kleśakarmasvabhāv* [506]*air aṅgaiḥ* ' [507]*phalasaṃkleśaś ca śeṣair aṅgair i*ti | tatra hetusaṃkleśatvaṃ karmakleśānāṃ vijñānādivedanāparyantaṃ jātyātmakaṃ jarāmaraṇādīna-[508]vajanma saṃpādayitum abhipravṛttatvāt '

phalasaṃkleśaś ca śeṣair vijñānādibhiḥ ' karmakleśaphalatvāt |

punaḥ sa eva prat*ītyasamutpādaḥ saptadhā saṃkleśa iti ' viparyāsākṣepopanayanaparigrahopabhogāka*rṣaṇodvegahetutvāt saptavidho hetuḥ |

tatra viparyāsahetur avidyeti ' avidyāgato hi tattvasammohād anityādīn [509]nityādirūpeṇa darśanād [510]viparyāsa ucyate |

[511]ākṣepahetuḥ saṃskārā iti vijñāne caturaṅgātma*kajanmabījasya pratiṣ*-[512]*ṭhāpanāt* / [513]*upanayahetur vijñānam iti ' iha cyutasya upapattiviṣaya* [514]*upanaya*nāt | parigrahahetur nāmarūpaṣaḍāyatane iti ' upanītasya nāmarūpaṣaḍāyatanābhyāṃ nikāyasabhāgaparigrahāt | pūrvaṃ nāmarūpeṇaiva parigraha ukto jarāyujādikāṃ yonim abhipre*tya ' idānīm upapādukam adhikṛtya ṣaḍāyatanenāpi parigraha uktaḥ / atha vā nāmarū*peṇa tatprathamata ātmabhāvamātrasya saṃgraho vivakṣitaḥ | iha tv aparipūrṇasya [515]paripūrṇasya ceti nāsti virodhaḥ |

[516]upabhogahetuḥ sparśavedana iti sakāraṇenānubhavena kuśalākuśalaka*rmavipākasyopabhogāt / ākarṣaṇahetus tṛṣṇopādānabhavā iti sa upabhuktakarma*[517]vipāko bālas tasyāṃ tasyāṃ vedanāyāṃ tṛṣyati | vivṛddhatṛṣṇaś ca [518]tatsaṃyogāviyogatṛṣṇayā kāmādīn upādatte ' tadupādānāc cāsya pūrvabhūtaṃ paunarbhavikaṃ karma vāsanāvasthaṃ pariṇa*taṃ yathākṣip*-

tavipākadānāya pravṛttiṃ labdhvā bhavo bhavati[519] */ sa ca tṛṣṇopādānabha-vabhiḥ*[520] *saṃskārākṣi*ptapunarbhavābhinirvṛttaya[521] ākṛṣyate ' abhimukhīkriya-ta iti tṛṣṇopādānabhavā ākarṣaṇahetuḥ | atha vā tṛṣṇāvaśena cchandarāgānurūpānyatarakarmavāsanābhimukhāt[522] tṛṣṇopādānabhavā ākar-ṣaṇahetu*ḥ /*

<u>*udvegahetur jātijarāmaraṇa*</u>[523] *ity evam atra janmākarṣaṇāt tasmiṃs tasmin sattva*nikāye jātijarāmaraṇaduḥkham anyac ca śokaparidevaduḥ-khadaurmanasyopāyāsaduḥkham[524] anantaprabhedam anubhavatīti |

tatra tridhā saṃkleśābhidhānena kleśakarmaṇor janmanaḥ[525] sādhāraṇā-sādhāraṇahetutvaṃ darśita*m / kleśo hi janmāṅkurasya sādhāraṇakāraṇaṃ bhūmyādivat ' karma tv asādhāraṇa*(12b)kāraṇam ' aṅkurasyeva bījaṃ tadbhedena janmabhedād iti[526] | atha vā nātra pūrvāntāparāntamadhyāntāni trīṇi kāṇḍāni ' kiṃ tarhi ' karmakleśaphalānīti pradarśayati |

dvidhābhidhānena[527] hetuphalamātram evedaṃ nātrānyaḥ saṃkliśyate kārako *vedako veti pradarśayati / atha vātra karmakleśamātram eva hetuḥ ' tayor bhāvābhāvāj janmabhāvābhāva*darśanāt ' atas tatphalam eva janma | tasmān nātra hetuḥ phalaṃ vā sarvatra paṃcaskandhikāvastheti pradar-śayati |

saptadhā hetunirdeśena punar dvividhaḥ pratītyasamutpādaḥ pradarśi-taḥ ' ākṣepalakṣaṇo 'bhinirvṛttilakṣaṇaś ceti | *tatrākṣepalakṣaṇaḥ pratītya-samutpādasya saptabhir*[528] *aṅgair pradarśitaḥ*[529] *' yenākṣipyate yathākṣipya*te yac cākṣipyate tatpradarśanāt | abhinirvṛttilakṣaṇaḥ paṃcabhir aṅgaiḥ ' tasyākṣiptasya yenābhinirvṛttir yathābhinirvṛttiḥ ' yā cābhinirvṛttiḥ ' tasyāś ca ya[530] ādīnava iti |

kenākṣipyate ' avidyāpra*tyayaiḥ saṃskāraiḥ ' yathā tattve mugdhvā viparītaṃ saṃjānāti kuśalākuśalāniñjyān saṃskārān abhi*saṃskaroti | katham ākṣipyate taiḥ[531] saṃskāraiḥ ' vijñāne bījapoṣaṇād utpattibhavya-tāyām avasthāpanāt | kim ākṣipyate ' paunarbhavikaṃ nāmarūpaṃ ṣaḍāyatanaṃ sparśo vedanā ca yathāyogam |

tad evam ākṣi*ptaṃ kenābhinirvartyate / yathoktakrameṇa pūrvākṣiptād ihotpannāṃ vedanāṃ pratītya yā tṛṣṇotpa*nnā tatpratyayenopādānena | kathaṃ tenābhinirvartyate | tasya vijñāne vāsanāvasthasya[532] karmaṇas tena bhavīkaraṇāt | bahuvidhā hi vijñāne karmavāsanā[533] vartate vicitrasaṃskāraparibhāvitatvāt | *upādānaviśeṣena parigṛhītād*[534] *yenātra punarbhavatvaṃ vartate so 'tra bhava ucyate /*

kā punaḥ sābhinirvṛttiḥ | yā tasyākṣiptasya nāmarūpādikasyāyatyāṃ[535] jātiḥ | tasyāṃ punaḥ satyāṃ ka ādīnavaḥ | jarāmaraṇaṃ priyayauvanajīvitabhraṃśād[536] iti |

atra tūpanayahetur nirartha iti cet ' na nirarthakaḥ[537] ' vicchi*nnamaraṇabhava*[538] *upapattibhavapravṛttyadhigamanirākaraṇārtham*[539] /

sarvaś caiṣa saṃkleśo 'bhūtaparikalpāt pravartata[540] iti ' cittacaittāśrayatvāt[541] saṃkleśasya ' uktaṃ[542] caitad

abhūtaparikalpaś ca cittacaittās tridhātukāḥ | (8ab)

iti ||

(i. Abhūtaparikalpapiṇḍārtha)

***MAVBh*, 22, 10.**

piṇḍārthaḥ punar abhūtaparikalpasya navavidhaṃ lakṣaṇaṃ paridīpitaṃ bhavati | sallakṣaṇam ' asallakṣaṇam ' svalakṣaṇam ' saṃgrahalakṣaṇam ' asallakṣanānupraveśopāyalakṣaṇam ' prabhedalakṣaṇam ' paryāyalakṣaṇam ' pravṛttilakṣaṇam ' saṃkleśalakṣaṇaṃ ca |

***MAVṬ*, 44, 12.**

piṇḍārthaḥ punar abhūtaparikalpasyeti vistareṇārthanirdeśaḥ sukhāvabodhārthaṃ[543] piṇḍārthanirde*śo 'vismaraṇārthaṃ ca / tato 'trārthadvayam uktam / sallakṣaṇam*

***abhūtaparikalpo* 'sti | (1a)**

iti | asallakṣaṇaṃ

dvayaṃ tatra na vidyate | (1b)

iti | svalakṣaṇam

arthasattvātmavijñaptipratibhāsaṃ prajāyate |

vijñānam | (3abc)

iti | saṃgrahalakṣaṇaṃ

kalpitaḥ paratantraś ca pariniṣpanna eva ca(544) | (5ab)

iti | asallakṣaṇānupraveśopāyalakṣaṇam(545)

upalabdhiṃ sa*māśritya nopalalabdhiḥ prajāyate* / (6ab)

ityādi / prabhedalakṣaṇam(546)

***abhūtaparikalpaś ca cittacai*(13a)ttās tridhātukāḥ | (8ab)**

iti | paryāyalakṣaṇaṃ

tatrārthadṛṣṭir vijñānaṃ tadviśeṣe tu caitasāḥ | (8cd)

iti | pravṛttilakṣaṇam

ekaṃ pratyayavijñānaṃ dvitīyam aupabhogikam | (9ab)

iti | saṃkleśalakṣaṇaṃ

chādanād ropaṇāc caiva nayanāt saṃparigrahāt | (10ab)

ityādi |

(2. Śūnyatā)(547)

***MAVBh*, 22, 16.**

evam abūtaparikalpaṃ khyāpayitvā yathā śūnyatā vijñeyā tan nirdiśati |

lakṣaṇaṃ cātha paryāyas tadartho bheda eva ca |

sādhanaṃ ceti vijñeyaṃ śūnyatāyāḥ samāsataḥ ‖ (12)

***MAVṬ*, 45, 14.**

evam *abhūtaparikalpalakṣaṇaṃ*(548) *navaprakāraṃ khyāpayitvā yathā śūnyatā vijñeyā tan nirdiśatī*(549)ti ' ko 'trābhisaṃbandhaḥ | dvayam anena pratijñātam abhūtaparikalpaḥ śūnyatā ca | saṃkleśapūrvakaṃ ca vyavadā-

naṃ dharmāvabodhāśrayaṃ ca dharmatāvadhāraṇam[550] ity ato 'bhūtaparikalpanirdeśānantaraṃ yathā śūnyatā vijñeyā tathā nirdiśati |

lakṣaṇaṃ cātha paryāya[551] **(12a)**

iti vistaraḥ / tatra ***lakṣaṇaṃ*** *hi bhāvābhāvapratiṣedhātmakam*[552] ' *sarvatra śū*nyatāprabhedavyāpakatvāt[553] | nāmāntaraṃ[554] **paryāyaḥ** ' paryāyānuguṇaṃ[555] paryāyapravṛttinimittaṃ **paryāyārthaḥ** | ākāśavad abhinnalakṣaṇatvān nirvikalpatve 'py[556] āgantukopakleśasaṃyogaviyogāvasthābhedād[557] **bhedaḥ** | *anyac ca pudgaladharmasamāropabhedād bhedaḥ ṣoḍaśavidhaḥ /* ***sādhanaṃ*** *śūnyatāprabhedapradarśane* yuktiḥ |

kiṃ punaḥ kāraṇaṃ yad ebhiḥ prakāraiḥ śūnyatā vijñātavyā ' viśuddhyālaṃbanatvād viśuddhyarthibhir lakṣaṇato vijñeyā | sūtrāntareṣu paryāyanirdeśeṣv asaṃmohārthaṃ paryāyataḥ ' paryāyārthāvabodhau[558] *chūnyatāyā viśuddhyālambanatvena niścitatvāt paryāyārthaḥ / saṃkleśe nirākṛte sā viśuddheti tatsaṃ*kleśaprahāṇāya[559] yatnotpādanārthaṃ bhedataḥ | bhedasādhanāvabodhād vikārābhāve saty api bhedaṃ sukhaṃ pratipadyata iti bhedasādhanato 'pi vijñeyeti ||

(a. Śūnyatālakṣaṇa)

MAVBh, 22, 21.

kathaṃ lakṣaṇaṃ vijñeyaṃ |

dvayābhāvo hy abhāvasya bhāvaḥ śūnyasya lakṣaṇaṃ | (13ab)

dvayagrāhyagrāhakasyābhāvaḥ | tasya cābhāvasya bhāvaḥ śūnyatāyā lakṣaṇam ity abhāvasvabhāvalakṣaṇatvaṃ śūnyatāyāḥ paridīpitaṃ bhavati | yaś cāsau tadabhāvasvabhāvaḥ sa

na bhāvo nāpi cābhāvaḥ | (13c)

kathaṃ na bhāvo yasmād dvayasyābhāvaḥ | kathaṃ nābhāvo yasmād dvayābhāvasya bhāvaḥ | etac ca śūnyatāyā lakṣaṇaṃ | tasmād abhūtaparikalpān

na pṛthaktvaikalakṣaṇaṃ (13d)

pṛthaktve sati dharmād anyā dharmateti na yujyate | anityatāduḥkhatāvat | ekatve sati viśuddhyālambanaṃ jñānaṃ na syāt sāmānyalakṣaṇaṃ ca | etena tattvānyatvavinirmuktaṃ lakṣaṇaṃ paridīpitaṃ bhavati |

***MAVṬ*, 46, 16.**

kathaṃ lakṣaṇaṃ vijñeyaṃ iti lakṣaṇaṃ hi prāguddiṣṭa*m ity atas tad eva prathamataḥ pṛṣṭaṃ /*

***dvayābhāvo hy abhāvasya bhāvaḥ śūnyasya lakṣaṇam*[560] / (13ab)**

*iti vijñeyam / dvayagrā*hyagrāhakasyābhūtaparikalpe[561] 'bhūtaparikalpena vā parikalpitātmakatvād vasturūpeṇābhāvaḥ tasya ca dvayābhāvasya yo bhāva etac chūnyatāyā lakṣaṇam | kārikānuguṇyāc cātra bhāvapratyayo lupta*nirdeśo draṣṭavyaḥ /* ***abhāvasya bhāva*** *iti kim etat / abhāvasyātmā vidyamāna eva*[562] ' *anyathā dvayabhāvasyāstitvam* eva syāt ' tadabhāvasya bhāvato 'vidyamānatvāt[563] | ata evāha ' ity abhāvasvabhāvalakṣaṇatvaṃ[564] śūnyatāyāḥ paridīpitaṃ bhavati na bhāvarūpalakṣaṇam iti | bhāvapratiṣedhavācakatvād abhāvaśabdasya bhāva*śabdābhāve 'py eṣo 'rtho 'vagamyata iti bhāvaśabdho 'trādhikaḥ / nādhikaḥ*[565] */ dvayābhāvaḥ*[566] śūnyatālakṣaṇam itīyati nirdiśyamāne[567] dvayābhāvasya svātantryam evāvagamyate[568] śaśaviṣāṇābhāvavat ' na duḥkhatādivad dharmatārūpatā | tasmād evam ucyate dvayābhāvaḥ śūnyatā ' tasya cābhāvasyābhūtaparikalpe bhāva*ḥ śūnyatety*[569] ' *abhāvasya bhāvalakṣaṇaparigṛhītatvād dharmatārūpatā pradarśitā*[570] */*

atha vā dvayā(13b)bhāvaḥ śūnyatety abhāvaśabdasya sāmānyavācitvān na vijñāyate katamo 'trābhāvo 'bhipreta iti ' atyantābhāvapradarśanārtham[571] ucyate ' abhūtaparikalpe dvayābhāvasya bhāva iti | *na hi* prāgabhāvapradhvaṃsābhāvau svopādānād anyatra[572] ā*khyātuṃ yuktau*[573] ' *anyonyābhāvasyāpy ekāśrayatvaṃ na yuktam*[574] *ubhayāśritatvād ' tasmād bhāvasyā*bhāvalakṣaṇopādānād grāhyagrāhakayor atyantābhāva eva śūnyatety etaj jñāpitaṃ bhavati |

yady abhāvātmikā śūnyatā kathaṃ paramārtha ucyate | paramajñānavi-

ṣayatvād anityatāvat ' na tu vastutvāt ' api cābhāvasvabhā*vo naiṣaḥ*[575] '
yasmād yaś cāsau tadabhāvasvabhāvaḥ[576] *sa*

na bhāvo nāpi[577] ***cābhāvaḥ*** **(13c)**

kathaṃ na bhāvaḥ ' yasmād dvayasyābhāvaḥ ' bhāvatve hi na dvayasyātyantābhāvaḥ[578] syāt ' nābhūtaparikalpadharmatā | kathaṃ nābhāvo ' yasmād dvayābhāvasya bhāvaḥ | * na hi *dvayābhāvo dvayābhāvasvarūpeṇābhāvaḥ / so 'bhāvaḥ syāc ced dvayasyāstitvaṃ syān na ca syād abhūtaparikalpasya dharmatā yathānityaduḥkhatā / sattvasya viparyāsatvena samāropitasya nityasukhabhāvābhāvasvarūpatvān na bhāvo nāpy abhāva ity ucyate /*

yadi punar abhūtaparikalpasya śūnyatā dharmatāsti[579]* kim asau tasmād anyā[580] vaktavyotānanyety[581] ato bravīti ' etac ca śūnyatāyā *lakṣaṇam*[582] *iti* ' *abhāvasvarūpam eva*[583] ' *atha vā bhāva evābhāvapratiṣedhātmaka eva / tasmād abhūtaparikalpān*

***na pṛthaktvai*kalakṣaṇaṃ (13d)** ||

pṛthaktve sati dharmād anyā dharmateti na yujyate ' kaḥ punar ayogaḥ ' dharmād vibhinnalakṣaṇatvād dharmatā dharmāntaram eva bhavati tadanyadharmavat | na ca dharmāntaraṃ dharmāntarasya dharmatā bhavi*tum arhati ' tatra punar dharmāntaram anveṣṭavyam ity anavasthāprasaṅgaḥ / anityatāduḥkhatāvad i*ti ' yathānityatānityebhyo nānyā duḥkhatā ca duḥkhād[584] evaṃ śūnyatāpi na śūnyād anyeti |

ekatve sati viśuddhyālambanaṃ jñānaṃ[585] na syāt sāmānyalakṣaṇaṃ ceti ' viśudhyate 'neneti viśuddhir[586] mārgaḥ ' dharmasvalakṣaṇā*d ananyatvān mārgālambanam*[587] *na syād dharmasvalakṣaṇavat ' tasmāc ca na sāmānyalakṣaṇaṃ yujyate ' svala*kṣaṇād ananyatvāt ' tasyāpi dharmasvarūpavat parasparato bheda iti sāmānyatā hīyate | atha vā svalakṣaṇasya tasmād ananyatvād bhāvasvarūpabhedābhāvaḥ[588] ' tataś ca sāmānyalakṣaṇasyāpy[589] abhāvaḥ ' bhedā*pekṣatvāt sāmānyalakṣaṇasya / atha vā viśodhyārtham ālambanaṃ viśuddhyālambanam ' na bhāvasvalakṣaṇam ā*lambyamānaṃ viśuddhim āvahati | sarvasattvaviśuddhiprasaṅgāt |

yady anyānanyatvenāvaktavyā[590] kathaṃ nirgranthavādo nālambito bhavati | yo hi bhāvasya satas tattvānyatve na vyākaroti[591] tena nirgranthavāda ālambyate ' śūnyatā tu na bhāva iti nāsty *ayaṃ doṣaḥ* ' *evam eṣā śūnyatāsallakṣaṇā abhāvasvarūpalakṣaṇā*[592] *advayalakṣaṇā ca* ' *ta*ttvānyatvavinirmuktaṃ lakṣaṇaṃ paridīpitaṃ[593] | uktaṃ śūnyatālakṣaṇam ||

(b. Śūnyatāparyāya)

***MAVBh*, 23, 12.**

kathaṃ paryāyo vijñeyaḥ |

tathatā bhūtakoṭiś cānimittaṃ paramārthatā |

dharmadhātuś ca paryāyāḥ śūnyatāyāḥ samāsataḥ || (14)

***MAVṬ*, 49, 15.**

paryāya idānīm ucyate '

tathatā bhūtakoṭiś cānimittaṃ[594] para[mārthatā][595] |

dharmadhātuś ca paryāyāḥ śūnyatāyāḥ samāsataḥ || (14)

iti ' paryāyo nāmaikasyārthasya[596] bhi*nnaśabdatvaṃ pratyāyayati*[597] ' *paryāyārthābhidhānam iti paryāya ucyate* ' *taiś cābhidhānaiḥ*[598] *sūtrā*(14a)ntareṣu śūnyataiva nirdiśyate[599] | etac ca paryāyapañcakaṃ yathā[600] pradhānaṃ gāthāyām uktam evam anye 'pi paryāyā ihānuktāḥ ' pravacanād upadhāryāḥ ' tadyathā ' advayatā ' avikalpadhātuḥ ' dharmatā ' anabhilāpyatā[601] ' anirodhaḥ[602] ' asaṃskṛtaṃ nirvāṇādi |

(c. Śūnyatāparyāyārtha)

***MAVBh*, 23, 16.**

kathaṃ paryāyārtho vijñeyaḥ |

ananyathāviparyāsatannirodhāryagocaraiḥ |

hetutvāc cāryadharmāṇāṃ paryāyārtho yathākramam || (15)

ananyathārthena tathātā nityaṃ tathaiveti kṛtvā | aviparyāsārthena

bhūtakotiḥ viparyāsāvastutvāt | nimittanirodhārthenānimittaṃ sarvanimittābhāvāt | āryajñānagocaratvāt paramārthaḥ paramajñānaviṣayatvāt | āryadharmahetutvād dharmadhātuḥ | āryadharmāṇāṃ tadālambanaprabhavatvāt | hetvartho hy atra dhātvarthaḥ |

***MAVṬ*, 50, 3.**

katham paryāyārtho vijñeya[603] *ity etad da*rśayati ' naite śabdā gauṇāḥ[604] ' kiṃ tarhy anvarthā iti |

ananyathāviparyāsatannirodhāryagocaraiḥ |

hetutvāc cāryadharmāṇāṃ paryāyārtho yathākramam || (15)

iti ' (tatra)[605] ananyathārthena tathāteti[606] ' avikārārthenety artha*ḥ* ' *tad eva pradarśanārtham āha nityaṃ tathaiveti*[607] ' *nityaṃ sarvadāsaṃskṛta*tvān na vikriyata ity arthaḥ ' aviparyāsārthena bhūtakoṭiḥ[608] ' bhūtaṃ satyam aviparītam[609] ity arthaḥ ' koṭiḥ paryanto yataḥ pareṇānyaj jñeyaṃ nāstīty[610] ato bhūtakoṭi*r bhūtaparyanta ucyate ' katham tathatā jñeyaparyanta*[611] *ucyate ' jñeyāvaraṇaviśodhanajñānagocaratvāt*[612] */* aviparyāsārthenety anadhyāropānapavādārthena[613] ' atraiva kāraṇam āha viparyāsāvastutvād iti ' viparyāso hi vikalpaḥ ' vikalpānālambanatvān na viparyāsavastu | nimittanirodhā*rthenānimittam*[614] *iti ' atrānimittatvaṃ nimittanirodha*[615] *ucyate ' etad eva pradarśanārtham āha ' sarva*nimittābhāvād iti ' sarvaireva saṃskṛtāsaṃskṛtanimittaiḥ śūnyatā śūnyety animittam ucyate ' sarvanimittābhāvād animittaḥ ' animittam evānimittaḥ[616] |

āryajñānagocara*tvāt paramārtha iti*[617] ' *paramaṃ hi lokottarajñānam ' tadarthaḥ paramārthaḥ /* etad eva pradarśayann āha ' paramajñānaviṣayatvād[618] iti[619] ' āryadharmahetutvād dharmadhātuḥ ' dharmaśabdenātrāryadharmāḥ ' samyagdṛṣṭyā*dayaḥ samyagvimuktijñānaparyantāś ceti ' taddhetutvād dhātuḥ ' tad e*va vibhāvayann āha ' āryadharmāṇāṃ tadālambanaprabhavatvād iti ' svalakṣaṇopādāyarūpadhāraṇe[620] 'py ayaṃ dhātuśabdo vartata ity āha ' hetvartho hy atra dhātvarthaḥ ' tadyathā suvarṇadhātus tāmradhā-

tū raupyadhātuḥ[621] / *sūtrāntareṣv anye paryāyā uktā apy anenaiva nyāyena*[622] *svārthena nirdeṣṭavyāḥ* //

(d. 1 Śūnyatāprabheda)

***MAVBh*, 24, 3.**

kathaṃ śūnyatāyāḥ prabhedo jñeyaḥ |

saṃkliṣṭā ca viśuddhā ca | (16a)

ity asyāḥ prabhedaḥ | kasyām avasthāyāṃ saṃkliṣṭā kasyāṃ viśuddhā |

samalā nirmalā ca sā | (16b)

yadā saha malena varttate tadā saṃkliṣṭā | yadā prahīṇamalā tadā viśuddhā | yadi samalā bhūtvā nirmalā bhavati kathaṃ vikāradharmiṇītvād anityā na bhavati | yasmād asyāḥ

abdhātukanakākāśaśuddhivac chuddhir iṣyate ‖ (16cd)

āgantukamalāpagamān na tu tasyāḥ svabhāvānyatvaṃ bhavati |

***MAVṬ*, 51, 6.**

(14b) śūnyatāyā grāhyagrāhakābhāvarūpatvād bhedam asaṃbhāvayan pṛcchati | atha vā paryāyārthānantaraṃ bhedo vijñeya ity uktam atas tannirdeśānantaraṃ pṛcchati | kathaṃ śūnyatāyāḥ prabhedo vijñeya[623] iti | *abhūtaparikalpo hi saṃkleśaḥ ' tasmin prahīṇe viśuddhir ucyate ' saṃkleśaviśuddhikālayoś ca*[624] *śūnyatāvyatirekeṇānyan nāsti* yat saṃkliśyate viśudhyate vā | tasmāt saṃkleśaviśuddhikālayoḥ śūnyataiva saṃkliśyate viśudhyate[625] ceti pradarśanārtham āha '

saṃkliṣṭā ca viśuddhā ca | (16a)

ity asyāḥ prabhedaḥ | kadā saṃkliṣṭā kadā *nirmalety*[626] *anavabodhāt pṛcchati ' kasyām avasthāyāṃ saṃkliṣṭā kasyāṃ viśuddheti*[627] /

***samalā ni*rmalā[628] ca | (16b)**

iti vistaraḥ |

āśrayāparāvṛttiparāvṛttyapekṣayā saha malena[629][630] ca prahīṇamalā ca vya-

vasthāpyate | yeṣām aviduṣāṃ grāhyagrāhakābhiniveśarāgādikleśamalin*ā-*
*nāṃ cittasaṃtānānām apratipattivipratipattidoṣāc chūnyatā na prakhyāti tān prati samalā vyavasthā*pyate | yeṣām āryāṇāṃ tattvajñānād aviparīta-cetasāṃ śūnyatā nirantaram ākāśavad virajaskā prakhyāti tān prati prahīṇamalety ucyate | evaṃ śūnyatāyā[631] āpekṣikī saṃkleśa*viśuddhayor*[632] *draṣṭavyā* ' *na malinasvarūpatvena prakṛtyā prabhāsvaratvāt* / *yadi samalā bhūtvā*[633] *iti vistaraḥ* | na hy avasthābhedo vikāram antareṇa dṛṣṭaḥ | vikāraś cotpādavināśābhyām anusyūta iti ' ata āha ' katham vikāradharmiṇītvād anityā na bhavatīti[634] || na hi saṃkliṣṭāvasthātaḥ *śūnya-tāyā viśuddhyavasthāyām*[635] *anyo*[636] *vikāraḥ* ' *tattvāsthititā tu svabhā*vāntaram anāpadyamānā[637] ' āgantukamalāpagamāt | yasmād

abdhātukanakākāśaśuddhivac chuddhir iṣyate || (16cd)

tasmād anityā na bhavatīti ' yathaiva hy abdhātukanakākāśānām atatsvab-hāvatvān malasvabhāva*syāsato 'py āgantukamalena malavaty evāgantuka-malāpagame*[638] *ca viśuddhaiva* svabhāvāntarapratipattim antareṇāpi | evaṃ śūnyatāpy āgantukair malaiḥ[639] saṃkliṣyate avikṛtasvarūpāpi[640] tadvigamāc ca viśudhyatīti[641] | yo hi tam eva bhāvaṃ pūrvaṃ saṃkleśalakṣaṇaṃ paścād viśuddhisvabhāvaṃ[642] vyava*sthāpayati tasya vikāradharmanivṛttir na bhava-ti svabhāvavikāratvāt*[643] ' *na tu yatrāpy āgantukaṃ ta*(15a)dubhayam[644] ' tasmān nāsau vikāradharmatāṃ spṛśatīti ||

(d. 2 Ṣoḍaśavidhā śūnyatā)

***MAVBh*, 24, 14.**

ayam aparaḥ prabhedaḥ ṣoḍaśavidhā śūnyatā | adhyātmaśūnyatā | bahirdhāśūnyatā | adhyātmabahirdhāśūnyatā | mahāśūnyatā | śūnyatāśūnya-tā | paramārthaśūnyatā | saṃskṛtaśūnyatā | asaṃskṛtaśūnyatā | atyantaśū-nyatā | anavarāgraśūnyatā | anavakāraśunyatā | prakṛtiśūnyatā | lakṣaṇaśū-nyatā | sarvadharmaśūnyatā | abhāvaśūnyatā | abhāvasvabhāvaśūnyatā ca | saiṣā samāsato veditavyā |

bhoktṛbhojanataddehapratiṣṭhāvastuśūnyatā |

tac ca yena yathā dṛṣṭaṃ yadarthaṃ tasya śūnyatā ‖ (17)

tatra bhoktṛśūnyatādhyātmikāny āyatanāny ārabdhā | bhojanaśūnyatā bāhyāni | taddehas tayor bhoktṛbhojanayor yad adhiṣṭhānaṃ śarīram ' tasya śūnyatā 'dhyātmabahirdhāśūnyatety ucyate | pratiṣṭhāvastu bhājanalokaḥ ' tasya vistīrṇatvāc chūnyatā mahāśūnyatety ucyate | tac cādhyātmikāyatanādi yena śūnyaṃ dṛṣṭaṃ śūnyatājñānena ' tasya śūnyatā śūnyatāśūnyatā | yathā ca dṛṣṭaṃ paramārthākāreṇa tasya śūnyatā paramārthaśūnyatā | yadarthaṃ ca bodhisattvaḥ prapadyate tasya ca śūnyatā |

kimarthaṃ ca prapadyate |

śubhadvayasya prāptyartham | (18a)

kuśalasya saṃskṛtasyāsaṃskṛtasya ca |

sadā sattvahitāya ca | (18b)

atyantasattvahitārtham |

saṃsārātyajanārthaṃ ca | (18c)

anavarāgrasya hi saṃsārasya śūnyatām apaśyan khinnaḥ saṃsāraṃ parityajeta |

kuśalasyākṣayāya ca ‖ (18d)

nirupadhiśeṣe nirvāṇe 'pi yan nāvakirati notsṛjati tasya śūnyatā anavakāraśūnyatety ucyate |

gotrasya ca viśuddhyartham | (19a)

gotraṃ hi prakṛtiḥ svābhāvikatvāt |

lakṣaṇavyañjanāptaye | (19b)

mahāpuruṣalakṣaṇānāṃ sānuvyañjanānāṃ prāptaye |

śudhyate buddhadharmāṇāṃ bodhisattvaḥ prapadyate ‖ (19cd)

balavaiśāradyāveṇikādīnām | evan tāvac caturdaśānāṃ śūnyatānāṃ vyavasthānaṃ veditavyam | kā punar atra śūnyatā |

pudgalasyātha dharmāṇām abhāvaḥ śūnyatā 'tra hi |

tadabhāvasya sadbhāvas tasmin sā śūnyatā 'parā ‖ (20)

pudgaladharmābhāvaś ca śūnyatā | tadabhāvasya ca sadbhāvaḥ ' tasmin yathokte bhoktrādau sānyā śūnyateti | śūnyatālakṣaṇakhyāpanārthaṃ dvividhām ante śūnyatāṃ vyavasthāpayati ' abhāvaśūnyatām abhāvasvabhāvaśūnyatāṃ ca | pudgaladharmasamāropasya tacchūnyatāpavādasya ca parihārārthaṃ yathākramam | evaṃ śūnyatāyāḥ prabhedo vijñeyaḥ |

MAVṬ, **52, 18.**

prabhedanirdeśādhikāre sarve śūnyatāprabhedā[645] vaktavyā ity ata āha | ayam aparaḥ prabheda[646] iti | ṣoḍaśavidhā śūnyateti | vastubhedena *ṣoḍaśavidhā bhavati ' dvayābhāvasvarūpe tu bhedo nāsti ' sā ṣoḍaśavidhā śū*nyatā prajñāpāramitāyāṃ paṭhyate ' adhyātmaśūnyatā yāvad abhāvasvabhāvaśūnyateti | saiṣā samāsato veditavyā '

bhoktṛbhojanataddehapratiṣṭhāvastuśūnyatā | (17ab)

ityevamādi ' sāmānyala*kṣaṇaṃ*[647] *śūnyatā sarvadharmasyādvayasvarūpatvāt ' anyathā hi nānātvaṃ na śakyate darśayi*tum ity ato vastunānātvena tannānātvaṃ[648] darśayati |

pūrvaṃ tāvad bhoktā vibhāvayitavyaḥ ' tatsnehābhiniveśatyājanārtham ' tatsnehābhiniveśo hi buddhatvavimokṣaprā*ptipratibandho bhavati / tadanantaraṃ tadbhojanam ' tadanantaraṃ tayor adhiṣṭhānaṃ śarīram ' tadanantaraṃ tada*dhiṣṭhānasya śarīrasya pratiṣṭhā bhājanaloko vibhāvayitavyaḥ ' bhoktur upakārakatvād ātmīyasnehagrāhavyāvartanārtham ' etac caturvidhaṃ vastu ' tacchūnyatā vastuśūnyatety ucyate |

tatra bho*ktṛśūnyatādhyātmikāny āyatanāny ārabdheti*[649] *' tāni ca cakṣurādīni yāvan manaḥparyantāni '* tadanyasya bhoktur abhāvāt ' cakṣurādīnāṃ ca viṣayopabhogapravṛttidarśanāl lokasya cakṣurādiṣv eva bhoktrabhimāna ity ataś cakṣurādyāyatanaśūnyatā bhoktṛśūnyatety ucyate |

bho*janaśūnyatā bāhyānīti*[650] *' rūpādīni yāvad dharmaparyantāni ' tāni viṣayabhāvatvena bhu*jyanta[651] iti bhojanam ato[652] bāhyāyatanaśūnyatā bhojanaśūnyatety ucyate |

tayor bhoktṛbhojanayoḥ śarīre parasparāvinirbhāgenāvasthānāt taddehaḥ[653] śarīram ity atas tasya śūnyatā 'dhyātama*bahirdhāśūnyatety ucyate*[654] |

pratiṣṭhāvastu bhājanalokaḥ ' *sarvatra sattvānāṃ pratiṣṭhāvastutvena* prajñānāt[655] | ata evāha ' tasya vistīrṇatvāc chūnyatā[656] mahāśūnyatety ucyate[657] ' vastuśabdaḥ[658] pratyekam abhisaṃbadhyate |

tasyaivaṃ yogino bodhisattvasya caturvidhajñeyavastuśūnyatā*yāṃ savitarkena*[659] *yoniśomanaskāreṇa manaskriyamānāyām ayam anyo nimittagrāha upatiṣṭha*(15b)te | yenedaṃ śūnyatājñānenādhyātmikabāhyāyatanādi śūnyaṃ[660] dṛṣṭam ' tatra yo grāhyagrāhakābhiniveśo 'yam eva cātra paramārthākāro yathā tacchūnyatājñānena dṛṣṭam iti vikalpaḥ[661] | tasya dviprakāra*sya yogibhūmibhrāntinimittasya vikalpasya vibhāvanārthaṃ śūnyatāśūnyatā paramārthaśū*nyatā ca yathākramam | jñānākāralopaṃ kṛtvā nirdiṣṭā | śūnyatāviṣayatvād[662] vā tajjñānaṃ[663] śūnyatety uktam ' tasya[664] grāhyagrāhakabhāvena śūnyatā śūnyatāśūnyatā ' ādhyātmikāyatanādikaṃ ca tena śūnyatā*jñānena yathā ca dṛṣṭaṃ*[665] *so 'tra paramārtha ity tenākāreṇa*[666] *śūnyatā paramārthaśūnyatā / kiṃ* kāraṇam ' paramārtho hi śūnyaḥ parikalpitena svabhāveneti |

ayam anyo 'pi nimittagrāhaḥ śūnyatābhāvanopaplavabhūtaḥ[667] ' yadarthaṃ[668] bodhisattvaḥ śūnyatāṃ pratipadyate[669] tasya bhā*vasvarūpatvaṃ samāropyate ' tadvibhāvanārthaṃ saṃskṛtaśūnyatādayaḥ sarvadharmaśūnyatāparya*ntāḥ śūnyatā nirdiṣṭāḥ |

kimarthaṃ ca pratipadyate[670] '

śubhadvayasya prāptyartham | (18a)

yāvad buddhadharmāṇāṃ viśuddhyarthaṃ śūnyatāṃ pratipadyate śūnyatāṃ prabhāvayatīty arthaḥ | mārgo nirvāṇaṃ ca *kuśalasya saṃskṛtasyāsaṃskṛtasya ca*[671] ' *tayoḥ saṃbadhyate yathākramaṃ* saṃskṛtaśūnyatā 'saṃskṛtaśūnyatā ca |

sadā sattvahitāya ca | (18b)

iti sarvākāraṃ sarvakālaṃ ca mayā sattvahitaṃ[672] kartavyam iti tacchūnya-

tātyantaśūnyatā |

saṃsārātyajanārthaṃ ca | (18c)

iti[673] sattv*ārthaṃ mayā saṃsāro na parityājyaḥ ' saṃsāre hi parityakte 'labdhvā bodhisattv*abodhiṃ śrāvakabodhau[674] vyavatiṣṭhate ' tasya śūnyatā anavarāgraśūnyatā | kimarthaṃ punas tasya śūnyatā diśyata ity ata āha[675] | anavarāgrasya[676] hi saṃsārasya śūnyatām apaśyan khinnaḥ saṃsāraṃ pa*ri- tyajyeteti*[677] |

kuśalasyākṣayāya[678] ***ca*** **' (18d)**

iti mayā kuśalamūlāni[679] *na kṣīyan*te[680] | nirupadhiśeṣe nirvāṇe 'pīti[681] ' nāvakira- tīty etad evācaṣṭe notsṛjatīti ' yady evaṃ kathaṃ tarhi[682] nirupadhiśeṣo nirvāṇadhātuḥ[683] sidhyati | sāsravadharmavipākakāyābhāvāt[684] ' anā*sravabhā- vadharmakāyasya tu atītānāṃ bhagavatāṃ buddhānāṃ*[685] *nirupadhiśeṣe nirvāṇadhātav api na vyuparamād*[686] *iti* (16a) siddhāntaḥ ' atas[687] tacchūnyatā[688] anavakāraśūnyatety ucyate |

gotrasya ca viśuddhyartham | (19a)

tasya śūnyatā prakṛtiśūnyatā ' atraiva kāraṇam āha ' gotraṃ hi prakṛtir iti ' kuta etat ' ata āha ' svābhāvikatvā*d*[689] *iti / svābhāvikam anādikālikam / nākasmikam*[690] *ity arthaḥ ' yathānādisaṃsāre kiṃcic sacetanaṃ*[691] kiṃcid acetanam evam ihāpi kiṃcit ṣaḍāyatanaṃ buddhagotraṃ kiṃcic chrāvakā- digotram iti | na cākasmikatvaṃ gotrasyānādiparamparāgatatvāc cetanāce- tanaviśeṣavad iti | *sarvasattvasya tathāgatagotrikatvād atra gotram nāma tathā*[692] *jñeyam ity anye /*

lakṣaṇavyañjanāptaye **' (19b)**

ity ataḥ sānuvyañjanānāṃ mahāpuruṣalakṣaṇānāṃ śūnyatā lakṣaṇaśūnyat- ety[693] ucyate | kiṃca

śuddhyate buddhadharmāṇāṃ bodhisattvaḥ prapadyate | (19cd)

ante prapadyata ity abhidhānāt sarvatra śubha*dvayasya*[694] *prāptyarthaṃ bodhisattvaḥ prapadyate ' sadā sattvahitāya ca bodhisattvaḥ prapadyata iti yojyam* | katareṣāṃ buddhadharmāṇām ity ato bravīti ' balavaiśāradyā-

veṇikādīnām iti | saṃkṣepataḥ sarvabuddhadharmāṇāṃ prāptaye mayā prayatitavyam[695] iti pratipadyate | tasmād *vibhāvanocyate*[696] ' *tasyāḥ*[697] śūnyatā *sarvadharmaśūnyatocyate*[698] ' *kīdṛśīha vibhāvaneti ' jñeye jñānasyāvyavahita*pravṛttiḥ[699] | evan tāvac caturdaśānām adhyātmaśūnyatādīnāṃ sarvadharmaśūnyatāparyantānāṃ[700] vyavasthānaṃ veditavyam | kā punar atra bhoktrādau śūnyatā ' * *katamat svarūpam ity ata āha*

pudgalasyātha[701] dharmāṇām abhāvaḥ śūnyatā 'tra[702] hi |
***tadabhāvasya sadbhāvas tasmin sā śūnyatā[703] 'parā ||* (20)**

iti / tatra yathoktabhoktrādīnāṃ pudgaladharmābhāvaḥ[704] śūnyatā / tadabhāvasya ca sadbhāvaḥ śūnyatā / tatra pudgaladharmayor abhāvo[705] 'bhāvaśūnyatā / tadabhāvasya sadbhāvo 'bhāvasvabhāvaśūnyatā[706]* / kimarthaṃ punar eṣāṃ[707] dvividhā śūn*yatā 'nte vyavasthāpyate ' ata āha śūnyatālakṣaṇakhyāpanārtham[708] iti / kimarthaṃ punaḥ śūnyatākhyāpana*m[709] ata āha[710] ' pudgaladharmasamāropasya tacchūnyatāpavādasya ca parihārārthaṃ yathākramam[711] ' pudgaladharmasamāropasya parihārārtham abhāvaśūnyatāṃ vyavasthāpayati ' tacchūnyatāpavādapari*hārārthaṃ cābhāvasvabhāvaśūnyatām / yady abhāvaśūnyatā nocyeta[712] parikalpitasvarūpayor dharmapudgalayor astitvam* eva prasajyeta | yady abhāvasvabhāvaśūnyatā nocyeta[713] śūnyatāyā abhāva eva prasajyeta | tadabhāvāc ca pudgaladharmayoḥ pūrvavad bhāvaḥ syāt |

tatrādhyātmikeṣv āyataneṣu vipākavijñānasvabhāve*ṣu bālānāṃ bhoktṛsaṃmateṣu bhoktṛpudgalasya kalpitalakṣaṇāṇāṃ ca cakṣurādīnāṃ abhāvas tadabhā*(16b)vasya ca sadbhāvo 'dhyātmaśūnyatā | bāhyeṣv āyataneṣu rūpādivijñaptyābhāsasvabhāveṣu bālānāṃ bhogyasaṃmateṣu bhojanasyātmīyasya parikalpitalakṣaṇānāṃ ca rūpādīnām *abhāvas tadabhāvasya ca sadbhāvo bahirdhāśūnyatā / taddehe śarīre bhoktṛpudgalasya bālajanaparikalpitānāṃ rūpā*dīnāṃ dehasya cābhāvas tadabhāvasya ca sadbhāvo[714] 'dhyātmabahirdhāśūnyatā | bhājanaloke sattvalokābhāvas[715] tatparikalpitasvarūpābhāvas[716] tadabhāvasadbhāvaś ca mahāśūnyatā | śūnyatājñāne[717] *para-*

mārthākāre ca jñātur ākāragrahītṛpudgalasya parikalpitalakṣaṇaśūnyatājñānasya paramārthākārasya cābhāvas tadabhāvasya ca sadbhāvo yathākramaṃ śūnyatāśūnyatā paramārthaśūnyatā ca [718] | idānīṃ yadarthaṃ bodhisattvaḥ pratipadyate teṣu saṃskṛtādiṣu sarvabuddhadharmaparyante*ṣu bodhisattvapratipattavyeṣu pudgalasya parikalpitalakṣaṇānāṃ ca dharmāṇām abhāvas tadabhā*vasya ca sadbhāvo [719] yathākramaṃ saṃskṛtaśūnyatā yāvat sarvadharmaśūnyateti ' tathā hi nāsti saṃskṛtasya svāmī vā prayoktā vā pudgalo nāpi saṃskṛtaṃ [720] bālajanaparikalpite*nātmatvena* | *saṃkṣepataḥ sarvavikalpagrāhapratipakṣārthaṃ sarvasūtrāntābhisaṃdhivyākaraṇā*rthaṃ caitā bodhisattvānāṃ śrāvakair asādhāraṇāḥ ṣoḍaśaśūnyatā nirdiṣṭāḥ | [721] atra ca bhagavatā śūnyatāviṣayaḥ śūnyatāsvabhāvaḥ śūnyatābhāvanāprayojanaṃ ca darśitam | *tatra śūnyatāviṣayo bhoktrādyartho yāvad buddhadharmaparyantaḥ ' tatpradarśanaṃ punaḥ śūnyatāyāḥ* sarvadharmavyāpakatvajñāpanārtham | śūnyatāsvabhāvo 'bhāvasvabhāvo 'bhāvabhāvasvabhāvaś [722] ca ' śūnyatāsvabhāvapradarśanaṃ punar adhyāropāpavādapratipakṣeṇa sarvadṛṣṭiniḥsaraṇāt*makatvajñāpanārtham / śūnyatābhāvanāprayojanaṃ śubhadvayasya prāptyartham ity ārabhya buddhadharmāṇāṃ* [723] *prāptaya iti paryantam ' tatpra*darśanaṃ punaḥ svaparātmano rūpadharmakāyasampatprakarṣaḥ śūnyatābhāvanāyāḥ prāpya [724] iti pradarśanārtham iti | evaṃ śūnyatāyāḥ prabhedo vijñeya iti samalāvasthāyāṃ saṃkliṣṭā [725] ni*rmalāvasthāyāṃ viśuddheti ' adhyātmaśūnyatādayaś ca ṣoḍaśānantaroktabhedaprakārā iti ve*(17a)ditavyaḥ ||

(e. Śūnyatāsādhana)

***MAVBh*, 26, 17.**

kathaṃ sādhanaṃ vijñeyaṃ |

saṃkliṣṭā ced bhaven nāsau muktāḥ syuḥ sarvadehinaḥ |

viśuddhā ced bhaven nāsau vyāyāmo niṣphalo bhavet || (21)

yadi dharmānāṃ śūnyatāgantukair upakleśair anutpanne 'pi pratipakṣe na

saṃkliṣṭā bhavet saṃkleśābhāvād ayatnata eva muktāḥ sarvasattvā bhaveyuḥ | athotpanne 'pi pratipakṣe na viśuddhā bhavet mokṣārtha[726] ārambho niṣphalo bhevet | evaṃ ca kṛtvā '

na kliṣṭā nāpi vākliṣṭā śuddhāśuddhā na caiva sā | (22ab)

kathaṃ na kliṣṭā nāpi cāśuddhā | prakṛtyaiva |

prabhāsvaratvāc cittasya | (22c)

kathaṃ nākliṣṭā na śuddhā |

kleśasyāgantukatvataḥ || (22d)

evaṃ śūnyatāyā uddiṣṭaḥ prabhedaḥ sādhito bhavati |

MAVṬ, 59, 10.

bhedoddeśānantaraṃ[727] tatsādhanam uddiṣṭam ity atas tannirdeśānantaraṃ pṛcchati ' kathaṃ sādhanaṃ *vijñeyam*[728] *iti / atra kiṃ sā*dhyate[729] ' āgantukopakleśasaṃkliṣṭatā svabhāvaviśuddhatā[730] ca ' tatra saṃkliṣṭatāsādhana*m adhikṛtyāha* '

***saṃkliṣṭā ced bhaven nāsau[731] muktāḥ syuḥ sarvadehinaḥ* | (21ab)**

iti / muktiḥ[732] *saṃ*kleśaprahāṇam ' tatsaṃkleśaprahāṇaṃ[733] ca mārgabhāvanātaḥ | tatra yadi dharmānāṃ śūnyatāgantukai*r upakleśair anutpanne 'pi* pratipakṣe ' 'piśabdād utpanna iva na saṃkliṣṭā bhaved evaṃ sati saṃkleśābhāv*ād ayatnata*[734] *eva muktāḥ sarvasattvā bhaveyuḥ*[735] */ ayatnata iti*[736] *pratipakṣam antareṇaiva ' na tu* pratipakṣam antareṇa prāṇināṃ asti mokṣa ity avaśyaṃ pṛthagjanāvasthāyāṃ tathatāyā[737] āgantukair malaiḥ saṃkliṣṭatābhyupagantavyeti ' evaṃ śūnyatāyāḥ saṃkliṣṭaḥ prabhedaḥ[738] sādhito bha*vati | idānīṃ viśuddhiprabhedaṃ śādhayann āha '*

***viśuddhā ced bhaven nāsau vyāyāmo niṣphalo* bhavet[739] || (21cd)**

iti[740] | dehināṃ iti saṃbadhyate | athotpanne 'pi pratipakṣe 'piśabdād anutpanna iva na viśuddhā[741] bhaved evaṃ sati mokṣārtha ārambho niṣphalo bhevet | pratipakṣabhāvanayāpi tanma*lavigatānāptāt samalasya ca vimokṣānupapattitvāt / na tu mokṣārtha (ārambho) niṣphala* iṣyate | tasmād

avaśyaṃ pratipakṣābhyāsād āgantukopakleśavigamāc chūnyatāyā viśuddhir abhyupagantavyeti | evaṃ śūnyatāyā viśuddhiprabhedaḥ sādhito bhavati |

atra [742]saṃkle*śadharmopādānāt saṃkleśo viśuddhadharmagrahaṇād viśuddhiḥ* ' *na tu śūnyatāyāṃ sā*kṣāt saṃkleśo viśuddhir veṣyate | dharmaparatantratvād [743]dharmatāyāḥ ' ata evāha '

muktāḥ syuḥ sarvadehinaḥ ' (21b)

iti ' atra hi dehina iti tadupādānam evoktam | anyathā vā [744]yadi śūnyatāyā*ḥ sākṣāt saṃkleśo viśuddhir vā bhavet tataḥ kaḥ saṃbandho dehibhir bhaved yasmāc chūnyatāviśuddheś ca* dehināṃ viśuddhiḥ śūnyatāsaṃkleśāc ca saṃkleśa ucyate | [745]yadā [746]ca śūnyatā kliṣṭā pṛthagjanāvasthāyāṃ śuddhā cāryāvasthāyāṃ [747]bhavati tata evedam api [748]siddhaṃ bhavati |

na kliṣṭā nāpi [749]vākliṣṭā *śuddhāśuddhā na caiva* [750]*sā* (22ab)

iti / <u>*kathaṃ na kliṣṭā nāpi cāśuddhā*</u> ' *śuddaiva pratiṣedhadvayena* [751]*pra-*(17b)kṛtagamakatvāt | atraivāgamam āha ' <u>prakṛtyaiva</u>

prabhāsvaratvāc cittasya (22c)

iti | atra ca cittadharmataiva cittaśabdenoktā cittasyaiva [752]malalakṣaṇatvāt | <u>kathaṃ nākliṣṭā [753]na śuddhā</u> | kiṃ [754]tarhi | kliṣṭaiveti pratiṣedhadvayā*t pratipādayati ' sā cāgantukakleśena kliṣṭā na tu prakṛtyeti darśayati ' sā cāgantukair upa*kleśair upakliṣyata ity atrāpy āgamaḥ |

saṃkliṣṭaviśuddhatayā dvidhā bheda ukte kimarthaṃ punaś caturdhā bheda ucyate ' laukikāl lokottarāc ca mārgād viśeṣ(apradarśan)[755]ārtham ity [756]ekaḥ ' laukiko hi mārgaḥ sva*bhūmikair malaiḥ kliṣṭo na tu adharais tatpratipakṣatvāt* | *lokottaro mārgo mṛdumadhyā*dibhedād aśuddho 'nāsra[757]vatvāt tu śuddhaḥ ' naivaṃ śūnyateti | na kliṣṭety uktvā punaś cakṣurādibhyo [758]viśeṣārtham ucyate nāśuddhety anye ' cakṣurādayo hy anivṛttāvyākṛ[759]tatvān na kliṣṭā ' na ca te*ṣāṃ sāsravatvāt prakṛtiviśuddhir ity aśuddheti* | *evaṃ nākliṣṭety* [760]*uktvā na* [761]*viśuddheti* ' [762]kuśalasāsravād viśeṣaṇārtham āha ' [763]kuśalasāsravaṃ hi saṃsāraparyāpannatvān nākliṣṭam | iṣṭavipākatvāc ca

śuddham [764] ' naivaṃ dharmatā | sā hi kliṣṭāvasthāyāṃ kliṣṭāśuddhaiveti [765] | evaṃ śūnyatā*yā uddiṣṭaḥ prabhedaḥ* [766] *saṃkleśaviśuddher* [767] *'yam sādhito bhavati* //

(f. Śūnyatāpiṇḍārtha)

***MAVBh*, 27, 11.**

tatra śunyatāyāḥ piṇḍārthaḥ lakṣaṇato vyavasthānataś ca veditavyaḥ | tatra lakṣaṇato 'bhāvalakṣaṇato bhāvalakṣaṇataś ca | bhāvalakṣaṇaṃ punar bhāvābhāvavinirmuktalakṣaṇataś ca | tattvānyatvavinirmuktalakṣaṇataś ca | vyavasthānaṃ punaḥ paryāyādivyavasthānato veditavyam | tatraitayā catuḥprakāradeśanayā śūnyatāyāḥ svalakṣaṇam | karmalakṣaṇam | saṃkleśavyavadānalakṣaṇam | yuktilakṣaṇaṃ codbhāvitaṃ bhavati | vikalpatrāsakauśīdyavicikitsōpaśāntaye |

Madhyāntavibhāge Lakṣaṇaparicchedaḥ prathamaḥ ||

***MAVṬ*, 61, 21.**

śunyatāyāḥ piṇḍārtho [768] lakṣaṇato vyavasthānataś ca [769] veditavyaḥ | tatra lakṣaṇato 'bhāvalakṣaṇato bhāvalakṣaṇataś ceti ' dvayābhāvo [770] hīti vacanād abhāvalakṣaṇataḥ | abhāvasya ca bhāva [771] *iti vacanād bhāvalakṣaṇataḥ* / *bhāvalakṣaṇaṃ* [772] *punar* na bhāvo nāpi cābhāva [773] iti vacanād (bhāvābhāvavinirmuktalakṣaṇatas) [774] tattvānyatvavinirmuktalakṣaṇataś ceti ' etac ca śūnyatāyā lakṣaṇam | tasmād abhūtaparikalpān na pṛthaktvaikalakṣaṇam [775] iti vacanāt ' evaṃ lakṣaṇataḥ piṇḍārtha*ḥ* /

kathaṃ vyavasthānataḥ piṇḍārtho veditavya ity ato vyavasthānaṃ punaḥ [776] *paryāyā*divyavasthānato [777] veditavyam ' paryāyas tadarthas tadbhedas tatsādhanaṃ cety arthaḥ | etayā [778] ca catuṣprakārala*kṣaṇadeśanayā* [779] caturvidhopakleśapratipakṣeṇa svalakṣaṇaṃ karmalakṣaṇaṃ saṃkleśavyavadānalakṣaṇam [780] **yuktilakṣaṇaṃ codbāvitaṃ bhavati* [781] */ tatra svalakṣaṇam vikalpa-*

sya pratipakṣeṇa ' tasya hi bhāvābhāvobhayapṛthagekatvagrāhātmakatvam / karmalakṣaṇam anadhimuktānāṃ śūnyatālakṣaṇaśrutyā[(782)] *trāsasya*[(783)] *pratipakṣeṇa / abhrāntitathatākarmāviparyāsakarma sarvanimittaprahāṇakarma sarvalokottarajñānaviṣayatvāvasthānakarma pratilabdhyāryadharmahetubhāvakarma*[(784)] *ca / evaṃ śūnyatāsvarūpakarmaśrutamātreṇa saṃtuṣṭānāṃ*[(785)] *kusīdīnāṃ kausīdyāpanayanārthaṃ prabhedalakṣaṇam / kathaṃ sā saṃkleśo bhavati vyavadānaṃ veti saṃśayināṃ saṃśayāpanayanārthaṃ yuktilakṣaṇam*[(786)] */*

Madhyāntavibhāgaśāstre Lakṣaṇaparicchedasya prathamasya ṭīkā[(787)]* //

[Notes]

（1） 以上諸論師の年代はいずれも早島理「弥勒菩薩と兜率天伝承」(『古典学の再構築――20世紀後半の研究成果総括と文化横断的研究による将来的展望――』平成10年度～14年度文部科学省科学研究費特定領域研究(A). pp. 1-7）による。松岡寛子「スティラマティ著『中辺分別論釈疏』〈帰敬偈〉のテクスト校訂及び和訳（『比較論理学研究』第4号，2007年）101頁注1参照。

（2） 塚本啓祥，松長有慶，磯田熙文篇『梵語仏典の研究　III　論書篇』（平楽寺書店，1990年）337頁注108参照。

（3） Y, Ārya Mañjuśriye kumārbhūtāya namaḥ. Ma omits it because it was written by Tibetan translater.

（4） *śiṣṭāḥ*, Cf. Ma, n. 11, 15.

（5） Y, *uttamajanā hi prāyaśo guruṃ śraddhādevatāṃ cābhyarcya,* corrected acc. to Ma.

（6） Y, *karma*su pravartanta ity ayam apy aham uttamajananayam anuvartī, corrected acc. to Bh/T, Ma.

（7） Y, cikīrsus [iti jñāpanārthaṃ], corrected acc. to Bh/T, P, Ma.

（8） Y, prayukta iti pratipādayann, corrected acc. to Ma.

（9） Y, *prāpyata iti*, corrected acc. to Ma.

（10） Y, guṇavadbhyo hitakāribhyaś ca pūjayānām eṣāṃ, corrected acc. to Ma.

（11） Y, *puṇya upacitte samārambhād*, Bh/T, *puṇyopacaye ca samāra*mbho, corrected acc. to Ma.

（12） Bh/T, P, Ma, °vināyakair, corrected acc. to Tib (bgegs kyis).

（13） Y, P, praṇetṛpraṇeya [vaktṛvākyasamādāna] pravacanāt sūtra*pranetṛvaktṛvṛttiṣu gauravotpādanārtham āha,* corrected acc. to NC, Ma.

（14） Y omits *uktam.*

（15） Y, *praṇetrā vaktum upadiṣṭāt sūtre,* corrected acc. to Ma ; Bh/T, praṇetṛpraṇeyapravacanāt sūtre ; St, praṇetroktapradarśanāt.

（16） Y, yasmād asya, corrected acc. to Ms, Bh/T, Ma ; Y, p. 2, n. 1, P, yasmāsya.

（17） Y, °*pāraṃgataḥ,* corrected acc. to Ma.

（18） Y, sarvāsu bodhisattva°, corrected acc. to Ma.

（19） Y, niḥśeṣam api pra°, corrected acc. to Ma.

(20) Bh/T, vaktuḥ samyakpratipādanamukhena bhāṣye.

(21) Y, *tadbhāṣyam,* corrected acc. to Ma.

(22) Y, tau, corrected acc. to Ma.

(23) Y, *uttamaprajñāvato*, corrected acc. to Ma.

(24) Y, *'bhrāntiprativedhadhāraṇopadeśasāmarthyād,* corrected acc. to Ma.

(25) Y, *'bhrāntam,* corrected acc. to Ma.

(26) Y, *vrittyāṃ*, corrected acc. to Ma.

(27) Y, P, *pudgalaṃ pramāṇīkurvanti,* corrected acc. to Ma ; Bh/T, *pudgalāḥ prāmāṇi*kās ; St, *pudgalaprāmāṇi*kās.

(28) Y, sūtravṛttigaura°, corrected acc. to Ma.

(29) Y, Bh/T, *dharmānusāriṇas*, corrected acc. to Ma. Cf. Ma, n. 20.

(30) Y, *praṇetur vaktuś ca pratītyā prabhāvanā, na tu tarkāgamamātreṇa prabhāvaneti,* corrected with reference to Ma ; St, *sa praṇetṛvaktrāvabodhād api prabhāvito bhavati na tu tarkāgamamātreṇa prabhāvito bhavatīti.*

(31) Y, kīdṛśaṃ śāstrarūpam | śāstraṃ kiṃ ceti, corrected acc. to Ma.

(32) Y, °*prabhāsā*, corrected acc. to Ma.

(33) Y, °*prabhāsā*, corrected acc. to Ma.

(34) Y, Bh/T, P, prajñaptīnāṃ, corrected acc. to Tib (mnyam pa'i rnam par rig pa rnams), Ma. Cf. Ma, n. 26, St, n. 9.

(35) Y, P, Bh/T omit *śiṣ*yaśāsanāc chāstraṃ, corrected acc. to Ma.

(36) Y, *śiṣyadhārmiko hi*, corrected acc. to Errata, Ma.

(37) Y, *saṃbhārānutpattikarmano nivartate saṃbhārotpattikarmaṇi ca pravartate*, corrected acc. to Ma. Cf. Ma, n. 31.

(38) Y, Bh/T, P, śāstralakṣaṇasya śāsanāc, corrected acc. to Tib ('thab pa'i phyir), NC, Ma ; St, *śāstralakṣaṇayogāc chāstram.*

(39) Y, [tac ca śā]stra°, corrected acc. to NC ; P, (tac ca śā-).

(40) Y, ('bhastaḥ) savāsanā°, corrected acc. to Ms, NC ; Bh/T, upadeśena savāsanasarvakleśaprahānāya ; P, bhāsamānasarvakleśa°.

(41) Y, °śasanād, corrected acc. to Errata.

(42) Y, *bhavadurgatisaṃtārāc,* corrected acc. to Tib.

(43) Bh/T, nānyatra. tata.

(44) Cf. Louis de la Vallée Poussin, ed., *Mūlamadhyamakakārikās* (Royal Asiatic Society, 1913), 3, 3-4.

(45) Y, P, °*saṃyogāt viśeṣārthako*, corrected acc. to Ma ; Bh/T, °saṃyoge

karaṇe.

(46) Y, anyatra, corrected acc. to Bh/T, P, Ma. It seems to be anyatra acc. to Prasannapadā. But Pandeya (5, n. 20) says it is anyaḥ in Ms.

(47) Y, nipate, corrected acc. to Bh/T, P, Ma.

(48) Poussin ed., *Mūlamadhyamakakārikās,* 5, 2-3. upasargeṇa dhātvartho balād anyatra pratīyate | gaṅgāsalilamādhuryaṃ sāgareṇa yathāmbhasā ||

(49) This sentence is put between the explanation of "ca" and the explanation of "asmadādibhya" in Tib, Y, P, but put here in Ms, Bh/T, Ma ; Cf. NC, Ma, n. 41.

(50) Y, *savāsanākleśāvaraṇāj,* corrected acc. to Bh/T, P, Ma ; savāsana°, cf. Pandeya ed., *AKBh*, 413, 13 etc.

(51) Bh/T, P, *sa*rvavāsanā°.

(52) Bh/T, sarvā*rth(āca)raṇa.*

(53) Y, *tadātmatvaṃ viśuddhitathātā*, corrected acc. to Ma ; Bh/T, tadātmā viśuddhitathatā.

(54) Y, °*tadātmakavastupratilābhād,* corrected acc. to Ma ; Cf. Ma, n. 42.

(55) Y, *daśamabhūmau,* corrected acc. to Errata.

(56) Y, jñeyaṃ vastu, corrected acc. to Ms, Bh/T.

(57) Y, ivāmalakīphalaṃ śukāvacchādita°, corrected acc. to Ms, Bh/T, Ma.

(58) Y, sugatātmajas, corrected acc. to Tib (bde bar gshegs pa'i bdag nyid las skyes pas).

(59) Y, *śāstrapraṇayanasya,* corrected acc. to Bh/T, P, Ma.

(60) Y, Bh/T, P, avabodhasaṃpat, corrected acc. to Ma ; Cf. Ma, n. 43.

(61) Y, sugatātmaja, corrected acc. to N.

(62) Y, dharmasaṃtānena, corrected acc. to Ma, St ; Bh/T, tatrāryamaitreyādhiṣṭhānād dharme*ṇa.*

(63) Ma, *abhimukhībhbhavad.*

(64) Y, P, tasya hīdaṃ śāstram abhivyaktam ākhyātaṃ cāryamaitreyādhiṣṭhānād dharma*srotasā* dharma*saṃtānena*, corrected with reference to Bh/T, Ma.

(65) Y, 'mṛiṣāyā, corrected acc. to Tib (mi slu ba las). Amiṣā is indeclinable meaning 'truly'.

(66) upadeśo bhāsamāno, Cf. Y, 3, 3.

(67) Ms, Bh/T, ārapsye.

(68) Y, śāstra ākhyāyanta, corrected acc. to N (śāstre).

(69) Y, P, samyagnirvikalpa°; Ms, sambandhinirvikalpa°; NC, saṃbodhinirvikalpa°; Bh/T, sambandhe nirvikalpa°; Tib omits sambandhi.

(70) Y, P, °deśanatayā, corrected acc. to Ms, Bh/T, NC, St.

(71) Y, °savāsanākleśa°, corrected acc. to Bh/T, P. Cf. P, 6, n. 8 says that Y reads °savāsanākleśa° wherever the phrase occurs.

(72) Y, *sarvadharmarahitatā*, corrected acc. to Tib (chos thams cad med pa nyid), Bh/T, St.

(73) Bh/T, *dharmanairātmyam ca sarvadharmanāstitvaṃ / viṣamavacanam idam yad dharmanairātmyam.*

(74) Y, °*vyatiriktatā,* corrected acc. to Errata.

(75) Y, P, tathābhūta°, corrected acc. to Bh/T. Cf. NC.

(76) Y, °*apanayārtham,* corrected acc. to P. Cf. P, 6, n. 10.

(77) Y, Ms, āvṛittis, corrected acc. to N.

(78) Y, Bh/T, °śarīravyava*sthāpanam*, corrected acc. to N.

(79) Y, *śāstrārthavivecane*, corrected acc. to Errata.

(80) Bh/T, saṃkṣepataḥ piṇḍārthena.

(81) Y, *vyavasthāpanam iti prajñaptir ucyate* | *ākhyānam* (*abhidhānam,* Errata) *ity arthaḥ,* corrected acc. to P.

(82) Y, *tac charīram.*

(83) Y, dṛṣṭā bhūmiḥ niḥśaṃkaṃ aśvavāha*nam iva,* corrected acc. to Ms, St. Cf. *AKBh*, 328, 10.

(84) *Y, ete saptārthā asmiñ śāstra uddiṣṭā,* corrected acc. to N.

(85) Y, *śāstraśarīraṃ* samāptam ity arthaḥ, corrected acc. to P, *śāstraśarīrasaṃāptyarthaḥ ;* Ms, samāptyarthaḥ ; Bh/T, *śāstraśarīraṃ* sampūrṇam ity arthaḥ.

(86) Y, *uddiṣṭā ity upadiṣṭā viniścitā vā*, corrected acc. to P.

(87) Y, *tathā hīti* (*tatheti,* Errata), corrected acc. to N.

(88) Y, P, lakṣyante, corrected acc. to Ms, Bh/T, NC.

(89) Y, P, *lakṣyante*, corrected acc. to Bh/T.

(90) Y, P, kharalakṣaṇo, corrected acc. to Ms, St ; Bh/T, *kakkhaṭa*lakṣaṇo.

(91) Y, P, kharatvāt, corrected acc. to Ms, St ; Bh/T, *kakkhaṭa*tvāt.

(92) Y, vriyante, corrected acc. to Ms, Bh/T, P, NC.

(93) Ms, anena.

(94) Y, P, kuśaladharmā, corrected acc. to Bh/T.

(95) Y, P, ca, corrected acc. to Tib (yang). When the numbers beginning from āvaraṇa to yānānuttaryam are mentioned, always 'punar' is used.

(96) Y, P, *daśaprakāraṃ,* corrected acc. to Tib (rnam pa bcu'o), Bh/T. Cf. Y, 7, 5, dvividham.

(97) Y, °*prahāṇārthaṃ,* Bh/T, °*prahāṇāt,* corrected acc to Errata, P.

(98) *MAV* (kārikā), sthā.

(99) Y, Ms, ekānnaviṃśati°, corrected acc. to Bh/T, P.

(100) Ms, °prāptes.

(101) Y, P, gamyate 'neneti yānam, corrected acc. to Bh/T. Gamyate 'nena means 'this goes'. Cf. Naosiro Tsuji's Sanskrit Grammar §113, 2. For example, gamyate devadattena means 'Devadatta goes'. So gamyate 'neneti yānam should be corrected to 'yāty aneneti yānaṃ' with reference to Y, 200, 19, yānty anena prāpnuvanty apratiṣṭhitaṃ nirvānam iti yānam.

(102) Bh/T, saptārtha.

(103) Y, P, evārthā, corrected acc. to Ms, Bh/T.

(104) Bh/T, apara.

(105) Y, P, avijñānaṃ, corrected acc. to Ms, Bh/T.

(106) Y, *tad āvaraṇaṃ,* corrected acc. to Tib (sgrib pa de), P ; Bh/T, tasyāvaraṇasya.

(107) Bh/T, vipakṣahānyāṃ pratipakṣavṛddhau.

(108) Y, °dha*rma ābhimukhī*°, corrected acc. to Tib (°chos mngon du gyur pa ni), Errata, P.

(109) Y, P, veditavyāni, corrected acc. to Tib (shes par bya), Bh/T. Cf. Tib of veditavya of Y, 7, 24 is khong du chud par bya, but not shes par bya ba.

(110) Bh/T, bodhisattvānāṃ ca.

(111) iti, supplied acc. to Bh/T.

(112) Bh/T, *anuttaryam.*

(113) Bh/T, *'rtho 'nuttaryam.*

(114) Y, āvaraṇatattvaṃ, Bh/T, āvaraṇaṃ tattvaṃ (ca).

(115) Y, °*bhedānāṃ pradarśanārthaṃ,* corrected acc. to Ms.

(116) Y, avasthānurūpaṃ, corrected acc. to Ms, Bh/T, St. But Y is consistent with Tib (gnas skabs dang mthun pa'i 'bras bu).

(117) Ms, halam.

(118) Y, *aparaḥ punar āhuḥ*, corrected acc. to Tib (gzhan dag na re), Bh/T.

(119) Y, Bh/T, āvaraṇaṃ tattvaṃ (ca), āvaraṇatattvam, corrected acc. to NC.

(120) Y, tat kṛtaṃ, corrected acc. to Errata.

(121) Y, P, anyac ca, corrected acc. to Tib (gzhan yang sems pa), St.

(122) Y, P, °pratividdha°, corrected acc. to Ms, Bh/T, St.

(123) Tib (tha mar), Bh/T, atra.

(124) P, °saptārtheṣu, Bh/T, °saptānām arthānāṃ. Y (°saptabhāva°) is consistent with Tib (dngos po bdun, instead of don bdun po which is a usual tibetan equivalent for saptārthāḥ in N and Y).

(125) Bh/T, adhikṛtyāha.

(126) Y, abhūtaparikalpo 'sti, corrected acc. to Ms, Bh/T, St.

(127) Ms, viśu°.

(128) P, śāstre.

(129) Y, *na tu sarvathā niḥsvabhāvaḥ,* corrected with reference to Tib (rang bzhing ye med pa ni ma yin te).

(130) Y, *kathaṃ,* corrected acc. to Errata.

(131) Y, gṛhṇata, corrected acc. to Ms, Bh/T, P, NC, St.

(132) Y, *avagantuṃ,* corrected to grahaṇaṃ with reference to Tib, chu'i khams dang bzhin rtogs par mi rung go. We find the similar expression in Y, 14, 9 and P, 12, 7-8, tad agrahaṇam uktam *abdhātvādivad*, Bh/T, tadgrahaṇam ayuktam *iti pratipāditam*, Tib, de chu khams la sogs pa bzhin du rtog par mi rung go zhes bstan pa yin no.

(133) Y, Bh/T, yeṣāṃ, corrected acc. to P.

(134) Supplied acc. to Tib, Y.

(135) Supplied acc. to Tib, Y, Bh/T.

(136) Bh/T, °grāhakatva*rahitaṃ*. P. °grāhakatva*ṃ*.

(137) Y, bāhye, corrected acc. to P, Bh/T (bahir na).

(138) Bh/T, ity eva jñeyaṃ.

(139) Y, *grāhakasyo* (*grāhako*, Errata) *'stuṃ*, corrected acc. to P, Mi ; Bh/T, grāhakabhāvo.

(140) Bh/T, viśuddhā°.

(141) Y, P, viśuddhyālambanā, Bh/T, viśuddhālambanā, corrected acc. to Ms, NC, St.

(142) Y, nairmālyavat, corrected acc. to Bh/T, P, NC, St.
(143) Bh/T, °parikalpāḥ.
(144) Y, kena cid, corrected acc. to Bh/T.
(145) Y, dvayam, corrected acc. to Bh/T, P.
(146) Y, P, chedarūpo, corrected acc. to Ms, Bh/T, NC, St.
(147) Bh/T omits śūnyatāyāṃ.
(148) Y, saṃkliṣṭaś, corrected acc. to Ms, Bh/T, P, NC, St. Cf. Fri, p. 95, n. 66.
(149) Y, P, °*vyavadānalakṣaṇābhidhānād,* corrected acc. to Bh/T, Fri (p. 13, the mentioned characteristic).
(150) Y, Bh/T, °*parīkṣa*°, corrected acc. to Errata. Pek, brtag pa (rtag, corrected), parīkṣa°; Der, bstan pa, pradarśana°.
(151) P, °pradarśaṇārtham.
(152) Y, P, *śūnyatāsvabhāvo hi vyavadānaṃ,* corrected with reference to Bh/T (vyavadānam śūnyatāsvabhāvaṃ), Mi. Cf. in the case of saṃkleśa it was said that abhūtaparikalpasvabhāvaḥ saṃkleśo.
(153) Y, P, pṛthagtvam, corrected with reference to NC ; Ms, pṛthaktatvam ; Bh/T, pṛthaksattvam ; Tib, rang gi rgyud gud na med pa ; St, pṛthak svasaṃtāna (the individual continuum).
(154) Y, pradarṣanārtham, corrected acc. to Errata.
(155) Y, *sā vidyamānā* (*tasyāṃ vidyamānāyāṃ*, Errata) *loko bhrānta,* corrected acc. to Tib (de yod par 'jig rten 'khrul par gyur), Bh/T.
(156) Y, Bh/T, *grāhyagrāhaka*vikalpaḥ (Y, n. 1, °vikalpyo), corrected acc. to Ms.
(157) Y, P, yathāyaṃ, corrected acc. to Tib (ji ltar 'di la), Bh/T.
(158) Bh/T, cittacaitasikā.
(159) Y, viçeṣatas, corrected acc. to P.
(160) Y, Ms, °vikalpaḥ |, corrected acc. to Bh/T.
(161) Y, Bh/T, *rahitatā,* corrected acc. to N, P.
(162) Y, sarpasvabhāvenātatsvabhāvatvāt, corrected acc. to Ms, NC ; Bh/T, sarpatvabhāvena tatsvabhāvatvābhāvāt.
(163) Y, Ms, rajjuḥ svabhāvena, corrected acc. to Tib (thag pa'i dngos po ni), Bh/T, P.
(164) Y, tad agrahaṇam.

(165) Bh/T, ayukta*m it pratipāditam.*

(166) Y, *ābdhātv*°, corrected acc. to P ; Bh/T omits *abdhātvādivad iti.*

(167) Y, *yasmin yan*, corrected acc. to N.

(168) Supplied acc. to N.

(169) Bh/T, ihāvaśiṣṭaṃ.

(170) Ms, °śiṣṭaḥ.

(171) Y, *yathā bhūtaṃ,* corrected acc. to N.

(172) Bh/T omits bhavati.

(173) Y, tu, corrected acc. to Errata, Tib, Bh/T, P.

(174) Tib, stong pa zhes bya ba med na stong pa nyid du mi rung ste ; Bh/T, na śūnyam ity abhāve śūnyatā yujyate ; P, na śūnyasaṃjñā'satyāṃ śūnyatāyāṃ yujyate.

(175) Y, P, °kalpanena, corrected acc. to Ms, Bh/T, NC, St.

(176) Y, vihāraṃ syān, corrected acc. to Ms, Bh/T, P, St.

(177) Bh/T, yathā ca.

(178) vā, supplied acc. to Tib, P. Bh/T, iva.

(179) Ms, °*ādināś ca* śūnyety.

(180) Bh/T, *sā ca (grāhya) grāhakanirākaraṇāt kenāpi sarpeṇa puruṣādinā* ca śūnyety ucyate.

(181) Y, tadgrāhā°, corrected acc. to Ms, Bh/T, NC, St.

(182) Y, Bh/T, P, śūnyam ity, corrected acc. to Ms, Mi, St.

(183) Y, Ms, vā*śūnyam*, corrected acc. to N, Tib. Cf. Bh/T, n. 147.

(184) Bh/T, kārikā.

(185) Y, *vigatadvayatvaṃ*, corrected acc. to Bh/T.

(186) Y, P, evaṃ ca hy, corrected acc. to Ms, Bh/T, NC, Mi.

(187) Y, nāśunyam, corrected acc. to N.

(188) Y, niṣkṛtā, corrected acc. to Ms, Bh/T, P, NC.

(189) hi, supplied acc. to Ms, Bh/T, NC.

(190) Y, madhyamā prati*pat prakāśanārtham.*

(191) Y, P, lābhād, corrected acc. to Ms, Bh/T, NC, St.

(192) Y, Bh/T, *sattvād ity abhūtaparikalpasya,* corrected acc. to N, P.

(193) Y, *ātmatvena,* corrected with reference to grāhyagrāhakātmanā in the next sentence.

(194) Y, Bh/T, *asattvād iti dvayasya,* corrected acc. to N, P.

(195) Y, sarvam, corrected acc. to Tib (yod de) ; Bh/T, P, omit it.
(196) Y, *sā hi madhyamā pratipad,* corrected acc. to N.
(197) Staël Holstein, ed., *The Kāśyapaparivarta*, p. 90, §60.
(198) Removed here acc. to NC.
(199) Bh/T, anulo*mā kṛtā*, corrected acc. to St, p. 18, n. 88 (N, 18, 16).
(200) Bh/T, dvayābhāvāt.
(201) Y, sarvanāstitvaṃ sarvāstitvaṃ, corrected acc. to Bh/T, St, p. 18, n. 89 (Ms, 5a8).
(202) P, grāhyasyābhāvāt.
(203) Y, khyāpayitvetīdaṃ, corrected acc. to Ms, Bh/T.
(204) Y, P, idaṃ sattvena, corrected acc. to Ms, Bh/T. Tib has idaṃ ('di).
(205) Y, P, *abhūtaparikalo vidyata ity anenābhūta*°, corrected acc. to Bh/T. This seems to be a quatation of the first pada of the first śloka of this chapter.
(206) Y, *sat,* corrected acc. to Bh/T, P.
(207) Bh/T omits yad.
(208) Y, *yadi svalakṣaṇe 'nākhyāte* 'tra, corrected acc. to Bh/T ; Mi says that Y uses yadi and Locative absolute at the same time but it is unnatural. Cf. Mi, n. 243.
(209) Ms, ---ta kiṃ syāt.
(210) Y, grāhyagrāhakara*hitābhūtaparikalpamātratety*, corrected acc. to Tib, Mi. Cf. Mi, n. 247.
(211) Y, *jñā*yata (iti), corrected acc. to Ms.
(212) Ms, tadvyavashiteti°. Cf. NC.
(213) Y, ca, corrected acc. to Errata, Tib, P.
(214) Removed here acc. to NC.
(215) Y, sthāṇaḥ, corrected acc. to Ms, Bh/T, P, NC, St.
(216) Y, P, bhavatīti, corrected acc. to Ms, Bh/T.
(217) Bh/T, arthābhāsaṃ.
(218) Y, *abhiniveśanti,* corrected acc. to P.
(219) Bh/T, arthābhāsam.
(220) Bh/T, arthasattvād iti.
(221) Bh/T, ukto.
(222) Y, *rūpaśabdagandharasasparśa* (P, *spraṣṭavya*) *dharmasvarūpeṇa pra-*

tibhāsaṃ tadākāreṇotpannatvāt ; Bh/T, *rūpaśabdagandharasasparśadharmasvarūpaṃ. pratibhāsaṃ tadākārodayāt* ; P, corrected with reference to Mi *(-svarūpeṇa)*. Cf. Mi, n. 292.

(223) Bh/T, pañcavastvindriyeṣu.

(224) Y, Bh/T, P, prtibhāsa, corrected acc. to Mi, St. Cf. Mi, n. 294.

(225) Bh/T, sattvākhyāteṣu.

(226) Bh/T, [tais teṣu] vā sakta.

(227) Y, *ātmapratibhāsam ātmamohādisaṃprayuktatvāt kiṣṭaṃ mana*, corrected acc. to N.

(228) Bh/T, ātmasnehena, P, ātmatṛṣṇayā.

(229) Bh/T, ātmāvalambanatvād.

(230) Bh/T, vijñaptipratibhāsāni.

(231) Y, P, *catuṣṭayasyākārasyeti*, corrected acc. to Bh/T.

(232) Bh/T, evārthābhāvakāraṇaṃ.

(233) Y, *nānākārah*, corrected acc. to Bh/T, Mi.

(234) Bh/T, anyais tu grāhakarūpeṇa prakhyānān nānākāraḥ vitathapratibhāsatvam evārthābhāve kāraṇam uktam.

(235) Bh/T, 'nākāratvam agrāhakatvam.

(236) Y, P, *upalabdhyabhāvād anākāraḥ*, corrected acc. to Mi ; Bh/T, anālambanatvam anākāratvaṃ.

(237) Y, P, yasmād, corrected acc. to Tib ('di ltar).

(238) Y, *pratyekātamagṛihītaṃ*, corrected acc. to St.

(239) Y, P, pretā apaḥ pūyapurīṣamūtrādipūrṇā, corrected acc. to Ms, Bh/T, St.

(240) Y, P, dhṛtadaṇḍapāṇibhir, corrected acc. to Ms, Bh/T.

(241) Bh/T, manuṣyāḥ.

(242) Y, *pṛthivīn.*

(243) Y, prasutir, corrected acc. to Ms, Bh/T, NC, St.

(244) Bh/T corrects Ms (tadartham) to artham acc. to Tib.

(245) Bh/T, vitathāvalambanād.

(246) Y, omits ātmanā, corrected acc. to Ms, Tib, Bh/T, P, St.

(247) Y, P, ataś cārthasattvavijñānasyevātma°, corrected acc. to Tib (de'i phyir don dang sems can du snang ba bzhin du) ; St. Bh/T, ata evārtha*pratibhāsasyevātma°*.

(248) Y, *tad vi*jñānam, corrected acc. to N.

(249) Y, vijñātṛtāpy ; Ms, P, vijñānanāpy ayuktaṃ ; Bh/T, vijñānaṃ tad api na yuktaṃ, corrected acc. to Tib (de yang gzung pa med na rnam par she's pa por mi rigs te), Mi.

(250) Y, °sva*bhāvānirdeśanāt*, corrected acc. to Mi.

(251) Y, *tadbhinnasvabhāve sati tat kathaṃ vijñānaṃ yujyate, kathaṃ parasparaṃ bhinnaṃ bhavet*, Bh/T, *tadbhinnasvabhāve tadvijñānaṃ kathaṃ yujyate, katham anyonyaṃ bhavedaḥ syāt*, P, *tadbhinnasvabhāve sati tadvijñānaṃ kathaṃ yujyate, kathaṃ parasparaṃ bhinnaṃ bhavet*, corrected acc. to Mi.

(252) Y, *kathaṃ parasparm bhinnaṃ bhavet,* corrected acc. to Mi. Cf. Mi, p. 147, n. 372.

(253) Y, Bh/T, P, teṣāṃ caturṇāṃ vijñānānāṃ, corrected acc. to Tib (rnam par she's pa bzhi po de yang).

(254) Ms, 'pi |, corrected acc. to Bh/T, P.

(255) Y, vitathākāratvāc, Errata, vitathāpratibhāsatvāc, corrected acc. to Bh/T.

(256) Bh/T, sarvaśūnyatvād.

(257) Y, °*mātrotpādād,* corrected acc. to N.

(258) Y, ātmatvenābhāvo na tu yad ākāreṇa pratibhāsate, corrected acc. to NC ; Bh/T, svayam asad api yadākāreṇa pratibhāsate.

(259) Ms, °grāhakabhāvavat, corrected acc. to Y, P, St, Tib ('dzin pa med pa) ; Bh/T, °grāhakavat.

(260) Y, *tatkṣepān,* corrected acc. to N, Bh/T, P.

(261) Y, tad astitvam.

(262) Y, P, *kathaṃ na,* Bh/T, *kim iti,* corrected acc. to Tib, NC.

(263) Y, prakhyāti tathā, corrected acc. to Bh/T, St.

(264) Y, bhāveneṣyate, corrected acc. to NC, St.

(265) Y, *tatkṣepān,* corrected acc. to N, Bh/T, P, St.

(266) Y, arthaḥ | etad, corrected acc. to Ms, Bh/T, P, St.

(267) Y, °*doṣo bhavati*, corrected acc. to N, Bh/T, P.

(268) Bh/T, *para*mārthaḥ syād.

(269) Bh/T, saṅgrahasyaiva lakṣaṇaṃ.

(270) Bh/T, pradarśanārtha, omits teṣām.

(271) Y, abhūtaparikalpamā*tram eveti*, corrected acc. to N, P, ST ; Bh/T,

abhūtaparikalpamā*trakṣaya iti.*

(272) Bh/T, astīti.

(273) Ms, parilpyate.

(274) Bh/T, ity ucyate.

(275) Y, Bh/T, kalpitaḥ, corrected acc. to Errata, Tib (brtags min), P. Cf. Fri, p. 105, n. 19.

(276) Y, *arthata,* corrected acc. to Errata, N, Bh/T, P.

(277) Y, artho hi parikalpitasvabhāva, corrected acc. to Ms, N, P, NC, St ; Bh/T, arthaḥ parikalpitasvabhāva.

(278) Ms, athorūpādayaś ; Bh/T, arthā.

(279) Bh/T, ātmavijñaptayaś.

(280) Ms, ataḥ, Bh/T, atas, corrected acc. to Y, P, Tib (med pa la), St.

(281) Bh/T, vikalpaś cāvikalpaś ca ; Tib (rnam rtog rnam par mi rtog ni.) ; P (akalpito vikalpo.) ; Fri (p. 27, n. 28, 29, akalpto vikalpo), ([The constructive Ideation is] not constructed : but [false] discriminative thought is constructed by other false discriminative thought) ; St (p. 27, n. 133, vikalpo nirvikalpo), Conceptual differenciation devoid of conceptual differenciation.

(282) Bh/T, paratantrasvabhāva.

(283) Bh/T, pradarśitaṃ.

(284) Bh/T, aparijñāto 'sallakṣaṇo, corrected acc. to Ms, Y, P.

(285) Y, P, saṃpravartate, Bh/T, vartate, corrected acc. to Ms, St.

(286) Y, Bh/T, tadupāya*pradarśayārthaṃ*, corrected acc. to P, Mi with reference to Ms (tadupāyaṃ).

(287) Y, *upalakṣyate*, corrected acc. to Mi ; Bh/T, abhūtaparikalpasya *tallla-kṣaṇam* ; P, *abhūtaparikalpe tadupalakṣaṇam.*

(288) Bh/T omits punar.

(289) Y, °pratibodha°, corrected acc. to Ms, Bh/T.

(290) Y, °*mātratopa*°, corrected acc. to N, Bh/T, P.

(291) Y, āśrityā°, corrected acc. to N, Bh/T, P.

(292) Y, *vijñaptimātratvam,* corrected acc. to Bh/T, P.

(293) Ms omits vijñānaṃ, supplied acc. to Tib, Bh/T, P, NC.

(294) Bh/T, ta*ttrotpadyamānaṃ nāstīty utpadyamānasya viṣayopalabdhir na yujyate | viṣayapratibhāsātmanotpatter utpannam api nāsti |*

(295) Bh/T omits kriyāṁ.
(296) Bh/T, yadi cālambanasya vartamānair eva vijñānair vyāpāro notpadyamānaiḥ.
(297) Bh/T, °pratyayā na *vijñānotpattir.*
(298) Y, °*bhaṅgadoṣo,* corrected acc. to Bh/T ; Errata, °*bhedadoṣo.*
(299) Bh/T omits pūrvavad.
(300) Ms, tathālambana°.
(301) Ms, °sajñāna°.
(302) Y, *athākāraś ca vyatirekataḥ pratibhāsamānaṃ vijñānam, na tv ālambanaṃ vyatiriktaṃ*, corrected acc. to Errata, Bh/T, Mi, (asit, supplied by St.) Cf. *TBh* (16, 31), na cānyanirbhāsasya vijñānasyānyākāro viṣayo yujyate.
(303) Y, P, yo 'pi, corrected acc. to Tib (gang gzhang yang. Bh/T, n. 246) ; Cf. Stc, p. 027, n. 35, Mi.
(304) Errata, jñānam.
(305) Bh/T, tathā hi te samudāyapratibhāsāḥ ; P, nāpi tatsamudāyapratibhāsam.
(306) Y, ālambanam, corrected acc. to Bh/T, St.
(307) Y, *nirodhatvam ālambanam,* corrected acc. to Bh/T, P, St.
(308) Y, *evaṃ saty atītānāgataṃ,* corrected acc. to Bh/T.
(309) Y, ke cet, corrected acc. to Ms, N, Bh/T, P, NC.
(310) Y, tatpratibimbāsiddhavat, Ms, P, tatpratibimbavat, corrected acc. to Bh/T.
(311) P, *utpadyamānam utpannaṃ vālambnaṃ vijñānanimittam.*
(312) Bh/T, *abhāvapratiṣedhayor pūrvaṃ pratipāditatvāt.*
(313) Bh/T, aśubhālambanaṃ.
(314) Bh/T omits ca.
(315) Bh/T, anyapratigharūpaṃ.
(316) Y, anubhūtārthaṃ svapne vijñānaviṣayam, Bh/T, anubhūtārthaṃ svapnavijñānaviṣayam, P, anubhūtārtham eva svapne vijñānaviṣayatvena, corrected acc. to Tib which is the same translation of Ms, 8a3, and Mi.
(317) Ms, svapne jñānam, Y, svapne vijñānam, Bh/T, svapnajñānam, corrected acc. to Mi.
(318) Ms, niṣayaṃ.
(319) Y, °*mātratvenopalambhād,* corrected acc. to Bh/T.

(320) P, °*mātratvenopalambhād arthānupalabhir.*

(321) Y, *viṣayānupalabdhim āśri*tya, P, *arthānupalabdhiṃ niśri*tya, corrected acc. to Errata., N, Bh/T, St.

(322) Y, manogrāhyābhāvaṃ, corrected acc. to Ms, Bh/T, P.

(323) Y, na grāhyābhāve grāhakatvaṃ yujyate / grāhyatvāpekṣayā tadgrāhakasya vyavasthāpanāt, corrected acc. to Bh/T.

(324) Y, P, darśanaṃ, corrected acc. to Ms, Bh/T, NC, St.

(325) Bh/T, St, vyavasthāpayati, corrected acc. to Ms, Y.

(326) Y, *bhāvā*pavādam, corrected acc. to Bh/T.

(327) Y, *rūpādyabhāvabhāvanā,* Bh/T, *rūpādyabhāvabhāvanāto,* P, *rūpānupalambhānukūlo*, corrected acc. to St. Tib, gzugs la sogs pa med par bsgoms pa ni.

(328) Y, *bhāvanāto,* corrected acc. to Errata. Bh/T, *bhāvayanto.*

(329) Y, °*āgrya*°, corrected acc. to Bh/T.

(330) Y, P, °ābhāve, corrected acc. to Bh/T.

(331) Y, anyatamāt, corrected acc. to Ms, Errata, Bh/T, P.

(332) Y, parikalpyeta, corrected acc. to Ms, Bh/T, P.

(333) Y, *abhāvād*, P, abhāvān, corrected acc. to Tib, Bh/T, St.

(334) Bh/T, Mi, *tata upalabdher anupalabdhisvabhāvatā siddhā.*

(335) Bh/T, bhāṣyakāra.

(336) Bh/T, °ābhāve.

(337) Y, P, cāsattvā*d aviśeṣataḥ*, Bh/T, cāsattvā*d viśeṣābhāvāt*, corrected acc. to Tib (med par bye brag med pa'i phyir).

(338) Y, P, upalabdhyanupalabdhiśabdayoḥ, corrected acc. to Bh/T.

(339) Y, °svabhāve 'pi, corrected acc. to N, Bh/T, P, NC, St.

(340) Bh/T, °tayānūpalabdhir.

(341) Y, °svabhāve 'pi, corrected acc. to N, Bh/T, P, NC, St.

(342) Y, P, °svarūpatvenābhāvāt, corrected acc. to Tib (rang bzhin du). Bh/T, °svabhāvābhāvena.

(343) Bh/T, *nopalambhād upalambhasvabhāvo 'panīyate 'nupalambha*svabhāvo.

(344) Y, jneyeti, corrected acc. to Ms, Bh/T, P.

(345) *Abhisamayālaṃkāra*, V, 21.『仏性論』巻 4 （大正31），812b. 無一法可損　無一法可増　應見實如實　見實得解脱。

(346) Y, °svabhāve 'pi, corrected acc. to Ms, N, Bh/T, P, St.
(347) Y, P, °ātmakam, corrected acc. to Ms, Bh/T, St.
(348) Y, prabhedaḥ ' nānāprakāratā, corrected acc. to Ms, P ; Bh/T, prabhedo nānāprakāraḥ.
(349) Bh/T, °mātrasya.
(350) Y, 29, n. 6 says it is dhātubhāvena in Ms, but it is dhātubhedena in Ms ; P, dhātubhāvena. Cf. NC.
(351) Ms, Y, P, tu, corrected acc. to N, Bh/T.
(352) Bh/T, vitatro vicāraś ceti.
(353) Y, rupaṃ, corrected acc. to Errata, Ms, Bh/T, P.
(354) Cf. NC, p. 20.
(355) Y, °bhedāt, corrected acc. to N, Bh/T, P.
(356) Bh/T, *nārakādyākārā.*
(357) Ms, vibhūtārūpyasaṃjñāś. Tib, gzugs kyi 'dus shes dang yang bral ma rnams.
(358) Bh/T, *nityaṃ vikṣiptāś caitasikaduḥkhaprakārāvasthitāḥ.*
(359) Y, āupalabdhy°, corrected acc. to Errata, Tib, Bh/T, P.
(360) Y, P, *cittacaittānāṃ prabhedaṃ pradarśayitvābhūtaparikalpa°*, corrected acc. to Bh/T, Tib, (sems dang sems las byung ba rnams kyi bye brag rab tu bstan pas), St ; Stc (p. 52) translates "by pointing to the Mind (itself) and to its different evolutes" ; Fri (p. 40) translates "while explaining the division into caitta, mind and caittas, mental phenomena"
(361) Ms, parikalpyavastunaḥ.
(362) Y, °dṛṣṭicittacaittā, corrected acc. to Ms, Bh/T, P, St.
(363) Bh/T, paryā*yaparyāpannaḥ.*
(364) Sapplied acc. to Errata.
(365) Y, °*mātradṛṣṭir*, corrected acc. to N, Bh/T, P, St.
(366) Y, *viśeṣanirasane*nāgṛhītaviśeṣā, corrected acc. to Mi ; Bh/T, St, *viśeṣāpanaya*nāya, agṛhītaviśeṣā.
(367) Y, arthaviśeṣadṛṣṭiś, corrected acc. to Ms, N, Bh/T, P, NC, St.
(368) Bh/T, tatra tatra°.
(369) Y, P, *bhāvasya*, corrected acc. to Tib (dgos po), Bh/T.
(370) Y, P, °vyavahāralakṣaṇo, corrected acc. to Bh/T ; Tib, tha snyad bdags pa'i mthsan ma.

(371) Bh/T, anekaṃ ; Y, n. 5 says it si cānekam in Ms , but naikaṃ in Ms.

(372) Y, °*prakārabhedaṃ*, Errata, °*prakārabhedaṃ*, corrected acc. to Mi.

(373) Y, *vijānāti*, corrected acc. to P, Mi.

(374) Bh/T, °bhāvo 'bhūta°.

(375) Bh/T, pravṛtter.

(376) Cf. NC, p. 20.

(377) Y, P, *vijñānatvād ekayogakṣematvāc ca*, corrected acc. to Stc (p. 035, n. 21) ; Bh/T, *vijñānasya siddheḥ sukhasya caikatvāt*.

(378) Y, ālayavijñānasya hy anyavijñānapratyayatvāt pratyayavijñānam iti ' ālīyante sarve sāsravā dharmās, Bh/T, *ālayavijñānaṃ hi vijñānāntarāṇāṃ hetupra*tyayavijñānam ity ālīyante sarvasāsravadharmās, corrected acc. to N.

(379) Cf. *TBh*, 18, 24-26. atha vālīyante upanibadhyante 'smin sarvadharmāḥ kāryabhāvena | tad vālīyate upanibadhyate kāraṇabhāvena sarvadharmeṣv ity ālayaḥ. Nagao ed., *Mahāyānasaṃgraha* (p. 10, I, 3), skye ba can kun nas ñon moṅs paḥi chos thams cad ḥbras buḥi dngos por der sbyor baḥam | de yaṅ rgyuḥi dṅos por de dag tu sbyor baḥi phir kun gźi rnam par śes paḥo||

(380) Bh/T, *vistārayati*, P, *paripuṣṇāti*.

(381) Bh/T, *vistāritabījāt*.

(382) Ms. tatpravṛttivijñānaṃ. Cf. NC, p. 20.

(383) Y, P, nanv ālaya°, corrected acc. to Ms, Bh/T, St.

(384) Bh/T, anyonyaphala°.

(385) Nagao ed. *Māhāyānasaṃgraha*, p. 31, I. 27.

chos kun rnam par śes la sbyor |
| de dag la yaṅ de de bźin |
| phan tshun ḥbras buḥi dṅos po daṅ |
| rgyu yi dgos por rtag tu sbyor |

(386) supplied acc. to Tib (ci'i phyir).

(387) Bh/T, durupalakṣaṇatvāt.

(388) Bh/T, *triprakāropabhogāśrayatvaṃ*.

(389) Bh/T, °vāsanāḥ.

(390) Bh/T, °vāsanā yevati.

(391) Y, P, *pravṛttivijñānam* (*tv*, Errata) *ā*layavijñānasyādhipatipratyaya iti '

nāsti pravṛttivijñānasya pratyayatvaprasaṅgaḥ ' (ahetupratyayatvāt|), corrected acc. to Ms, Bh/T. Cf. NC, St.

(392) Y, P, upabhukṣyata, corrected acc. to Ms, Bh/T, St.

(393) Y, abhiniveśanti, corrected acc. to, P.

(394) Y, P, prayujyate, corrected acc. to Ms, Bh/T, St.

(395) Bh/T, sukhādiviśeṣodgra*haṇātmakatvena vedanā / paribhogaḥ saṃjñā /.*

(396) Y, *upabhoge saṃjñāyāṃ ca vijñānapravartakāḥ* (Errata, °*prerakāḥ*) *saṃskārāḥ ' cetanāmanaskārādayaḥ,* corrected acc. to N, P, St ; Bh/T, *upabhoge saṃjñāyāṃ ca vijñānapravartakāḥ saṃskārāś cittamanaskārādayaḥ.*

(397) Y, yathā svam, corrected acc. to Fri, p. 122, n. 54.

(398) Y, P omit tu, corrected acc. to Ms, Bh/T.

(399) Y, *vijñānasyāntarasminn ālambana,* corrected with reference to Bh/T (vijñānālambanāntara°).

(400) Y, P, ābhogāḥ, corrected acc. to Tib ('jug par byed pa), N. In *MAVBh* prerakāh is translated into Tib ('jug par byed pa).

(401) Y, P, uktaṃ, corrected acc. to Ms.

(402) Y, yādṛśo, corrected acc. to Ms, Bh/T, P, NC.

(403) N, °tpatty°, corrected acc. to *MAVṬ*.

(404) Bh/T, saṃkleśalakṣaṇaṃ khyāpayatīti.

(405) Y, °*mātratvāt,* corrected acc. to Bh/T.

(406) Y, P, adhi, corrected acc. to Ms, Bh/T, St.

(407) Bh/T, N, °vibandhanād.

(408) Bh/T, St, avidyāyā ; P, avidyayā.

(409) Bh/T, abhibūta°.

(410) Bh/T, pracchādite.

(411) Y, *tatpṛṣṭhalābhāt,* corrected acc. to Tib (de'i rjes las thob pa).

(412) Bh/T, *bhāvanā*mayam api.

(413) Stc (p. 038, n. 48) tat-pṛṣṭhodbhavatvāt tat-pṛṣṭhalabdhaṃ ca, tad-avabodhāt, tat-prayojakam api śruta-cintā-bhāvanā-mayaṃ bhūtadarśanam ity ucyate

(414) Bh/T, sambandhaḥ.

(415) Y, P, *apraṇihitaṃ rohayatīty*, corrected acc. to Tib (ma btab pa 'debs) ; Bh/T. Errata, (*pratiṣṭhāpanād ity*), ; St. *apraṇihitaṃ rohayatīty.*

(416) Bh/T, saṃskartuṃ. Ms is not clear. Tib , 'debs.

(417) Bh/T, ucyante.

(418) Y, *avidyāyā hi,* corrected acc. to Bh/T, P.

(419) Bh/T, St, *kleśasamutthānāṃ sāmā*nyena samutthānapratyayas, P, *sarva-kleśānāṃ sā*mānyena samutthānapratyayas. Ms, *sā*mānyena samutthānapratyayaḥ. We choose Y which is supported by Tib (nyon mons pa kun nas 'byung ba rnams kyi'i spyi'i rkyen yin pa) and more understandable.

(420) Cf. NC, p. 21.

(421) supplied acc. to Tib, Bh/T.

(422) Y, P, tatsahabhūtāvidyā, corrected acc. to Ms, Bh/T, St.

(423) Ms, āniṃjyānām, Bh/T, ānejyānām.

(424) Y, P, tatsahabhūtāvidyā, corrected acc. to Ms, Bh/T, St.

(425) Y, *uktaḥ,* corrected with reference to Y, 36, 8, *avidyā saṃskārāṇāṃ pratyaya ucyate.*

(426) Bh/T, vijñānam.

(427) Ms, Y, °tpattisthāna°.

(428) Bh/T omits karma.

(429) Bh/T omits tad.

(430) Ms, pratiṣṭhānaṃ, Bh/T, pratiṣṭhāpanaṃ.

(431) Y, Ms, sāśravasya, corrected acc. to Bh/T.

(432) Y, P, *jagat kliśyate,* corrected acc. to avidyayā kliṣyate jagad iti (Y, 35, 21-22), Bh/T.

(433) Y, P, *jagat kliśyate,* corrected acc. to N, Bh/T.

(434) Y, P, vijñānenotpattisthānasaṃpreṣaṇād, corrected acc. to N, St ; Bh/T, tasmād vijñānenotpattisthānasaṃprāpaṇād ; Ms, vijñānenotpattisthānasaṃprekṣaṇād (or, °presthānād?).

(435) Y, P, saṃtānavṛttyā, corrected acc. to Ms, Bh/T.

(436) Y, *pratisaṃdhivijñāna pratyayaḥ saṃskāraḥ,* corrected acc. to Errata.

(437) Ms, cyaṃvaṃte.

(438) Ms, Y, P, Bh/T, tatraivotpadyanta.

(439) Y, P, yathāyogaṃ, corrected acc. to Tib (ci rigs par), Bh/T.

(440) Y, P, *parigrahāj jagat kliśyata*, corrected acc. to N, Bh/T, St.

(441) Y, *pari*grahāt, corrected acc. to Errata.

(442) Ms, kalalārbudayanapeśīpraśākhāvasthā, corrected acc. to the order of

MVy, §CXCI and *AKBh*, III, 19abc.

(443) Y, *tadbhāvitaviśeṣeṇa,* corrected with Tib ('di ltar de la bsgos pa'i bye brag gis) and Bh/T (evaṃ bhāvanāviśeṣena).

(444) Bh/T, cotpannaṃ.

(445) Bh/T, °nikāyabhedād.

(446) Y, 'malanāt, corrected acc. to St.

(447) Y, tat prathamataḥ.

(448) Bh/T, vyavasthāpanād.

(449) Y, 'bhinnam, corrected acc. to St.

(450) Bh/T supplies jagad.

(451) Bh/T, ceti.

(452) Y, mana āyatanaṃ, corrected acc. to Errata.

(453) Ms, Bh/T, P, Mi, āśritaḥ, Y, Tib (gnas) , Stc (p. 64, 13, p. 041, n. 79), Fri (p. 50, 12-13), āśrayaḥ.

(454) Y, P, Fri, *taccakṣurādyāśritānāṃ,* corrected acc. to Bh/T, Stc (p. 64), St (p. 48, n. 272).

(455) Y, P, *°āśritaṃ,* corrected with reference to Ms (*°āśritaḥ*), NC.

(456) Y, °paripūritāt, corrected acc. to Ms, NC, St.

(457) Y, °paripūritāc, Ms, °paripūriś, Bh/T, °pūraṇāt, P, St, °paripūritāś. We correct with reference to our just before note. Cf. Mi, p. 264, n. 1020.

(458) Y, °paripūritāt. See our just before two notes.

(459) Y, P, *trayaparicchedāj jagat kliśyata*, corrected acc. to N, Bh/T.

(460) Bh/T, *trītīndriya°*, P, *trayāṇāṃ hīndri°*.

(461) Y, tat paricchedaḥ, corrected to be compounded.

(462) Ms, Bh/T, P, ata evāyam. We take Y which is consistent with Tib (gang yin pa).

(463) Y, *trividhaṃ*, corrected acc. to Bh/T.

(464) Y, Bh/T, upabhogād ; Ms, ---ṇaḥ ‖ upabhogād ; Y omits ---ṇaḥ ‖ ; Bh/T says that they could not suggest the word ending in it. Cf. NC, p. 21.

(465) Y, °karm[aphal]opabhogād, corrected acc. to Tib.

(466) Bh/T, saṅgrahād iti | saṅgrahāt.

(467) Supplied acc. to Tib (yong srid pa'i).

(468) Bh/T, vijñānabīja°.

(469) Ms. punarbhavasyākalpayā.

(470) Y, °abhilāṣeti yad ārdrīkṛtya, corrected acc. to Bh/T ; P, °abhilāṣayā, yad ārdrīkṛtaḥ.

(471) Ms, Bh/T omits nibandhanāt.

(472) Bh/T, °utpatty°.

(473) Supplied acc. to Tib (mngon par zhen pa dang).

(474) Ms, Y, Bh/T, utpatty°.

(475) Y, *nibandhayaty avasthāpayati,* corrected acc. to. St.

(476) Ms, Y, Bh/T, P, punarbhavavipākadānāyā°, corrected acc. to N, NC.

(477) Ms omits iti.

(478) Y, vipākaphalaṃ prativṛttir *bhavati / prativṛttiṃ labdhvā*, corrected acc. to Bh/T ; Errata, P, vipākaphalaṃ prati vṛttilambhanād.

(479) Y, P, *jagat kliśyate,* corrected acc. to Bh/T.

(480) Y, P, duḥkhitāj, corrected acc. to N, NC.

(481) Y, kliṣyante jaganti, corrected acc. to Ms, Bh/T, P.

(482) Bh/T, garbhādhānaśukraśoṇite.

(483) Y, °*laghunor aparityāgād,* corrected acc. to Tib (ya nga ma spangs pas) and *MVy*, No. 6857.

(484) Y, *saṃbhāda*nāśucinā, corrected acc. to P.

(485) Supplied acc. to Tib (lam nas 'byung bas) and Bh/T.

(486) N, parikliśyate jagat.

(487) Bh/T, yauvanajīvitābhyāṃ priyābhyāṃ.

(488) Y, *gacchatīti,* corrected acc. to Errata.

(489) Y, *sabhāgāvakāśāt,* Bh/T, *sajātīyāvasthātaḥ*, corrected acc. to Mi.

(490) Y, *kṣaṇāvakāśaṃ,* corrected acc. Bh/T

(491) Y, °*vipakṣa utpadyate,* corrected acc. to Tib (mi thun pa'i phyogs su 'gyur ro).

(492) Bh/T, °ottarotpādanāt.

(493) Y, tridhā, corrected acc. to N, Bh/T, P.

(494) Y, dvidhā ca, corrected acc. to N, P. Bh/T, dvidhāpi ca

(495) Bh/T, kleśaḥ.

(496) Bh/T, itiśabdaḥ.

(497) Y, svaparātmano, correted acc. to Ms, Bh/T, P.

(498) Cf. NC, p. 21, St, p. 50, n. 299.

(499) *Aṅuttaranikāya*, III, 54.

(500) Y, *cotpādatvāt*, corrected acc. to Tib ('byung ba'i phyir yang) and Bh/T, *karma janma ca pravartanāt* ; P, *karmajanmasaṃkleśayoś cotpādakatvāt*. Cf. Mi, p. 281, n. 1111.

(501) Ms, tathā hi | kleśā°.

(502) Bh/T, tadā.

(503) Bh/T, *trayāṇāṃ*. Tib (gsum char yang) is a translation of tritayam which appears in Y, 28, 3, etat tritaya*m api* (*karma-*) *abhāvān na yujyate*. Cf. Mi, p. 284, n. 1128.

(504) Bh/T, saṃskāro.

(505) Y, he*tuphalābhyāṃ prabhidyate*, corrected acc. to Errata.

(506) Y, Bh/T, *svarūpair*, corrected acc. to N, P, St.

(507) N omits aṅgair.

(508) Y, jarāmaraṇādinavajanma, corrected acc. to Errata, Ms, P ; Bh/T, [sa] jarāmaraṇādīnavaṁ ca janma ; St, jarāmaraṇādinavaṃ janma.

(509) Ms, Bh/T omits darśanād.

(510) Ms, Bh/T, viparyasyati.

(511) Y, °ātma *janma bījasya*, Bh/T, °ātma*kajanmabījaṃ*.

(512) Bh/T, hi nikṣipyate.

(513) Y, Bh/T, *upanayanahetur,* corrected acc. to N, P, St.

(514) Y, upānītasya, corrected acc. to Ms, Errata.

(515) Bh/T, paripūrnasya pūrṇasya.

(516) Y, sparśavedanā ' iti, corrected acc. to Ms, P, St. Cf. NC, p. 21.

(517) Ms. °vipākaṃ ; Bh/T, bhuñjānaha karmavipākaṃ.

(518) Bh/T, tatsaṃyogaviyoga°.

(519) Y, *tac*, corrected acc. to Bh/T, P.

(520) Bh/T omits *tṛṣṇopādānabhavabhiḥ*.

(521) Ms, Bh/T, °nirvṛttaye.

(522) Ms, Bh/T, °abhimukhyāt.

(523) Y, Bh/T, *jātijarāmaraṇāny udvegahetur*, corrected acc. to N, P.

(524) Bh/T, °duḥkhaṃ daurmana°.

(525) Y, P, kleśakarmaṇo, corrected acc. to Bh/T, St.

(526) Bh/T omits iti.

(527) Y, P, dvividhā°, corrected acc. to Ms, Bh/T, NC, St.

(528) Bh/T, *pratītyasamutpādaḥ.*

(529) Y, *nirdiṣṭaḥ* ' , corrected acc. to Bh/T.

(530) Y, tasyāṃ ca ya, P, tasyāñ ca ya, Bh/T, tasyāś cāyam, corrected acc. to Ms.

(531) Bh/T omits taiḥ.

(532) Bh/T, vijñānavāsanā°.

(533) Bh/T, vijñānakarmavāsanā.

(534) Bh/T, parigṛhāt.

(535) Bh/T, °kasyāntyā.

(536) Ms, °jīvata°. Bh/T, °jīvana°.

(537) Ms, Bh/T, upanayahetur na nirarthakaḥ ; Y corrected acc. to Tib (nye bar khid pa'i rgyu ni don med do).

(538) Y, °maranābhava.

(539) Y, *upapattibhavapravṛttitav adhigamaṃ nirākaraṇārtham,* corrected acc. to St ; P, vicchinnamaraṇād bhavopapattibhavapravṛttityadhigamanirākaraṇārtham ; Bh/T, maraṇasambhāvanām ucchidyotpattibhavodayajñānāpākaraṇāt.

(540) Y, *ime sarve saṃkleśā* abhūtaparikalpāt pravartanta, corrected acc. to N, NC, St.

(541) Y, cittacaittā āśrayatvāt, corrected acc. to Ms, Bh/T, St.

(542) Y, uktaṃ hi tad, corrected with reference to Ms (uktaś caitad).

(543) Bh/T, °arthaḥ.

(544) Bh/T, kalpitaṃ paratantraṃ ca pariniṣpannam eva ca.

(545) Y, Bh/T, anupalabdhiḥ, corrected acc. to N, P.

(546) Y, tu, corrected acc. to N, Bh/T.

(547) Y, śūnyata.

(548) Y, *uktvā yathā śūnyatā jñāyate tat khyāpayatī*ti, corrected acc. to N, P.

(549) Bh/T, etena.

(550) Y, °avadhārāṇam, corrected acc. to Errata, Bh/T, P.

(551) Y, la*kṣaṇam atha paryāya,* corrected acc. to N.

(552) Y, °*ātamatā,* corrected acc. to Bh/T, St.

(553) Bh/T, *śū*nyatā*yāḥ sarva*prabhedavyāpakatvāt.

(554) Ms, nāmānantaraṃ.

(555) Bh/T, yathārthānuguṇaṃ.

(556) Y, Ms, 'pi, corrected acc. to Bh/T.
(557) Ms, °saṃkleśaviyogāvasthābhedād. Cf. Y, 46, n. 3.
(558) Y, P, °avabodhārth*āc,* Bh/T, °avabodhārthaṃ, corrected acc. to Tib (khong du chud par gyur na). Cf. Stc, 045, n. 17, °avabodhe.
(559) Ms, °prahāṇāyādano.
(560) Y, Bh/T, *bhāvaś ca* (Errata, *ca bhāvaḥ*) *śūnyalakṣaṇaṃ*, corrected acc. to N, P, St.
(561) Ms, Y, Bh/T, P, *dvayasya grā*hyasya grāhakasya ca ' abhūta°, corrected acc. to N.
(562) Y, P, *abhāvasyātmatvam astitvam,* corrected acc. to Bh/T.
(563) Y, tadbhāvasya śūnyatāvidyamānatvāt ; Bh/T, *anyathā dvayasya bhāvo vidyamāna* eva syāt tadabhāvasya bhāvato 'vidyamānatvāt ; Tib, gzhan du na de'i dngos po (Der, de'i dngos po med pa'i dngos po) tong ba med pa'i phyir ro ‖ gnyis kyi dngos po yod pa nyid du 'gyur ro ‖ ; NC, (anyathā dvayabhāvasyāstitvam eva syāt ') tadabhāvasya bhāvaḥ śūnyato 'vidyamānatvāt. St, tadabhāvasya bhāvato.
(564) Y, abhāvasvabhāvo lakṣaṇatvaṃ, corrected acc. to Ms, Bh/T, P, St.
(565) Y, *nādhiko*, corrected acc. to Errata.
(566) Bh/T, dvayabhāvaḥ ; P. dvayābhāvaḥ ; Tib, gnyis kyi (Pek, kyis) dngos po med pa.
(567) Bh/T, iti pratinirdiśyamāne, Ms, nirdeśyamāne ; Tib (zhes de tsam zhig bshad na) supports Y.
(568) Ms, evātra gamyate. Cf. Y, 47, n. 3.
(569) Y, P, *śūnyatety ucyate,* corrected acc. to Bh/T.
(570) Y, *dharmatārūpaṃ pradarśitam,* Bh/T, *dharmatāsvarūpaṃ pradīpitaṃ,* corrected acc. to Errata, P. Cf. dharmatārūpatā in Y, 47, 11, Bh/T, 39, 8 and this place we find the same Tib (chos nyid kyi ngo bor).
(571) Bh/T, ity antābhāva°. Bh/T omis *dharmatāsvarūpaṃ pradīpitaṃ.*
(572) Y, anyā, corrected acc. to Errata, Ms, Bh/T, P, St.
(573) Y, P, *yujyate,* corrected acc. to Bh/T.
(574) Y, *anyonyābhāvaś caikāśrayatvaṃ na yujyate,* corrected with reference to Bh/T.
(575) Y, *naitat*, corrected acc. to Errata.
(576) Y, *yas tadabhāvasvabhāvaḥ sa*, corrected acc. to N, St.

(577) Y, *vābhāvaḥ,* corrected acc. to Errata, N, P ; Bh/T, *naiva bhāvo na vābhāvaḥ.*

(578) Y, P, dvayabhāvasyātyantābhāvaḥ, corrected acc. to Ms, Bh/T, NC, St.

(579) *----- * , Y, Appendice, p. 263.

(580) Y, Ms, Bh/T, P, anyo.

(581) Ms, Y, vaktavya utānanya ity.

(582) Y, etac cūnyatāyā *lakṣaṇam*, corrected acc. to N, NC, St.

(583) Y, *abhāvasya svarūpam,* corrected with reference to Bh/T, *abhāvasvarūpataiva.*

(584) Bh/T, duḥkhatāpi duḥkhād. Y, 48, n. 4 says that Ms, duḥkhabhāvaduḥkha, but Ms, duḥkhatā ca duḥkhād.

(585) Y, Ms, Bh/T, P omit jñānaṃ, corrected acc. to N.

(586) Y, 48, n. 5 says that Ms, viśuddhimāgraḥ, but Ms, viśuddhir māgraḥ.

(587) Bh/T, mārgasya nālambanam.

(588) Ms, Y, P, bhāvasvarūpavad bhedābhāvaḥ, corrected acc. to Tib (dngos po'i rang gi ngo bo tha dad pa med do), Bh/T.

(589) Ms, sāmānyasya, Y, sāmānya[lakṣaṇa]syāpy, corrected acc. to Errata.

(590) Bh/T, °āvaktavyaṃ.

(591) Y, P, tattvānyatvena (na) vyākaroti, corrected acc. to NC, St ; Bh/T, tattvānyatvena vyākaroti.

(592) Bh/T, *niḥsvabhāvasvarūpa°*.

(593) Ms, Y, Bh/T, P, *tat*tvānyatvavinirmuktalakṣaṇā ca paridīpitā, corrected acc. to N.

(594) Bh/T, cānimittaḥ.

(595) Bh/T, pa[ramārthakaḥ].

(596) Bh/T, nāmaikārthasya.

(597) Bh/T, *bhinnaśabdakīrttanaṃ* ; St, *bhinnaśabdatvena prasiddhaḥ.*

(598) Y, P, *tāny abhidhānāni,* corrected acc. to Bh/T.

(599) Y, P, nirdiśyante, corrected acc. to Ms.

(600) Bh/T omits yathā.

(601) Ms, Y, P, anabhilapyatā, corrected acc. to Bh/T.

(602) Bh/T, nirodho.

(603) Y, *jñāyata*, corrected acc. to N, St.

(604) Bh/T, *tan nirdīśyate* | *na* te śabdāḥ kalpitāḥ.

(605) supplied acc. to Tib.

(606) Y, Bh/T, P, tathateti, corrected acc. to N ; Ms, tathateti.

(607) Y, P, Bh/T, *nityaṃ tathātvād iti*, corrected acc. to N, St.

(608) Bh/T, bhūtakoṭir iti.

(609) Ms, aviparitam.

(610) Bh/T, nāsty.

(611) Y, P, *jñeyam,* corrected acc. to Errata, Tib (shes par bya ba mu), Bh/T, St.

(612) Bh/T, jñeyāvaraṇaviśuddher jñānagocaratvāt.

(613) Bh/T, asamāropā°.

(614) Y, nimittanirodhā*d animittaṃ*, corrected acc. to N, St ; Bh/T, nimitta-virodhā*d animitta.*

(615) Bh/T, *nimittavirodha.*

(616) Cf. NC. p. 21.

(617) Y, paramārthateti, corrected acc. to N, Bh/T, P, St.

(618) Ms, Y, Bh/T, P, paramajñānagocaratvād, corrected acc. to N ; Tib omits etad eva pradarśayann āha ' paramajñānaviṣayatvād. Cf. St, p. 65, n. 364.

(619) There is no Tib which translated this sentence (etad eva pradarśayann āha ' paramajñānaviṣayatvād iti).

(620) Y, svalakṣaṇopādāya rūpadhāraṇe, Bh/T, svalakṣaṇopādāyarūpadhāra-ṇo, corrected acc. to Tib (rang gyi mtshan nyid dang rgyur byas pa'i gzugs 'dzin pa la), P, St.

(621) Bh/T, St omit raupyadhātu*ḥ* acc. to Tib.

(622) Bh/T, anena krameṇa.

(623) Ms, Y, Bh/T, P, vijñeya ; N, jñeyaḥ.

(624) Y, *saṃkleśaviśuddhikāle,* corrected acc. to St.

(625) Bh/T, viśuddhata.

(626) Bh/T, vi*malā (iti).*

(627) Y, *kadā saṃkliśyate kadā viśudhyata iti,* corrected acc. to N. P, St.

(628) Y, *sā samalā ni*rmalā ca, corrected acc. to N, P, St ; Bh/T, *smalā vi*malā ca.

(629) Y, samalā, corrected acc. to Ms, Bh/T, St.

(630) Ms omits ca.

(631) Y, āpekṣikā, corrected acc. to Bh/T, St.

(632) Y, °*viśuddhayor draṣṭavyā* ; Bh/T, °*viśuddhyor dṛśṭiḥ* ; P, °*viśuddhir draṣṭavyā.*

(633) Y, yadi samalā syād iti, Bh/T, yadi samalā vikāreti, corrected acc. to N, P, St.

(634) Bh/T omits na hi.

(635) Y, P, *śūnyatāyāviśuddhāvasthāyām*, corrected acc. to Bh/T, St.

(636) Bh/T, *nānyo.*

(637) Ms, Bh/T, P, anāpadyamānāyā.

(638) Y, malasvabhāva*syābhāvato 'py āgantukamalavaty āgantukamalāpagame*, corrected acc. to Errata.

(639) Bh/T, āgantukamalaiḥ.

(640) Y, saṃkliṣyate | avikṛtasvarūpāpi, corrected acc. to Bh/T, P (saṃkliṣyate, avikṛtasvarūpāpi).

(641) Bh/T, tadvigame ca viśudhyate.

(642) Bh/T, viśuddhasvabhāvaṃ.

(643) P, *vikārasvabhāvatvāt.*

(644) Bh/T, (tasya) sa svabhāvāntareṇa vikāradharmī viparīto yatrānāgantukaṃ tadubhayam ; Stc (p. 051, n. 75), tasya svabhāvāntara-vikāra-vikāri-dharma-nivṛttir nāsti.

(645) Bh/T, sarvaśūnyatā°.

(646) Y, prabheda iti ṣoḍaśavidhā, corrected acc. to Ms.

(647) Y, Bh/T, P, *śūnyatāyāḥ,* corrected acc. to Errata.

(648) Y, ato vastunānātvena tannānātvaṃ darśayati ' *nānyathā tannānātvaṃ śakyate darśayi*tum iti, corrected acc. to Errata. Yamaguchi changed the order of Ms according to Tib (cf. Y, 53, n. 2) ; Bh/T, *anyathā na tadbhedo śakyate darśayi*tum ity ato vastunānātvena tannānātvaṃ darśayati.

(649) Y, bho*ktṛśūnyatā hy ādhyātmikāyatanāir ārabdheti*, corrected acc. to N, St ; Bh/T, bho*ktṛśūnyatādhyātmikāyatanārabdheti* ; P, bho*ktṛśūnyatā ādhyātmikāyatanārabhyeti.*

(650) Y, Bh/T, *bāhyāir iti*, corrected acc. to N, P.

(651) Bh/T, *bhu*janta.

(652) Bh/T, tasmād.

(653) Y, P, °āvinibhāgenā°, corrected acc. to Bh/T, St.

(654) Y, atas tacchūnyatādhyātamab*āhyaśūnyatety ucyate*, corrected acc. to N ; Ms, Bh/T, atas tacchūnyatā ; P, atas tacchūnyatā 'dhyātama*bahirdhāśūnyatety ucyate.*

(655) Y, *pratiṣṭhāvastutva*prajñānāt, corrected acc. to Errata.

(656) Ms, Y, tacchūnyatā, corrected acc. to N.

(657) Y, Ms, mahāśūnyatocyata iti, corrected acc. to N.

(658) Bh/T, vastuśabdena.

(659) Bh/T, savikalpa°.

(660) Y, °ādiśūnyaṃ, corrected acc. to St.

(661) Bh/T, °ābhiniveśo yathā ca tacchūnyatājñānena dṛṣṭam ity ayam evātra paramārthākāro vikalpaḥ. Bh/T thought there is some confusion and changed it acc. to Tib.

(662) Y, śūnyatā viṣayatvād, corrected with reference to Stc (p. 90, 2-3), Fri (p. 74, 10-13).

(663) Bh/T, tatra jñānaṃ.

(664) Bh/T omits tasya.

(665) Y, *yathā dṛṣṭaṃ*, corrected acc. to N.

(666) Y, *etasyākārasya*, corrected acc. to Tib (rnam pa des), Bh/T.

(667) Ms, °opaplavabhūto ; Bh/T, °opadravabhūto.

(668) N, yadarthaṃ ca ; Bh/T, P, yadarthaṃ.

(669) N, prapadyate.

(670) N, kimarthañ ca prapadyate ; Bh/T, P, kimarthaṃ ca pratipadyate.

(671) Y, P, *śubhadvayaṃ hi saṃskṛtam asaṃskṛtaṃ ca* ' mārgo nirvāṇaṃ ca, Bh/T, NC, mārgo nirvāṇaṃ ca *śubhadvayaṃ saṃskṛtam asaṃskṛtaṃ ca,* corrected acc. to Tib, St.

(672) Bh/T, sarvasattvahitaṃ ; Ms omits sarva.

(673) Ms omits iti. Cf. NC.

(674) Bh/T corrects Ms (śrāvakabhodhau) to śrāvakabhūmau acc. to Tib. Cf. St, p. 71, n. 391.

(675) Y, deśyatā ' ity ata āha ', corrected acc. to Bh/T, NC, St ; Ms, P, deśyata ity ata āha.

(676) Bh/T omits hi.

(677) Y, pa*ricyajyatīti*, corrected acc. to Bh/T, St.

(678) Y, Bh/T, P, akṣayāya śubhāya, corrected acc. to N, St.

(679) Y, *kuśalamūlā,* corrected acc to NC.

(680) Ms, Bh/T, *sva*to. Cf. St, p. 71, n. 395.

(681) Ms, Bh/T omits iti. Iti, supplied acc. to Tib (snyam pa).

(682) Bh/T omits tarhi.

(683) Ms, nirupadhiśo nirvāṇadhātuḥ ; Bh/T, nirupadhiśeṣanirvāṇadhātuḥ.

(684) Bh/T, °vipākakāyasyābhāvād.

(685) Y, *buddhānāṃ bhagavatāṃ,* P, *buddhasya bhagavato*, corrected acc. to Bh/T.

(686) Bh/T, santānoccheda.

(687) Bh/T, tasmāt.

(688) N, tasya śūnyatā.

(689) Y, svābhāvik*ād*, Bh/T, svābhāvika*m*, corrected acc. to N, St.

(690) Y, *anāgantukam*, corrected acc. to Bh/T, Tib (glo bur du byung ba).

(691) Y, cetanaṃ, corrected acc. to Tib (sems dang bcas), Bh/T.

(692) Y, *gotram iti tathātvaṃ*, corrected acc. to Tib (de bzhin du), Bh/T, St.

(693) Bh/T, śūnyatālakṣaṇaṃ śūnyatety.

(694) Bh/T, sarvatra samba*ndhaḥ śubhadvayasya.*

(695) Ms, pratitavyam. Cf. St, p. 73, n. 400.

(696) St (p. 73, n. 401) suggests to read "tasmāc cchūnyatāṃ prabhāvayatīti" instead of Tib.

(697) Y, tasya. tasyāḥ indicates vibhāvanāyāḥ (f.).

(698) Bh/T, tasmād *vibhāvayatīti / tasyāḥ* śūnyatāṃ *sarvadharmaśūnyatām iti /.*

(699) Ms, °napravṛttiḥ.

(700) Ms, °paryandhānām, corrected by Y.

(701) Y, *pudgalasya ca*, corrected acc. to N.

(702) Y, *asadbhāvo 'tra śūnyatā,* corrected acc. to N.

(703) Y, *tadanyā tatra śūnyatā*, corrected acc. to N.

(704) Y, *pudgaladharmānām asadbhāvaḥ*, corrected acc. to N.

(705) Y, P, *asadbhāvo,* corrected acc. to Bh/T.

(706) *----*, Y, Appendices, p. 263.

(707) Ms, eṣā.

(708) Y, °pradarśanārtham, corrected acc. to N, P.

(709) Y, °pradarśanārtham, acc. to P.

(710) Bh/T, *ata āha / pudgalasya ca dharmāṇām abhāvas tatra śūnyatā / tadabhāvasya sadbhāvaḥ sā tataḥ śūnyatāparā // iti / tatra yathoktabhoktrādau pudgaladharmābhāvaḥ śūnyatā / tasyābhāvasya sadbhāvo 'pi śūnyatā / tatra pudgaladharmābhāvo 'bhāvaśūnyatā / tasyābhāvasya sadbhāvo 'bhāvasvabhāvaśūnyatā / tayor dvividhādyātmaśūnyatā kathaman te vyavasthāpyata ity ata āha śūnyatālakṣaṇanirdeśād iti / śūnyatālakṣaṇanirdeśe 'pi kim artham* ata āha ---.

(711) Bh/T, yathākramam iti.

(712) Bh/T, *nocyate.*

(713) Bh/T, nocyate.

(714) Ms, Y, P, bhāvo, corrected acc. to Tib (dngos po yod pa), Bh/T.

(715) Bh/T, sattvalokasyābhāvas.

(716) Bh/T, °svabhāvābhāvas.

(717) Ms, śūnyajñāne.

(718) Y, [idānīṃ], corrected acc. to Ms, Bh/T, NC.

(719) Bh/T, bhāvo. Ms, bhāṣā ; Y, 58, n. 3, bhāṣā. We take Tib (dngos po yod pa).

(720) Bh/T, pudgalaḥ saṃskṛtaṃ vā.

(721) Bh/T omits ca.

(722) Ms. śūnyatāsvabhāvo abhāvo abhāvasvabhāvaś ca. Tib, stongs pa nyid kyi rang bzhin ni dngos po med pa'i ngo bo nyid dang dngos po med pa'i dngos po'i ngo bo nyid do.

(723) Bh/T, *śubhadvayasya prāptyatham ity ārabhya śuddhaye buddhadharmāṇāṃ* which are mentioned in 18a and 19c.

(724) Ms, Bh/T, St, °bhāvanād eveti.

(725) Bh/T, vimalāvasthāyāṃ.

(726) N, mokṣārtham, corrected acc. to Y, Bh/T, P.

(727) Y, 59, n. 3, Ms, bhedo deśa° ; Ms, bhedoddeśa°.

(728) Y, jñeyam, corrected acc. to N, P, St.

(729) Bh/T, kiṃ *sā*dhyam ; Bh/T, n. 663, Ms. °dhyati.

(730) Bh/T, °viśuddhabhāvaḥ.

(731) Y, *yadi na syāt sa saṃkleśo*, corrected acc. to N, P, St.

(732) Y, *vimokṣaḥ*, corrected acc. to Bh/T, P.

(733) Y, tat saṃkleśaprahāṇaṃ.

(734) Y, prayatnam antareṇa, corrected acc. to N, P ; St, p. 77, 422, ayatanata.

(735) Y, sarve sattvāḥ syuḥ, corrected acc. to N, P.

(736) Y, prayatnam antareṇeti, corrected acc. to N.

(737) Y, tathatāyām, corrected acc. to Ms, St.

(738) Bh/T, saṃkliṣṭaprabhedaḥ.

(739) Y, *yadi na viśuddhiḥ syāt prayatnam aphalaṃ bhavet*, corrected acc. to N, P, St.

(740) Ms omits iti. Cf. NC.

(741) Ms, ivāviśuddhā.

(742) Y, °*dharmagrahaṇāt*, corrected acc. to Errata.

(743) Bh/T, evāhuḥ.

(744) Bh/T omits vā.

(745) Tib, gal te, Bh/T, yadi.

(746) Ms, Y, P, śūnyatā ca, corrected acc. to Bh/T. Tib omits.

(747) Y, P, ata, corrected acc. to Bh/T.

(748) Ms, tata idam api siddhaṃ. Bh/T, tata idaṃ siddhaṃ.

(749) Ms, Y, cākliṣṭā, corrected acc. to N, St.

(750) Y, *naiva sā,* corrected acc. to N.

(751) Y, *dvayaśuddheḥ,* corrected acc. to Errata.

(752) Ms, P, cittasyaivaṃlakṣaṇatvāt, corrected by Y, Tib (dri ma'i) ; Bh/T, cittasyaiva lakṣaṇatvāt.

(753) Ms, Y, viśuddhā, corrected acc. to N, P ; Bh/T, viśuddheti.

(754) Bh/T omits kiṃ tarhi.

(755) Bh/T, laukikalokottaramārgaviśeṣārtham.

(756) Bh/T omits *adharais.*

(757) Ms, 'nāśravatvāt. Cf. NC.

(758) Bh/T, na kliṣṭety uktā | cakṣurādiviśeṣārtham.

(759) Bh/T, anāvṛtā°.

(760) Y, *evaṃ nāpi sā kliṣṭeti cet ' ucyate ' na śuddheti,* corrected acc. to Errata. Bh/T, *evaṃ sāpi na kliṣṭety ukte 'śuddheti.*

(761) Bh/T, kuśalasāsravatvād.

(762) Bh/T, viśeṣārtham.

(763) Bh/T, kuśalaṃ sāsravaṃ.
(764) Y, P, naiva, corrected acc. to Tib, Bh/T, St.
(765) Bh/T, *sakleśēti* na śuddhaiveti. Ms, aśuddhaiveti.
(766) Y, śūnyatāprabhedasya, corrected acc. to N.
(767) Y, saṃkleśaviśuddher nirdeśo, corrected acc. to N.
(768) Y, P, *śūnyatā*piṇḍārtho, corrected acc. to N, Bh/T, St.
(769) Ms, Y, P, ceti, corrected acc. to N, Bh/T.
(770) K, 13a.
(771) K, 13ab.
(772) Y, Bh/T, P, *bhāvalakṣaṇataś ca*, corrected acc. to Tib (mtshan nyid kyang), N.
(773) K, 13c.
(774) Y, sadbhāvābhāva°, corrected acc. to N, Bh/T, P, St.
(775) K, 13d.
(776) Y, *vyavasthānato hi,* corrected acc. to N, P, St.
(777) Bh/T, veditavyaḥ.
(778) Bh/T, eteṣāṃ.
(779) Y, etaṃ ca lakṣaṇādicatuṣprakāraṃ nirdiṣṭvā, corrected acc. to Ms, N.
(780) Y, vidyālakṣaṇaṃ. Bh/T, gotralakṣaṇaṃ.
(781) Y, cākhyāyate, corrected acc. to N.
(782) Y, °*śrūtyā.*
(783) Y, bhayasya, corrected acc. to N.
(784) Y, °*śrūtamātreṇa.*
(785) Y, *paryāptatvaṃ grahāṇāṃ,* corrected acc. to Tib (chog par 'dzin pa). P, *prāptagrahāṇāṃ.*
(786) Y, vidyālakṣaṇam, corrected acc. to N.
(787) *---*, Y, Appendices, p. 263-264. Bh/T, *gotralakṣaṇaṃ coktaṃ. tatra vikalpapratipakṣeṇa svalakṣaṇaḥ. tac ca bhāvābhāvobhayapṛthagekatvagrahaṇātmakaṃ. śūnyatālakṣaṇaṃ śrutvāndhimuktānām uttrāso bhavati. tatpratipakṣeṇa karmalakṣaṇaṃ nimittatathatākarmāviparītakarma sarvanimittaprahāṇakarma lokottarasarvajñānaviṣayatvasthitikarmālambane cāryadharmahetubhāvakarma. evaṃ śunyatāsvabhāvakarmaśravaṇamātreṇa vikalpagrāhakāṇām alasānām ālasyāpākaraṇārthaṃ prabhedalakṣaṇaṃ. tat kathaṃ saṃkleśo bhavati viśuddhir bhavatīty upabhokṛīṇāṃ sandehā-*

pākaraṇārthaṃ gotralakṣaṇaṃ. madhyāntavibhāgaśāstre prathamasya lakṣaṇaparicchedasya bhāṣyaṃ vyākhyātaṃ.

小谷　信千代（おだに　のぶちよ）
1944年兵庫県生まれ。1967年大谷大学文学部仏教学科卒業。1975年京都大学大学院修士課程修了。1978年大谷大学大学院博士課程満期退学。大谷大学教授を経て、現在大谷大学名誉教授。著書は『倶舎論の原典解明 賢聖品』（共著）『法と行の思想としての仏教』『摂大乗論講究』『世親浄土論の諸問題』『真宗の往生論――親鸞は「現世往生」を説いたか――』ほか。

虚妄分別とは何か
――唯識説における言葉と世界――

二〇一七年一月三一日　初版第一刷発行

著　者　小谷信千代
発行者　西村明高
発行所　株式会社 法藏館
京都市下京区正面通烏丸東入
郵便番号　六〇〇-八一五三
電話　〇七五-三四三-〇〇三〇（編集）
〇七五-三四三-五六五六（営業）

印刷・製本　中村印刷株式会社

ISBN 978-4-8318-7091-9 C3015